話中國 1

清

第二版

主編 龔書鐸 劉德麟

智能教育

圖說天下

前言

以史為鑑，可以思接千載，視通萬里，可以把握中國社會治亂興替的內在規律，可以洞悉修齊治平的永恆智慧。然而，讓人們全面深入地瞭解中國歷史，掌握中國歷史中所蘊含的深層價值，並不是一件容易的事。

上下五千年之中，人物多，事件多，神話與傳說並存，正史與野史交錯，頭緒繁多，內容龐雜。政治、經濟、軍事、中外交往、思想、文學、藝術等各方面的內容，如果未經梳理就雜亂無章地堆積在一起，那麼往往會使讀者一頭霧水。除了典籍史料所承載的歷史之外，文物、遺址、古蹟、藝術作品等等，也同樣反映著歷史的真實性。如何把這些組織在一起，讓讀者能夠清晰明白地去瞭解歷史，感受歷史的真實，無疑成為了編輯出版《圖說天下》的緣起。

《圖說天下》，按照不同的歷史分期，通過新的體例、模式來整合講述中國歷史，涵蓋政治、經濟、軍事、中外交往、藝術、思想、科技、社會生活等方面，以時間為經，以人物和事件為緯，經緯交織，全面反映每一朝代治亂興衰的全部過程。每一個故事都蘊含了或高亢激昂或哀婉悲痛的場景，讓人們重溫那一段歷史，不斷喚起人們內心塵封已久的記憶，與中國歷史再次進行親密接觸，深入地尋繹歷史中所蘊藏的民族智慧，感悟民族精神。隨機穿插的知識花絮、專題和附錄，緊密結合內文，讓知識訊息更為密集，從而營造出一種接近真實的歷史鏡像。

通過文字，可以感受歷史鏡像，而通過圖片，則可以閱讀圖片中的歷史。圖片與文字相互映襯，可以立體反映中國歷史，展示中國歷史文化的源遠流長、博大精深。通過這種結合，使得文字訊息更為生動，更為多彩，使讀者深刻感受中國文化的底蘊，從而產生一種閱讀上的震撼。

在中華民族偉大復興的時刻，在討論榮與辱的時候，閱讀歷史，瞭解歷史，把握歷史，其意義是顯而易見的：歷史是民族復興的內在動力之所在，是榮與恥的感性事例的集中呈現，和理性判斷的一個標準。在不遠的將來，閱讀歷史，瞭解歷史，會成為一種時尚，人們透過歷史，可以感受到真正實現自我價值，尋找到寄托心靈的精神殿堂。

清朝

目次

清朝・6

⊙努爾哈赤建後金 8
⊙薩爾滸之戰 10
⊙皇太極建清 12
⊙解裘收明將 14
⊙福臨登位 16
⊙吳三桂開關引清兵 20
⊙定鼎北京 22
⊙李自成敗死九宮山 24
⊙寧斷頭，不剃髮 26
⊙專題：清代婦女服飾 30
⊙明末清初三先生 32
⊙達賴五世進京朝覲 34
⊙科場舞弊案 36
⊙專題：文房四寶 38
⊙金聖歎哭廟案 40
⊙鄭成功收復臺灣 42
⊙八旗圈地 46
⊙少年康熙智擒鰲拜 48
⊙曆法之爭 50
⊙王錫闡和梅文鼎 54
⊙三藩之亂 56
⊙收復臺灣 59
⊙天下第一」廉吏 62

⊙虎門銷煙驚中外 130
⊙三元里抗英 133
⊙魏源和《海國圖志》 136
⊙金田民變 138
⊙農民構想的理想國 140
⊙曾國藩屢敗屢戰 142
⊙大功未成，內亂先起 144
⊙火燒圓明園 148
⊙專題：皇宮與皇家園林 150
⊙叔嫂合議謀政變 152
⊙垂簾聽政 154
⊙專題：京劇 156
⊙洪仁玕與《資政新篇》 158
⊙天國末路 160
⊙捻軍反清 164
⊙李鴻章創辦兵工廠 166
⊙紅頂商人胡雪巖 168
⊙專題：徽州明清建築 170
⊙福州船政局 172
⊙左宗棠收復新疆 174
⊙安德海出京喪命 176
⊙天津教案 178
⊙慈禧太后選帝 180
⊙鎮南關大捷 182
⊙臺灣首任巡撫劉銘傳 184
⊙鄭觀應「盛世」發危言 186

⊙靳輔治黃河 64
⊙雅克薩之戰 66
⊙專題：清代官服 68
⊙落第才子的鬼狐世界 70
⊙「南洪北孔」寫傳奇 72
⊙康熙帝南巡 74
⊙三征噶爾丹 78
⊙「踹匠」叫歇 82
⊙《古今圖書集成》 84
⊙康熙帝崇理學 86
⊙骨肉相殘爭皇位 88
⊙雍正帝改革 92
⊙《大義覺迷錄》 96
⊙乾隆大帝 98
⊙鄭板橋當縣官 101
⊙吳敬梓和《儒林外史》 104
⊙賒酒食粥著《紅樓》 106
⊙土爾扈特回歸祖國 108
⊙乾隆帝六下江南 110
⊙編纂《四庫全書》 112
⊙金瓶掣籤 116
⊙馬戛爾尼來華 118
⊙大貪官和珅 120
⊙白蓮教事件 124
⊙林清事變 126
⊙「不拘一格降人才」 128

⊙張之洞與漢陽鐵廠 188
⊙愛國詩人黃遵憲 190
⊙中日甲午戰爭 192
⊙《馬關條約》割臺灣 194
⊙嚴復和《天演論》 196
⊙公車上書 198
⊙百日維新 200
⊙光緒帝被囚瀛臺 202
⊙流血請自嗣同始 204
⊙梁啟超和新文體 206
⊙義和團廊坊大捷 208
⊙八國聯軍進北京 210
⊙專題：清代金銀器 212
⊙狀元張謇實業救國 214
⊙詹天佑和京張鐵路 216
⊙《蘇報》案 218
⊙孫中山成立同盟會 220
⊙民主革命家黃興 224
⊙鑑湖女俠秋瑾 226
⊙五大臣出洋 228
⊙武昌起義 230

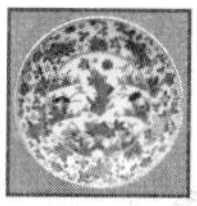

晚清不平等條約・232
帝王世系表・235
歷史年表・236

清朝

西元一六四四～一九一一年

中國人民大學清史研究所■成崇德教授

清朝是中國最後一個朝代，由滿族貴族建立。

萬曆四十四年（一六一六年），努爾哈赤建立後金。崇禎九年（後金天聰十年，一六三六年），皇太極改國號為清。崇禎十七年（清順治元年，一六四四年），李自成大軍推翻明朝統治，明崇禎帝自殺。清軍乘機入關，打敗民軍。同年，多爾袞迎順治帝入關，定都北京。清廷先後平定了各地的亂事和南明抗清武力，逐步統一中國。

清初為緩和社會問題，實行獎勵墾荒、減免捐稅的政策，中原和邊疆的社會經濟漸有進展。至十八世紀中葉，經濟發展到新的高峰，史稱「康雍乾盛世」。於是中央集權專制體制更加嚴密，國力強大，秩序穩定，清代人口至十八世紀後期，已達到三億左右。

康熙年間，統一了臺灣，並與俄國簽訂《中俄尼布楚條約》，劃定中俄東段邊界。乾隆中葉，平定準噶爾、回部，統一新疆。不僅一舉解決了中國歷史上游牧民族和農耕民族之間曠日持久的衝突，而且採取了一系列政策，發展邊疆地區的經濟、文化和交通，鞏固了中國多民族國家的統一，奠定了現代中國的版圖，增強了中華民族的團結力和凝聚力。

清朝版圖最大時達一千二百多萬平方公里，疆域西起巴爾喀什湖和葱嶺，東北至鄂霍次克海和庫頁島，東至海，包括臺灣及其附屬島嶼，南起南海諸島，西南到廣西、雲南、西藏，包括達拉克，北至漠北和外興安嶺。

在文化上，康乾時期編纂了幾部集大成之作，像《四庫全書》《古今圖書集成》等，對清理和總結中國歷史文化遺產有重大貢獻。

清朝儘管取得了這些令人矚目的成就，但發展並未踰越中國傳統專制體制的軌道。經濟上，仍然以農立國。文化思想上，提倡綱常禮教，屢興文字獄。對外關係上長期閉關自守，盲目自大。因此，與同一時期西方資本主義蓬勃發展的形勢相比，中國傳統社會末期所取得的這些成就則相形見絀，中國已落後於世界發展的先進潮流，並且正在拉開愈來愈大的距離。

清中葉以後，由於承平日久，各種社會問題日益暴露，反清運動接連不斷，其中歷時九載的白蓮教事件結束了清朝的全盛時期。道光二十年（一八四〇年）的鴉片戰爭和此後帝國主義的入侵，使清廷與侵略者分別締結了一系列不平等條約，割地賠款，開放通商口岸，中國逐步淪為半殖民地社會。

中國的主權受到嚴重損害，滿族失去了早期積極進取、富有朝氣的精神，政治腐敗，思想僵化，懦弱自卑，步履蹣跚，進入了衰落時期。人民負擔更為沉重，處於水深火熱之中，由此而爆發了一系列反帝運動，如太平天國運動、捻軍變亂等。

為挽救自身命運，統治階層內部亦進行了一些改革活動，如洋務運動、戊戌變法等，試圖通過自上而下的變革，使中國走上富強獨立的道路，但最終失敗了。

無數的仁人志士為拯救民族危亡而浴血奮戰，前仆後繼。愛國主義的浪潮，在中國近代史上洶湧澎湃，空前高漲。

宣統三年（一九一一年），辛亥革命爆發，推翻清朝，從此結束了中國兩千多年來的帝制，中國歷史進入了一個嶄新的篇章。清代自入關後，共歷十帝，二百六十八年。

努爾哈赤建後金

●時間：西元一五八三～一六一六年
●人物：努爾哈赤

努爾哈赤在統一女真各部的過程中，創建了八旗制度，主持創建了女真文字，建立了「後金」政權。

⊙八旗制度的形成

早在原始氏族社會，女真人就存在著一種「牛錄」組織。出獵或行軍時，參加者按族寨（滿語稱爲「嘎山」）結合，十人為一「牛錄」（箭的意思）。「牛錄」作為一種臨時組織，出行則合，歸寨則散，既是當時女真部落渙散條件下的產物，又反過來延續了女真族的分裂。

在統一女真各部的過程中，努爾哈赤把不斷合併的諸申、伊爾根（自由民）編入「牛錄」並加以擴大，規定三百人為一牛錄，每一牛錄設置一名牛錄額真（主的意思），五個牛錄組成一「甲喇」，五個甲喇組成一「固山」。每固山以一旗為標誌，所以固山即為旗，固山額真就是旗主。

明萬曆二十九年（一六〇一年），努爾哈赤正式建立黃、白、紅、藍四旗。後來，隨著戰爭勝利，隊伍不斷擴大。四十三年（一六一五年），增設鑲邊的黃、白、紅、藍四旗，形成滿洲正黃、正白、正紅、正藍、鑲黃、鑲白、鑲紅、鑲藍八旗。八旗各樹己幟，互不統屬。努爾哈赤為八旗最高統帥，親領正黃、鑲黃兩旗，其他六旗由努爾哈赤的子弟掌領。

八旗制度不僅是軍事制度，也兼有徵賦、服役的職能。後金國築造城寨、運輸物資等力役，都是按旗分派各牛錄人丁擔任。官用穀糧、戰時急需的戰馬和舟船，也由各牛錄備辦。同時，八旗制也是後金進入遼審之前

清八旗軍服盔甲

特殊的政權組織形式。八旗的各級額真既要執行汗的命令，僉派人夫屯田服役，統率士兵作戰，又要尊奉汗諭，統轄下屬人員。

八旗壯丁平時耕獵放牧，戰時披甲出征。努爾哈赤和皇太極平素重視軍隊操練，嚴格軍紀，屢頒軍令，獎勇懲懦，經常舉行操練和檢閱，更以身作則，奮勇衝殺。在君汗的激勵和帶動下，八旗軍隊成為一支驍勇善戰、屢敗強敵、所向披靡的勁旅，先後大敗明軍於薩爾滸、平陽橋、松山，多次入邊，千里突襲，直抵北京城下，為進取中原奠定了堅實基礎。

⊙創建滿文

長期以來，女真人講女真語，寫蒙古文，沒有本民族的文字日益成為女真社會發展的障礙。努爾哈赤倡議並主持創製了滿文。

萬曆二十七年（一五九九年）二月，努爾哈赤令最有學問的額爾德尼和噶蓋參照蒙文字母，結合女真語音，拼讀成句，創製出滿文。這種草創的滿文，沒有圈點，後人稱之為「無圈點滿文」或「老滿文」。從此，滿族有了自己的拼音文字。滿文製成後，努爾哈赤下令在統一的女真地區推行，使之成為維繫民族共同體的重要精神紐帶。

後金建立後，統治者用滿文大量翻譯漢文典籍，大力吸取漢文化，特別是中原王朝的統治經驗，這一舉措加速了後金政權的進化，促進了滿族文化進步。同時，滿文記載和保存的大量文化遺產，豐富了中華民族的文化寶藏。

⊙建立後金政權

在統一女真各部的過程中，努爾哈赤將遠交近攻、武力征服與和平手段結合：拉攏蒙古、朝鮮，表示和睦。對明朝表示恭順，多次親赴北京朝貢。建設赫圖阿拉，作為政治、經濟和文化中心，初步釐定法律。加強與明朝的貿易往來，換取糧食、布匹、鐵器等生活和軍事物資，積累補給和儲備。注意延攬人才，選賢任能。

經過一系列準備，明萬曆四十四年（一六一六年），努爾哈赤稱「承奉天命覆育列國英明汗」，定都赫圖阿拉，建立金國政權，年號天命，史稱「後金」。

清正黃旗旗幟

清鑲黃旗旗幟

清正白旗旗幟

清鑲白旗旗幟

清正紅旗旗幟

清鑲紅旗旗幟

清正藍旗旗幟

清鑲藍旗旗幟

薩爾滸之戰

●時間：西元一六一九年
●人物：努爾哈赤　楊鎬　杜松

努爾哈赤建後金後，於明萬曆四十六年（一六一八年）發布指斥明朝「害我祖、父」、「逞兵越界」等「七大恨」檄文，向明朝宣戰。隨後，努爾哈赤率領大軍突襲明遼東重鎮撫順，又攻克清河堡（今遼寧撫順東南），讓明朝朝廷感到無比震驚。明朝君臣開始籌劃討伐後金。

⊙激戰薩爾滸

明萬曆四十七年（一六一九年）初，明廷任楊鎬為經略，出兵十餘萬，號稱二十萬大軍，分四路進攻，準備一舉消滅後金，同時出兵的還有朝鮮和女真族葉赫部的軍隊。明軍計畫四路軍隊合圍後金都城赫圖阿拉，但由於大雪封山，明軍長途跋涉，極其疲憊，合圍沒能如期實現。

努爾哈赤聽說明軍兵分四路，笑著說：「任他幾路來，我只一路去。」意即集中優勢兵力各個擊破。

三月，明軍總兵杜松率西路軍兩萬多人到達薩爾滸（今遼寧省撫順市東大伙房水庫所在地），在山麓紮營，隨後攻擊駐紮在附近小山上的少數後金軍。四貝勒皇太極帶領後金先頭部隊及時趕到，兩面夾擊，明軍大亂。

下午，努爾哈赤大軍抵達，立刻衝擊明軍營壘。明軍只有一路人馬，人數不占優勢，加上地形不熟，遠道疲憊，最終全軍覆沒，杜松死難。

此時，明軍北路馬林的軍隊已經進駐尚間崖。第二天，努爾哈赤進攻馬林部。努爾哈赤本想登上山頂，居高臨下攻擊明軍，但明軍已經列好陣勢準備衝擊，努爾哈赤緊急停止登山，列陣迎戰。

大貝勒代善不等努爾哈赤下令，領軍衝向明軍，二貝勒阿敏、三貝勒莽古爾泰不甘落後，也帶領本旗人馬衝入陣中，其他六旗來不及佈陣，紛紛催馬殺向明軍。各路人馬沒有配合，各自為戰，明軍在後金軍的衝擊下也失去章法。幾個貝勒從陣前直殺到陣後，又往回殺，形成兩面夾擊明軍之勢。明軍潰散，馬林隻身逃走。

隨後，後金軍擊潰第三路明軍，三路軍主將陣亡。第四路明軍聞風喪膽，不戰而走。

薩爾滸之戰歷經四天，後金軍集

八旗各旗佐領圖印　清
佐領為管理三百人的正四品官。

明代
銅手銃

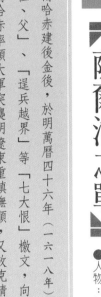

中兵力，逐個擊破明軍四路人馬，殲滅明軍六萬餘人，迫使援明的朝鮮軍投降，葉赫部軍隊逃走，後金軍大獲全勝。

⊙戰役影響

薩爾滸之戰是中國歷史上以少勝多的典型戰例，努爾哈赤集中優勢兵力，速戰速決，各個擊破，取得了輝煌的戰果，在顯示努爾哈赤卓越的軍事指揮才能的同時，也顯示出後金軍的銳氣。

薩爾滸之戰對後金極其關鍵，如果敗北，後金就面臨亡國的危險。因此，此戰明朝出動的僅是部分軍隊，而後金卻精銳盡出。乾隆皇帝後來評論：由於薩爾滸之戰的勝利，才能「克遼東，取瀋陽，王基開，帝業定」。

佛郎機大砲

明嘉靖九年（一五三〇年）十月開始製造的佛郎機大砲。這種火砲小的重二十斤，射程六百步，大的重七十餘斤，射程可達五～六里。造成後分發各邊鎮，稱「大將軍」。

隨後，後金滅女真族葉赫部，統一女真族。後方安定後，努爾哈赤於天啟元年（後金天命六年，一六二一年）三月開始大舉出擊，攻破明朝瀋陽城，斬殺明軍七萬餘人。又乘勝在遼陽城外大敗明軍五路人馬，裡應外合攻克明朝關外重鎮遼陽。

遼陽一失，遼東震動。數日間，七十餘城堡紛紛投降，遼河以東都成了後金的領土。

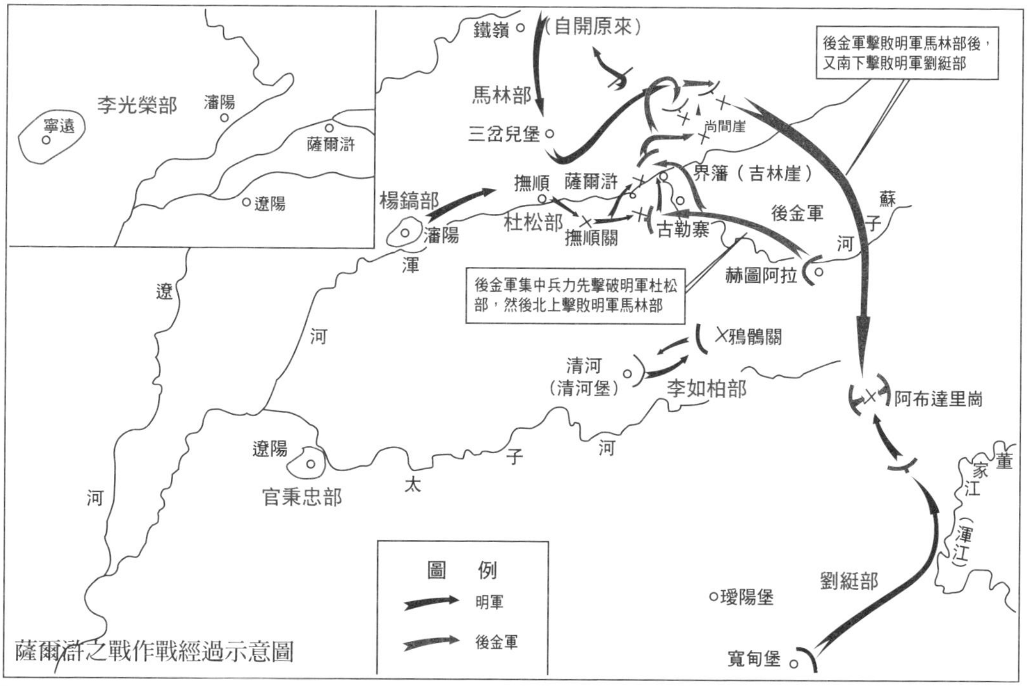

薩爾滸之戰作戰經過示意圖

皇太極建清

●時間：西元一六二六～一六三六年
●人物：皇太極

努爾哈赤時期是一個朝代的初創和奠基時期，努爾哈赤後半生大都是在馬上度過的。到了皇太極時期，關外大部分地區都已經為後金所有，皇太極開始調整統治政策，並考慮建制問題了。

⊙皇太極「新政」

皇太極（一六二六～一六四三年在位）為努爾哈赤第八子，天啟六年（後金天命十一年，一六二六年）九月即位稱汗，改明年為天聰元年。崇禎九年（後金天聰十年，一六三六年）四月稱帝，建國號為清，改元崇德。

皇太極繼位後，逐步調整政策，不像努爾哈赤只注重武力征服，開始以明朝體制為參照，建立政治架構。

一是改變對漢人的政策。努爾哈赤時期，特別是占領遼河平原後，後金大量移民，強占漢人田地。努爾哈赤把俘獲的漢人每十三個勞力編為一「莊」，分配給女真人作為財產。在這種剝削制度下，遼東漢民或逃亡或反抗，女真人因此付出了相當大的代價。一時間，後金國內丁壯銳減，田園荒蕪，民不聊生。

皇太極繼位後下令漢人的「莊」直接屬於金國的汗，由汗選派漢官統治。同時規定漢人與女真人同樣納稅，漢人犯法與女真人受同樣的處罰。

二是開始重用漢族官員。後金統治下的漢人逐漸增多，達到女真人的數倍，漢官瞭解漢族習俗，更容易為漢人所接受。范文程便是一個典型，極受皇太極重用，每逢議事，皇太極總是問：范章京知道嗎？有人提建議的時候，皇太極會說：為甚麼不和范章京商量呢？

三是舉行科舉考試，在漢人中選拔人才。科舉考試至明朝時最為完善，官吏基本通過科舉選拔。努爾哈赤時期殺戮了許多明朝生員，對所謂「通明者」或處死，或充當女真人的奴僕。

崇禎二年（天聰三年，一六二九年），皇太極繼位不久就下令對這些為奴的生員進行考試，各家主人不得阻撓，並對得中的二百人加以獎勵，恢復自由身。後來，皇太極又舉行漢人生員考試，取中二百二十八人，從中錄取舉人，加以重用。

同年，皇太極設立文館，專管譯書和記錄政事。崇禎六年（天聰七年，一六三三年），皇太極將文館擴為國史院、祕書院、弘文院，稱為內三院。

四是改革並完善政權機構。崇禎四年（天聰五年，一六三一年），皇太

馬術圖 清 郎世寧

朗世寧（一六八八～一七六六年），義大利人，康熙年間來到中國，成為宮廷畫師。此圖反映了清前期八旗兵尚武的狀況。

極參照明朝體制設立六部，每部由「管部大臣」主持，下設「承政」（尚書）三人，分別由女真人、蒙古人和漢人擔任。皇太極並仿效明制設立都察院，又創設蒙清理藩院，專門處理民族事務，形成內三院、六部、都察院和理藩院，所謂「三院六部二衙門」的政府架構，基本完善了政府組織體制和結構。

五是廢除同三大貝勒並坐制，改為皇太極「南面獨坐」。這並不是簡單的坐與不坐的問題，而是涉及君權——這一皇權時代的中心與根本問題。「南面獨坐」是一個體制的象徵。

⊙滿族與大清

通過以上種種措施，後金政權在北方的統治逐漸穩固。終於，皇太極做了兩件彪炳青史的大事：一是改族名，二是建大清。

崇禎八年（天聰九年，一六三五年）十月十三日，皇太極下令更改族名為滿洲，滿洲族（簡稱滿族）正式作為一個民族出現。

崇禎九年（天聰十年，一六三六年）四月十一日，皇太極在盛京（今遼寧瀋陽）皇宮大政殿舉行即皇帝位典禮，改國號「大金」為「大清」，改年號「天聰」為「崇德」。即位典禮上，由和碩貝勒多爾袞代表滿洲捧滿字表文，由土謝圖汗濟農巴達禮代表蒙古捧蒙古字表文，由都元帥孔有德代表漢官捧漢字表文，皇太極稱「寬溫仁聖皇帝」。

皇太極定國號「大清」，改「金」為「清」，可以淡化漢人對數百年前宋金對立歷史的記憶，讀音與「金」相近的「清」字，含有「廓清」、「掃清」之意，符合女真貴族興兵滅明的思想。統一族名為滿洲，改掉明設置的衛所名「建州」，是為了迴避歷史上與明的臣屬關係。皇太極稱帝，表明了不滿於做地處一隅的女真族首領，而是要做大國的君主這一政治抱負。

解裘收明將

●時間：西元一六四二年

●人物：皇太極　洪承疇

明朝大臣洪承疇降清後，皇太極極為優待，清軍將領很不高興。皇太極問：「我們這麼多年吃苦受罪為了甚麼？」這些人說：「為了滅明。」皇太極說：「譬如走路，我們都是瞎子，現在有了一個嚮導，我能不高興嗎？」

皇太極調兵木信牌

⊙松錦之戰

崇禎十四年（清崇德六年，一六四一年），清軍兵圍錦州城，祖大壽等明將被包圍在城裡。錦州是明朝在關外的最後一座重鎮，一旦丟失，明朝在關外將再無作為。崇禎帝任命大臣洪承疇為兵部尚書兼副都御史，總督薊遼軍務，急救錦州之圍。

洪承疇是明朝名將，原是進士出身，後在鎮壓民亂的過程中，逐漸顯露出政治和軍事才能。洪承疇曾在臨潼俘獲自稱闖王的高迎祥，又在潼關大敗李自成，使其只帶領十八人逃出。

此次洪承疇出援錦州，共帶了八個總兵，十三萬大軍，四萬匹戰馬。從寧遠北進，步步為營，且守且戰，同時積極集聚糧草，準備與清軍長期作戰。可是朝中大臣議論紛紛，以洪承疇浪費國家錢財，不積極進取。

崇禎帝派監軍催促洪承疇進兵，洪承疇不敢抗命，進兵錦州，想與清軍盡快決戰。如此正合皇太極之意。此時，清軍指揮作戰的是身經百戰的睿親王多爾袞和鄭親王濟爾哈朗。

兩軍初戰，清軍失利，皇太極急忙帶兵增援。清軍制定了新的戰略：截斷明軍退路並切斷糧道，在大路上佈陣，不讓明軍增援，在小路設伏，攻擊潰逃的明軍士兵。圍困駐紮在錦州南松山上的洪承疇主力。

明軍糧道截斷後，士兵開始恐慌，同時洪承疇與錦州城內也失去了配合。明軍總兵曹變蛟衝擊皇太極大營，被亂箭射回，身負重傷。其餘總兵開始自行其是。夜裡，王樸、吳三桂兩位總兵逃往杏山，隨後又想退回寧遠，中了清軍埋伏，全軍覆沒。

此時，明軍幾乎成了烏合之眾，自相踐踏，屍橫遍野。最後，只有曹變蛟和王廷臣兩支隊伍跟隨著洪承疇，其他總兵都不知去向。洪承疇聚攏大約一萬多軍隊，固守松山孤城。

到第二年二月，明軍僅剩下三千多人，將領逐漸絕望，副將夏成德投降，引清兵入城，洪承疇、曹變蛟、王廷臣被抓。

三月，守衛錦州的祖大壽率軍投

延伸知識

《貳臣傳》

乾隆四十一年（一七七六年）十二月初三日，乾隆帝頒發諭旨，令於國史內另立《貳臣傳》，即為降清的明朝官吏所作之傳。

乾隆帝認為，當初清朝開國之時，為求大業，對於歸附、投降的明朝官吏，不得不加以重用，有的甚至位列閣臣，封王拜爵，藉此安定人心，樹立起歸順的榜樣，促進國家統一的完成。但事後憑情而論，君主臨危授命，為人臣者卻畏死而降附，於大節有虧。君主向以「君為臣綱」為重，以激勵臣節為要務，鼓勵臣子盡忠，故應貶斥變節之舉，提倡盡忠守節之風。於是在大力表彰明末清初因抗清遇難的明朝官員的同時，下令編纂《貳臣傳》。乾隆帝此舉，無非是為了進一步鞏固統治，緩和民族衝突，瓦解民族意識，以達成統一思想。

國史館遵旨開始編寫該書，分甲乙兩編，共編成十二卷，收錄一百二十五人，洪承疇、劉良佐、錢謙益、吳偉業等都在其列。甲乙兩編是根據這些貳臣降清以後的兩種情況而分的：一種是對清朝赤膽忠心，功勳卓著者。另一種則是在清無所作為，毫無建樹者。前一種人編入甲編，後一種人編入乙編。

降，松錦之戰明軍徹底失敗。

⊙計收洪承疇

被俘後，曹變蛟、王廷臣不屈被殺，洪承疇解往盛京。久聞洪承疇之名的皇太極非常高興，親自到監獄中看望洪承疇勸降，洪承疇不肯。

皇太極看洪承疇衣衫單薄，便脫下身上的貂皮大衣披上，說：「先生冷吧，穿上吧！」洪承疇非常感動，想到為明朝立下了汗馬功勞，卻遭到崇禎帝猜忌，而眼前的敵人卻對階下囚如此關心，自覺得遇明主，於是跪地投降。

洪承疇投降後，遠在北京城中的崇禎帝並不知情。由於從前線傳回洪承疇以身殉國，崇禎帝還建廟設壇表彰祭奠。

松錦大戰是繼薩爾滸之戰、瀋遼之戰後的又一次重要戰役。薩爾滸之戰後，後金軍由戰略防守轉入戰略進攻。瀋遼之戰後，明朝在遼東的統治結束，後金取得了主導地位。而松錦大戰則標誌著明朝在關外的統治結束，此役明朝損失慘重，十三萬軍隊幾乎全軍覆沒，大量輜重丟失，曹變蛟等大將被殺，洪承疇、祖大壽等名將投降。

清太宗皇太極像

皇太極實施了一系列加深制度的措施，為滅明和建立大清帝國做了大量的基礎工作。崇禎十六年（清崇德八年，一六四三年）八月病逝。

福臨登位

●時間：西元一六四三年
●人物：多爾袞　豪格

崇禎十六年（一六四三年）八月初九，皇太極突然去世。由於生前對後事未做任何安排，於是圍繞著皇位繼承問題，一場激烈的爭奪戰開始了。

⊙各路勢力

清室入關前，繼嗣不是由皇帝生前在皇子中指定，而是由貴族諸王議立。比較有權勢的親王、郡王共有七位，分別是禮親王代善、鄭親王濟爾哈朗、睿親王多爾袞、肅親王豪格、武英郡王阿濟格、豫郡王多鐸、多羅郡王阿達禮。

代善是皇太極的兄長，握有正紅、鑲紅兩旗，但年過六十，早已沒有年輕人的雄心，正紅、鑲紅兩旗的力量在八旗中也是最弱的。

濟爾哈朗功勳卓著，屢建奇功，又掌握著鑲藍旗。皇太極抱病在身時，軍國大事便經常委託濟爾哈朗和多爾袞兩位親王共同處理。但濟爾哈朗只是努爾哈赤的姪子，基本上沒有繼承皇位的可能。

豪格是皇太極的長子，時年三十四歲。豪格自幼追隨父親征戰沙場，頗有戰功，已晉封為親王，與伯叔輩平起平坐。皇太極在世時直接擁有正黃、鑲黃和正藍三旗的勢力，其中正藍旗由豪格統領。三旗代表皇權勢力，豪格是皇太極的長子，因此三旗大臣都主張立豪格為君。

多爾袞是努爾哈赤的第十四子、皇太極的異母弟弟，比豪格小三歲。在皇太極當政時期，年輕的多爾袞作戰勇敢機智，很快以其卓越的戰功、出眾的才幹和對兄長皇太極的忠心，超越其他兄長，封為睿親王，參決軍國大事，在軍中享有赫赫聲威，地位已躍居諸王之上。

清世祖順治皇帝
愛新覺羅・福臨像

據說多爾袞相貌最像努爾哈赤，深得父親喜愛，並曾有意作為汗位繼承人。努爾哈赤去世時，不滿十五歲的多爾袞無力爭位，才讓皇太極得以繼承汗位。

到了這時，多爾袞身邊人才濟濟，武英郡王阿濟格是同母兄長，豫親王多鐸是同母弟弟，三兄弟握有正白、鑲白兩旗，兩旗都主張立多爾袞為君。

⊙劍拔弩張

清廷內部形成了睿親王多爾袞與肅親王豪格兩派的嚴重對立，禮親王代善和鄭親王濟爾哈朗則是沒有爭位之心的中間勢力。爭奪雙方都握有重兵，一時間劍拔弩張，各不相讓。但同時也各有顧忌，一旦刀兵相見，誰也沒有必勝的把握。於是，雙方都加緊私下活動。

兩黃旗的大臣都爾格、索尼、圖賴、鞏阿代、鰲拜、譚泰、塔瞻等人齊往豪格家，策劃立豪格為君。索尼等六人更「共相盟誓，願死生一處」。豪格又探聽鄭親王濟爾哈朗的意向，濟爾哈朗表示願立豪格為君，但要與多爾袞商議。

多爾袞也在探詢兩黃旗各大臣的口風。索尼等人非常乾脆說：「先帝有皇子在，必立其中之一，其他非我所知也！」

兩黃旗大臣的團結與堅決讓多爾袞倍感壓力，同時濟爾哈朗地位相當，平時就有競爭，爭取支持也有困難，甚至倒向豪格一邊。代善老謀深算，絕對不會得罪一方。至此，多爾袞決定另謀出路，以變通的方式掌控大權。

⊙漁翁得利

皇太極死後的第四天，多爾袞召集諸王大臣在崇政殿議立新君。黎明，兩黃旗大臣在大清門盟誓，以精銳部隊包圍宮殿，宮內氣氛緊張。

會議開始，索尼等人搶先發言，力主立豪格為君。阿濟格、多鐸則針鋒相對，異口同聲說：「請睿親王登臨帝位。」多爾袞長於審時度勢，沒有立即表明態度。

多鐸見兄長遲遲沒有發話，於是說：「哥哥推辭，如果諸位沒有意見，就該立我，我的名字當年也在太祖（努爾哈赤）的遺詔中。」多鐸的

延伸知識

清初三陵

明末清初，女真族在東北興起，隨後勢力不斷擴大，最後進軍中原，建立清朝。在統一全中國之前，清朝統治者的皇家陵墓主要仍是分佈於東北，共有三座陵墓群：永陵、福陵和昭陵，通稱「關外三陵」。

永陵是清帝的祖陵，包括清太祖努爾哈赤的父親、祖父、曾祖、遠祖及皇帝祖先等五座陵墓。座落於遼寧省新賓縣永陵鎮，北依啓運山，南臨蘇爾河。福陵位於遼寧省瀋陽市以東，又稱東陵，是清太祖努爾哈赤和皇后葉赫納拉氏的合葬墓。昭陵位於瀋陽市以北，又稱北陵，是清太宗皇太極與皇后博爾濟吉特氏的合葬墓。

由於清初統治者尚未統一全中國，因此陵墓建築無論從規模還是建築藝術上來說，都遠遠不能同清朝以後的皇家陵墓相比擬。

象牙鏤雕福壽寶相花套球　清

此套球象牙雕成，內外層交錯重疊、玲瓏剔透，表層刻鏤「福」「壽」字和寶相花紋。從外到內有大小空心球十一層，每層球均能自由轉動，且均鏤雕精美的百花和龍鳳紋飾。

爭立增加了戲劇性，使局面更加混亂。

多鐸見多爾袞仍未明確表態，又說：「要不立我的話，論年長，當立禮親王代善。」多鐸的意思很明確，就是不能讓豪格繼承汗位。

這時，代善終於發言，站起來提了個模稜兩可的意見，說：「我已年老體衰，力難勝任，睿親王若應允，實是我國之福。否則，還是應當立皇子。」

濟爾哈朗仍然默不作聲，多爾袞也不說話。

豪格沒有沉住氣，站起來怒氣沖沖說：「我福小德薄，不敢當此重任。」隨後拂袖而去。

這時，兩黃旗的將領們佩劍上前說：「我等食於先帝，衣於先帝，養育之恩與天同大，如果不立帝子，我等願從先帝於地下。」言下之意，不立豪格就要與兩白旗對決。

代善見形勢不對，勸說雙方：「我雖然是先帝之兄，但早不預政，又已經年邁，與此議不合。」說完便也走了。

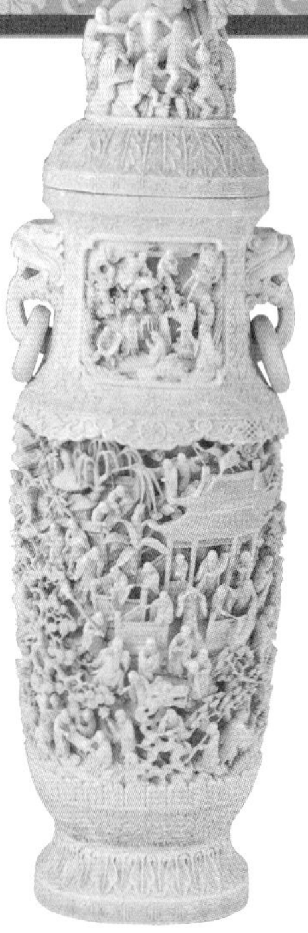

象牙雕羅漢雙耳瓶　清

此瓶扁圓體，有雙獸耳，耳下鏤雕活環。瓶身滿雕紋飾，除口、頸、肩、足部淺浮雕過渡性回紋、蕉葉、八寶等為地紋外，人物衆多，姿態各異，纖微必現，又點綴亭臺、花木等景物。有蓋，蓋紐圓雕五子鬧彌勒。雕刻極為繁複，不留餘地。

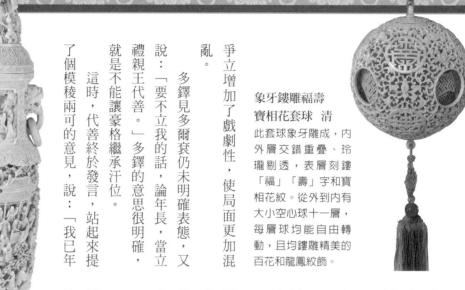

多爾袞看到兩黃旗與正藍旗堅決支持豪格，鑲藍旗旗主濟爾哈朗、正紅旗旗主代善也傾向於立豪格。相形之下，不占優勢，如果勉強稱帝，必將引火燒身。於是，多爾袞說：「諸位王爺說得都有道理，但豪格情願退出，沒有繼承大統的心願，因此我建議立福臨為帝，由濟爾哈朗和我輔政，等福臨年長之後，當即歸政。」

福臨為皇太極的莊妃所生，當時只有六歲。皇太極共有十一個兒子，其中四子早夭，到皇太極去世時，只剩下七個兒子。其中有地位的后妃所生的皇子一共有兩個，分別是六歲的福臨和兩歲的博穆博果爾。

多爾袞的方案出乎在場人的預料。但既然立的是先帝之子，兩黃旗大臣也無話可說，濟爾哈朗的利益得到了尊重，也表示同意。眾人請回代善和豪格。代善一到，明白了一切，於是表示支持。等到豪格回來時，驚訝於一切都不同了，原本支持的兩黃旗將領已經沒有了剛才的氣勢，似乎只剩下滿腔歉意。豪格也沒了脾氣，只好委曲求全，同意多爾袞的意見。

於是，清朝的諸王大臣盟誓效忠新皇上，六歲的福臨被推上皇位。

⊙深遠影響

在這場皇位爭奪中，多爾袞成為了實際上的贏家，既排除了強大的政敵豪格，又實際上享有帝王之權。擁立小皇帝的風波平息後，多爾袞很快成為掌握朝政實權的攝政王。

順治元年（一六四四年）十月，多爾袞被封為叔父攝政王，俸祿、冠服、宮室之制都要超過一般的親王。第二年，多爾袞被封為皇叔父攝政王。到順治六年（一六四九年）十一月，又加封為皇父攝政王，「凡一切政事及批票本章，不奉上命，概稱詔旨。擅作威福，任意黜陟。凡伊喜悅之人，不應官者濫升，不合伊者濫降，以至僭妄悖理之處，不可枚舉。不令諸王、貝勒、貝子、公等入朝辦事，竟以朝廷自居，令其日候府前」。此時，多爾袞的權勢地位已達到無以復加的程度。

客觀來看，這場皇位之爭的和平解決，避免了滿洲貴族的公開分裂和混戰，對下一步協調一致入關作戰，奪取全國政權，無疑是很重要的。同時，愛新覺羅．福臨也就成為了清朝入主中原後的第一代皇帝。

歷史詞典

孝莊太后

孝莊太后姓博爾濟吉特，名本布泰，是蒙古科爾沁草原貝勒寨桑之女，天啓五年（後金天命十年，一六二五年）嫁給皇太極。崇禎九年（崇德元年，一六三六年），皇太極稱帝，冊封本布泰為莊妃，排在五宮后妃的最末一位。崇禎十一年（崇德三年，一六三八年），莊妃生皇九子福臨。皇太極死後，在激烈的皇位爭奪戰中，福臨意外被推上了皇位，莊妃也就成為了太后。

之後，國家大權落在攝政王多爾袞手裡。年輕的太后與幼帝如何與執掌實權的多爾袞保持平衡，其中最具代表性的有「太后下嫁」一說。有學者認為，為了遏制多爾袞稱帝的野心，孝莊太后不惜自降身價，按照滿蒙的傳統婚俗下嫁多爾袞，緩和了當時的權力紛爭，保住兒子的皇位，穩定了當時的政局，孝莊死後未葬在盛京太宗皇太極的昭陵也成為此說的佐證。

也有學者對太后下嫁持懷疑態度，認為清代史書中關於此事並未明確記載，此說缺乏可靠的史料依據，而孝莊未葬入昭陵也可能只是出於死後不願離開兒孫的遺願。

但不論「太后下嫁」一說是否真有其事，孝莊太后在清初的作用卻是不可忽視的。多爾袞死後，朝中各種政治衝突再起，孝莊太后幕後策劃，不動聲色平息了各種衝突，使順治帝得以順利親政。順治帝死後，孝莊太皇太后又成為康熙帝最堅強的後盾，除鰲拜，平三藩，與孝莊太皇太后的支持都是分不開的。

康熙二十六年（一六八七年），孝莊太皇太后去世，葬於河北遵化清東陵的昭西陵。

象牙雕劉海戲蟾　清

吳三桂開關引清兵

●時間：西元一六四四年
●人物：吳三桂　多爾袞　李自成

吳三桂為甚麼會打開關門引清軍而入，「衝冠一怒為紅顏」，這是當時人為此作下的註解。「為紅顏」可能是杜撰，也可能確有其事，但充其量不過是眾多因素中的一個。吳三桂作為一代梟雄，必然是依據局勢的變化，三方力量的對比，做出了對自己最為有利的選擇。

吳三桂（一六一二～一六七八年），字長伯，江蘇高郵人。出生在武將家庭，從小擅長弓馬騎射，中過武舉，又蒙父蔭為都督指揮。明末動盪多變的政局，給了吳三桂展現的舞臺，歷史讓他在關鍵時刻決定自身的政治歸宿，也在一定程度上決定了明清兩朝的命運和走向。

昭陵琉璃影壁上的彩龍

⊙衝冠一怒為紅顏

崇禎十七年（一六四四年）三月十八日，李自成攻破北京，明中央政權瓦解。此時，吳三桂以明朝鎮守山海關總兵的身分，正帶領五萬精銳部隊在趕往北京「勤王」的路上。擺在面前的選擇有兩個，索性幫助李自成推翻明王朝，還是投奔關外蓬勃興起的滿清新勢力？

李自成和清王朝都急於爭取吳三桂的力量。李自成搶先招降，並送去白銀四萬兩犒勞軍隊。吳三桂心中開始傾向李自成，準備歸附同為漢人的大順朝。

但吳三桂在進京途中，不斷聽到各種傳聞，先是得知大順軍為了追贓，拘禁並鞭打父親吳襄，對吳三桂不啻是當頭一棒，所有幻想都成了泡影。吳襄也私下致書吳三桂，要他「亟來救父」，使吳三桂認為李自成的招降不過是場騙局，只是想誘使進京，再行消滅。

接著傳來消息：大順軍將領劉宗敏搶去了吳三桂的愛妾陳圓圓，成為觸發吳三桂降清的又一偶然因素。明末封疆大吏、文人雅士以重金購置美妾蔚為風氣，陳圓圓既是吳三桂以千金購得，就是私有財產，劉宗敏的行為同時侵犯了吳三桂的利益和顏面，於是勃然大怒。

吳三桂最終改變決定，停止西進，率部重返山海關，立意與大順軍為敵。接著，山海關向清軍敞開了大門。

⊙一片石大戰

精通軍事的吳三桂深知不能同時

兩面作戰，與李自成徹底決裂後，為了保存實力，避免腹背受敵，轉而向昔日的敵人——滿洲投降，請求清兵入關，聯合攻打李自成。

當代表乞降的人員來到主持大清政務的多爾袞面前時，精明的多爾袞意識到這是奪取中原千載難逢的好機會，立即答應了請求。

得知吳三桂降清的消息，李自成親自率領大順軍向山海關進發，在山海關邊的一片石地區，大順軍與吳三桂的軍隊展開了生死決戰。雙方勢均力敵，正在難分難解之時，多爾袞率領十四萬清朝精銳部隊出現，一舉改變了戰局的走向。

在清軍與吳三桂的兩面夾擊下，大順軍迅速崩潰，向北京敗退。多爾袞命吳三桂為先鋒，追擊大順軍，大順軍損失慘重，元氣大傷。很快，李自成殘部退出北京，轉戰西北。

在這場李自成與吳三桂的山海關決戰中，大清成為坐收漁翁之利的最大贏家。滿洲人經過兩代先人的努力創業，躍馬彎弓，殊死搏鬥，終於打開了山海關這扇鐵門，從東北進到中原，並最終成為中原之主。努爾哈赤、皇太極夢寐以求的砍掉明朝這棵「大樹」的夙願，終於在這一代成為現實。

在漢人的謾罵聲中，吳三桂送給了清朝這麼一份大禮。作為回報，他也得以封地為王，割據一方。

清鐵砲

清軍入關前逐步裝備火砲，入關攻城略地，常仰賴火砲的威力。

山海關

李自成占領北京後，驕傲輕敵，而明平西伯寧遠總兵吳三桂則「衝冠一怒為紅顏」，開山海關迎來清兵。李自成統兵東征，山海關一戰大敗，清軍隨即入主中原，巍峨的山海關城樓是這一歷史事件的見證。

定鼎北京

●時間：西元一六四四年
●人物：多爾袞

清軍入關後，紀律嚴明，民族政策寬鬆，得到了百姓的擁護。此後，多爾袞高瞻遠矚，憑藉絕對權威，做出了建都北京的重大決定。

⊙清軍北京穩民心

進入山海關後，清軍每日奔行一百二三十里，向北京前進，沿途未遇任何抵抗，於五月初一抵達通州。此前，李自成已經放棄北京西撤。臨行前，大順軍更在城中四處縱火。

五月初二，明朝舊臣自動到北京城朝陽門外，以帝王之禮迎接清軍統帥多爾袞，多爾袞乘輦入城。此時北京城內一片狼藉，大火仍沒撲滅。

這時的中原地區久經戰亂，人心不穩，北京一帶連年大旱，百姓缺衣少食，大順軍離開時運走大批糧食，城中存糧所剩無幾。更重要的是，漢族居民對清軍心存疑慮，京城謠言四起，以為清軍將要屠城，大順軍回師北京。形勢嚴重影響著清軍統治下北京的穩定。

進入北京後，多爾袞的同母兄長武英郡王阿濟格就提出：「我軍在遼東時，顧及民心而不隨便殺戮，因此當地居民殺了很多士兵，現在應該乘亂大肆劫掠一番。」這個野蠻而愚蠢的建議遭到多爾袞嚴厲斥責。

多爾袞採納漢官范文程、洪承疇等人的建議，不失時機採取了一系列穩定民心、籠絡明朝士人的措施。首先，多爾袞下令軍隊駐紮在京城外，以防止擾民事件發生，並規定清軍兵士不得進入百姓家，否則斬首示眾。另一方面，多爾袞讓跟隨清軍進駐北京的蒙古軍隊暫時離開，以緩解糧食緊張的問題。

其次，多爾袞為崇禎發喪三日，

裝金鏤雕三層盒　清

此盒分三層，每層相隔，隔板保留漆色，其餘部分幾乎全部裝金。盒壁鏤雕而成，玲瓏剔透，表現人物故事及博古陳設等圖案。下配束腰三彎腿帶托泥底座。吸收了建築及家具的一些造型元素，器型特殊，紋飾繁縟富麗。

以皇帝禮儀安葬。

第三，多爾袞聲稱，明朝的舊臣只要前來報到，一律官復原職，對降官穿戴明朝衣冠也暫時不加以限制。

這些政令爭取到了明朝官吏的支持，也有籠絡、安定民心的作用。與此同時，多爾袞並下令對明皇陵採取保護措施。

⊙福臨入京封功臣

清軍入關後，圍繞建都北京、征服中國等問題，滿洲貴族內部發生了激烈爭論。由於戰火四起，漕運不通，北京一帶的糧食供應成了難題，而此時的關外正是五穀豐登。另一方面，八旗官兵離開故土，對關內的氣候很難適應，對立即移居北京都有牴觸情緒。

清軍將領主張將諸王留下鎮守北京，大軍或者還守盛京，或者退居山海關，確保沒有後患。

多爾袞非常堅定，駁斥道：「既得北京，就應當立即遷都，以圖進取中原，統一中國。特別是在現階段，人心未定，更不可有絲毫動搖。」多爾袞更指著北京城牆說：「燕京乃定鼎之地，何故不建都於此而又欲東移？」

為了安定民心，多爾袞明確宣布建都北京，並迎接幼主福臨入京。

九月，福臨入山海關，多爾袞率諸王、群臣迎於通州。在關外時，福臨已經進行過登基儀式，但移都北京意義非凡，因此福臨在北京又一次舉行了登基儀式。

十月一日，福臨在北京「定鼎登基」，「表正萬邦」，隨後冊封功臣，封多爾袞為「叔父攝政王」，建碑立傳，另一位輔政王濟爾哈朗封為「信義輔政叔王」，阿濟格、多鐸等有功大臣也都一一受封。從此，清朝的統治中心從關外轉移到關內，在征服中國的道路上又前進了一步。

紫禁城
清代仍延用明代宮城，但改造後更加威嚴華麗。

李自成敗死九宮山

●時間：西元一六四五年
●人物：李自成

李自成攻破了紫禁城，但是卻沒有政治家的戰略眼光，進京僅僅四十多天，就不得不退出京城，最終死於九宮山下，遺恨千古，令人扼腕。李自成的進京，結束了明朝二百七十七年的統治，但離京卻成全了清朝二百六十八年的統治。

明崇禎十七年（一六四四年）三月十九日，李自成率領大順軍攻破北京，崇禎帝自縊景山。然而，李自成最終沒能成為像明太祖朱元璋那樣以平民起家的一朝天子。在山海關，經過與吳三桂部、清兵聯軍的一場惡戰，李自成損兵折將，精銳部隊損失殆盡。

⊙退出京城

四月二十八日，李自成在武英殿即位，接受百官朝賀。第二天凌晨，為了躲避吳三桂和清軍的追擊，李自成率部撤出京城，由山西、河南兩路向西安方向退卻。在歷史的記載裡，李自成不過是皇城禁宮的一個過客，轉瞬即逝。

由於事出倉促，沒有時間嚴密部署，撤退一開始就顯出兵敗如山倒的頹態，軍心大亂。

更可怕的是，將領內部發生了自相殘殺的悲劇。在撤兵途中，大順軍將領李巖自告奮勇，請求到河南為大軍籌集糧草。一向與李巖不睦的謀士牛金星趁機進讒言，說李巖懷有貳心，要在河南叛變投敵。李自成十分信任牛金星，便在宴會上殺害了李巖和弟李襄。李巖之死引起軍師宋獻策和大將劉宗敏的不滿，與牛金星對立，軍心開始分裂。

李自成帶著部隊重返山西、陝西地區，隨後兵分兩路南下，一路由陝西經四川東部，一路由李自成親自統率。

⊙兵敗如山倒

清廷定鼎北京不久，即命阿濟格為靖遠大將軍，多鐸為定國大將

李自成行宮

李自成行宮位於今天的陝西米脂縣城北的盤龍山上，整個建築群依山而建，雄偉富麗，氣度不凡。李自成建立大順政權後，命姪兒李過回米脂修建行宮和祖墓。行宮建好後，李自成準備回鄉祭祖，可是途中卻接到西安軍情緊急的消息，便星夜返回西安。崇禎十七年（一六四四年）後清軍來到米脂，準備把大順遺物全部銷毀，米脂的父老鄉親把行宮偽裝成真武廟，才倖免一炬。

銅鎏金獅子繡球鎮紙 清

此鎮紙為長方形，上鑄三獅嬉戲一繡球，造型生動，神態可掬。

軍，共同夾擊李自成。李自成腹背受敵，潼關之戰失敗，退出西安，進入河南。

順治二年（一六四五年），李自成南下占領武昌，與清軍追兵遭遇，展開激戰。突圍時，大順軍在富池口被清軍追上，不善水戰，大順軍遭受致命打擊，損失慘重，與後續部隊的聯絡也被割斷，李自成率領的先行部隊變成深入敵區的孤軍。

李自成一路遭到清軍追殺，節節抗擊，節節敗退，最終難挽敗局，大勢已去。四月，李自成率領二十八名騎兵進入九宮山一帶躲避清軍的追擊，卻遭遇鄉紳程九伯等人的地方鄉軍突襲。當時黃沙漫天，李自成不熟悉地形，難以防備鄉兵設下的陷阱，馳騁沙場幾十年，披荊斬棘、衝鋒陷陣的猛將，就這樣意外命喪在小小地方武力之手，真是「堪歎陝北農家子，輕取皇冠葬九宮」。氣吞萬里的李自成起兵佳話，帶著感歎與悲壯，最終失敗。

李自成罹難的消息傳來，大順軍「滿營痛哭」，「悲號」之聲不止，全體將士「自悔，自艾，亦自失」，悲痛之情溢於言表。當時，大順軍尚有幾十萬部眾，日後在數名將領的帶領下，轉戰洞庭湖地區，多次拒絕清廷招撫，最終走上了和南明政權聯合、共同抗清的道路。

李自成的遇難過於突然，而且隨行的二十八名騎兵也一同遇難，以至於當大順軍和清軍得到消息，先後趕到九宮山時，已是「屍朽莫辨」。人們不願相信「闖王」李自成就這樣死去了，於是在民間一直有傳言，說闖王突出包圍，遁入空門，在湖南石門夾山寺為僧。

李自成雕像

李自成領導的政治運動雖然失敗了，但在後世人心中，他的勇敢和軍事才能仍然值得人們懷念。

【寧斷頭，不剃髮】

●時間：西元一六四五年
●人物：許用　陳明遇　閻應元

清朝入主中原後，在全國貫徹滿人的制度和習俗，與漢文化發生了激烈的衝突。其中，以文化積澱最為深厚的江南地區人民圍繞「薙髮令」展開的對抗尤為慘烈，為此付出了十幾萬條生命的慘痛代價，影響了有清一朝對江南地區的統治政策。

剃髮是滿人的習俗。滿族的前身——女真人在關外時生活在一望無際的深山中，以打獵和採摘為生，需要簡潔的衣服和髮式，以保證不被山林中的樹枝鉤住而發生危險。因此，男子髮式是把前顱頭髮剃光，後腦頭髮盡留並編成一條長辮垂下。

對清政府而言，「剃髮」早已不是個人私事，代表的是滿族的文化，是滿人的祖宗成法，每攻占一地，只有剃髮換服才能表示真正完全的占領。剃髮與否，成了衡量「順民」與「逆民」的標準。

然而漢人卻強調身體膚髮受之於父母，不可輕易改變。蓄髮是漢族人民的生活習俗，剃髮就是不孝。明朝遺民或許能夠接受滿人取代明朝政權，卻不能接受滿人的文化。剃髮引發了兩種文化的對立，挑戰了人們的信念，必然引起反抗和流血。

⊙強推「薙髮令」

清軍入關，進入北京城不久，多爾袞就發布告示：「凡投誠官吏軍民皆薙髮，衣冠悉遵本朝制度。」一時激起千層浪，京城內人心思變，惶惶不已，很多人甚至準備南逃。

考慮到清朝剛剛入關，危機四伏，應該先穩定根基，二十天後，多爾袞暫時取消「薙髮令」，允許臣民保持舊日裝束。

一年後，李自成軍已被鎮壓，南京的弘光政權也已經覆滅，清軍基本控制了中原大地。為了徹底征服這片土地，牢牢控制這片土地上的各族人民，清政府強制推行圈地、逃人法、薙髮令、遷界令等一系列政策。這些為了滿族的利益而侵蝕其他民族人民利益的政策，遭到了各族人民的堅決

碧玉太平有象　清

黃楊木透雕靈芝如意　清

反抗。

順治二年（一六四五年）六月，清政府向全國發布「薙髮令」，規定所有人都必須像滿人剃去前額的頭髮，蓄起辮子。京城內外限十日內剃髮，遲疑或逆命者，都將治以重罪，任何巧舌爭辯、逃避剃髮的人，均殺無赦。

清朝地方官員還在江南各地貼出「留頭不留髮，留髮不留頭」的布告，強制民眾剃髮。清統治者強令剃髮，就是強迫漢人改變傳統的生活習俗，極大傷害了漢族人民的民族自尊心，激起漢族人民的堅決反抗，其中以漢文化氛圍最濃厚的江南地區反抗最為悲壯。

⊙頭可斷，髮不可剃

江南百姓自發用各種方法保護頭髮，無聲進行反抗。蘇州有一對老夫婦，一生與人無爭，卻在薙髮令公布後，懸樑而死。溫州一家人舉家躲進深山，一住就是幾十年。

隨著個人反剃髮行動的不斷增加和累積，最終在部分地區爆發了集體乃至全城的反抗。這年六七月間，怒不可遏的江南人民拿起武器，展開了英勇不屈的反抗，其中以江陰人民最值得紀念，其不屈的精神至今仍為世人敬仰。

江陰是江南大縣，民生富足，地勢重要，是水陸交通要衝，素有「三江之雄鎮，五湖之腴膏」之說。薙髮令造成江陰全城百姓的恐慌和憤恨。閏六月二日，縣令方亨嚴中薙髮令，眾多江陰鄉紳跪倒請求留髮，卻被大罵趕出。

到了限令剃髮的最後一日，江陰秀才許用等在城內明倫堂的中央高高掛起明太祖肖像，聚集數百人向肖像跪拜痛哭，聲稱「頭可斷，髮決不可

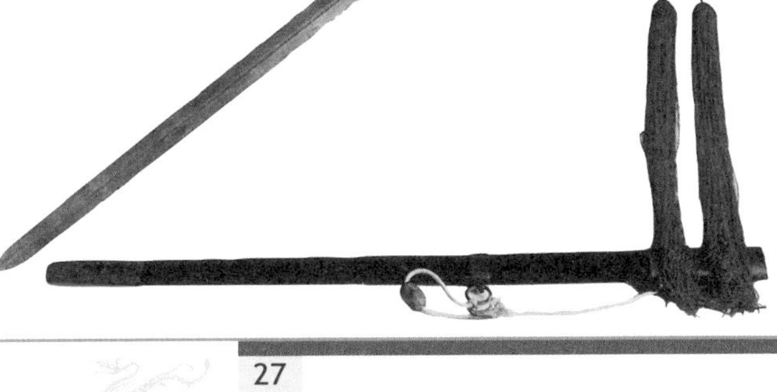

鋼劍　清

王原祁藝菊圖 清 禹之鼎

剁」！下午，聚集的人增多，哭聲驚天動地。隨後，許用等人帶領群情激昂的人民上街示威，從四面八方湧來的響應者達數萬人之眾。失去控制的人群衝進縣衙，盡行搗毀衙內設施，補獲知縣方亨並處死。

第二天，全縣人民響應縣城的激情，遠近人民組成鄉兵，自備武器和乾糧入城。眾人公推縣主簿陳明遇為江陰城主，打開武器庫，用庫藏的火藥器械武裝鄉兵，準備自衛。

抗清力量首先在城內搜捕親清軍人士六十多人，隨後在江陰城四門佈置武力，誓死堅守家園。前任典史閻應元應陳明遇之請，在危急時刻擔負起領導守城的重任。在城牆上英勇指揮，浴血奮戰，化解了清軍的一次次進攻。

江陰義兵大義凜然，紀律嚴明，得到百姓的堅決擁護，富商鄉紳也捐糧獻銀以作抗清經費。江陰各階層人民萬眾一心，同仇敵愾，結成強大的抗清聯合陣線，有效阻擋了清軍的砲火。

⊙城破與屠城

此後兩個多月的時間裡，江陰城始終巍然屹立於清軍的砲火之中。清軍見久攻不下，將圍城的士兵增至二十四萬，又從南京運來二十四門大砲，日夜不停向城內轟擊。城中情況日漸危急，死傷的義兵逐漸增多，糧食和火藥卻相對減少。

八月二十一日，大雨傾盆，江陰義兵仍然冒雨守城。臨近中午，縣城西門終於被重砲擊毀，清兵從此處蠭

黃楊木雕松竹盒 清

擁入城。幾百名江陰義士和清軍展開激烈巷戰，全部壯烈犧牲。

江陰人民堅持守城八十三天，殺死清兵七萬五千人，同時也有六萬七千江陰人戰死在城牆之上，展現了江南人民不畏強暴的反抗精神和對民族文化的執著信念。

清軍攻下江陰後，並沒有就此收手，安撫百姓，而是下令「滿城殺盡，然後封刀」。而江陰人民坦然赴死，再次展現出威武不屈的高風亮節。

後人為讚揚江陰人反對壓迫的浩然正氣，寫了這樣一副輓聯：「八十日戴髮效忠，表太祖十七朝人物；六萬人同心死義，存大明三百里江山。」

⊙嘉定三屠

同時，在江南另一重鎮嘉定縣，也掀起了聲勢浩大的反剃髮對抗。和江陰一樣，一紙薙髮令激起了嘉定全城百姓的反抗鬥志。也很快聚集數萬民眾，衝進縣衙搗毀。嘉定百姓組織鄉兵，日夜操練，進行武力防守的準備工作。

從七月初一開始，清兵夜以繼日向城內發砲，在激烈的戰鬥中，嘉定鄉兵多次粉碎攻城，重創清兵。但半個多月後，嘉定終因孤城無援，寡不敵眾，被清軍攻破。

清軍攻下嘉定後，同樣下令野蠻屠城。一時間，嘉定家家戶戶，小街僻巷，都無法藏身，百姓慘遭搜捕濫殺，數千人為了不受清軍屈辱投河自盡。在前後三次大屠城中，有兩萬多無辜百姓喪生在清軍刀下。

江陰、嘉定這兩座繁華富庶的江南名城，遭清軍血腥屠殺而成為廢墟，在江南人民心中留下了難以磨滅的印記，對清朝日後的統治產生了深刻的影響，同時也呈現出以多爾袞為代表的滿族統治階層，雖然已經入關，但仍保有強烈的野蠻性痕跡，以及關外原始部族統治方法的慣性，治國思想仍然不成熟。

清代婦女服飾

清代滿族婦女的服飾很有特色，為眾人所熟知的就是頭上「大拉翅」，腳下的「花盆底」鞋。

清初流行的「兩把頭」，就是把頭髮分成兩把，梳到頭頂，結成髮髻，餘髮則修成尖角放在頸後，稱之為「燕尾」。中期以後至清末皆盛行「大拉翅」，即在「兩把頭」的基礎上，在頂髻上戴一片由絨、綢等包裹成板狀的帽子，帽子上再綴以珠寶等物。

△纏足婦女的尖頭弓鞋

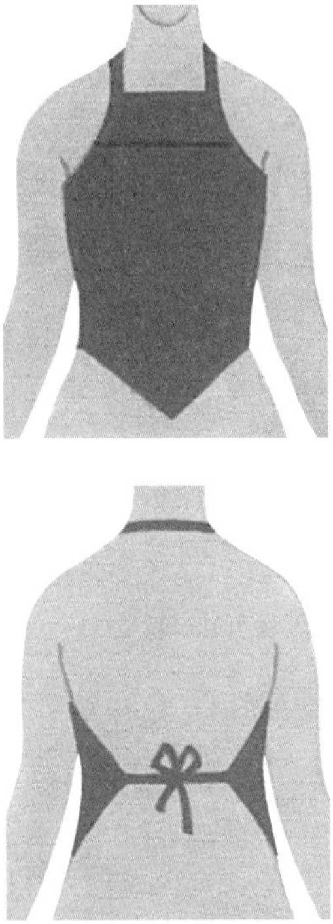

△肚兜

滿族婦女服飾有袍、褂、氅、襯等，基本是圓領大襟，兩邊開衩，袖口平直，腰身寬大，長及腳面。低領時可圍手絹。漢族婦女服飾則依然是明代式樣，以衫裙為主，但有時也仿效滿族服飾。嘉慶之後，除穿裙子外，也穿褲，褲管末端鑲有花邊，光緒後逐漸流行，穿裙者漸少。有清一代，服飾的花樣、做工、衣料、刺繡等都有所變化。

△低領闊鑲邊長襖

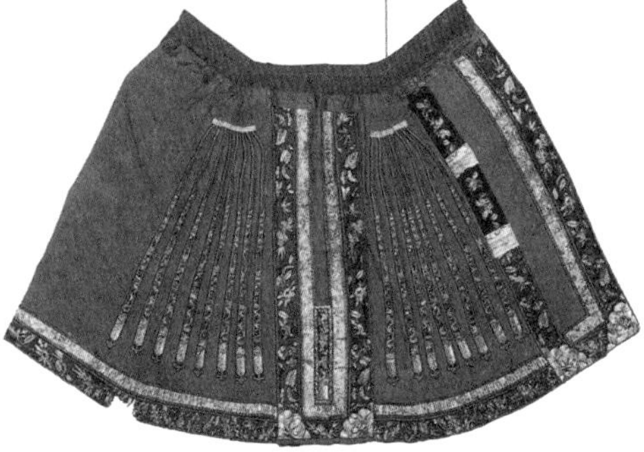

△魚鱗百褶裙

清代婦女多穿裙子。魚鱗百褶裙為數幅布帛拼合而成，折成細襇，折襇之間用絲線串聯，交叉成網，展開後形似鯉魚的鱗甲。

▼緞釘綾鳳戲牡丹紋高底旗鞋

滿族婦女為天足，喜歡高底旗鞋。旗鞋在鞋底中部再裝上前平後圓、高三四寸、底面為馬蹄形的木底，上敞下斂，呈倒梯形，又如花盆，因此也稱為「花盆底」鞋。木底四周用細白布包裹，鞋面用綢緞，再加以彩繡花卉，貴族婦女也會在鞋面上飾以珠寶。

▲緞地盤金龍斗篷

斗篷又名一口鐘，為無袖、不開衩的長外衣，多為已婚女子穿用。其長自肩及膝後，以帶繫之於頸，又稱「披風」。斗篷不僅於寒冬出門時穿著以擋風禦寒，同時也是婦女的一種禮服。

▲繡金銀長褲

▲琵琶襟馬甲

馬甲為一種無袖短衣，清初時多穿於內，晚清時講究穿在外面。在長袍外面加罩一件馬甲是滿族婦女十分喜愛的裝束。這種馬甲與男式馬甲一樣，也有大襟、對襟及琵琶襟等形制，長度多到腰際，並綴有各式花邊，有的施以彩繡，或用絲帶盤成紐扣，形形色色，繁複多樣。

明末清初三先生

●時間：明末清初
●人物：黃宗羲　顧炎武　王夫之

在明末清初鼎革之際，中國思想、學術界也十分活躍，其中有三位大學問家就像三顆閃亮的明星，照亮著後世。也許，正是亂世為他們提供了思想的舞臺。

⊙梨洲先生黃宗羲

黃宗羲（一六一〇～一六九五年），字太沖，號南雷，後世尊稱為梨洲先生，浙江紹興府餘姚縣（今屬浙江）人。黃宗羲的父親黃尊素是王陽明一派的碩儒，因彈劾權宦魏忠賢，與楊漣、左光斗一同被閹黨殺害。崇禎帝登基後，黃宗羲到北京為父訴冤。崇禎帝正計畫把魏忠賢等閹黨正法，黃宗羲便殺了兩個迫害過父親的閹黨，為父親報了仇。

黑漆裝金鏤雕加罩櫃子　清

黃宗羲從小隨父讀書求學，十四歲補仁和縣學生員。二十歲時，遵照父親遺命正式拜繼承王陽明衣缽的一代儒學大師劉宗周為師。從順治二年（一六四五年）開始，黃宗羲在家鄉組織義軍，進行武力抗清，前後歷時八年。失敗後，回到家鄉餘姚著書、講學。

黃宗羲的著作中，以《明夷待訪錄》和《明儒學案》影響最大。《明夷待訪錄》是黃宗羲的理論著作，包括若干篇論文。書中提出「天下為主，君為客」的著名論點，指出「為天下之大害者，君而已矣」。

《明儒學案》共六十二卷，對明朝二百七十多年的儒學，尤其是王陽明學說的發展演變狀況，作了全面系統的總結，是中國第一部學術思想史專著。

黃宗羲學生萬斯同，後來成為了一位大歷史學家，萬斯同以後的全祖望與章學誠在歷史研究中也很有成就，形成了中國歷史學界中所謂浙東學派，黃宗羲就是學派的開山鼻祖。

⊙亭林先生顧炎武

顧炎武（一六一三～一六八二年），後世稱亭林先生，明末清初江蘇崑山人。

顧炎武是明朝秀才，清軍入關後，和南方許多文人志士參加了抗清軍隊。失敗後，顧炎武遊歷各地，聯絡復明。壯志未遂，便在陝西華陰縣安居，著書立說。顧炎武的主要著作有《日知錄》《天下郡國利病書》《音學五書》。《日知錄》是關於考據的書，《天下郡國利病書》是一部人文地理著作，《音學五書》則是中國音韻學方面的著作。從中可以看出，顧炎武對這些領域都很有研究。

顧炎武具有民主思想，主張吸收更多知識分子參政，實行「眾治」。認為明朝之所以亡，最大的原因是士大夫中了心學的毒。認為心學末流流於空談，於是反其道而提倡學以致用的學風。顧炎武讀書、做學問十分踏實，其學風對清代學者影響很大。

顧炎武認為所謂「亡國」，只是改朝換代，而「亡天下」則是指民族、文化的淪亡，是關係到整個民族命運的大問題。「保天下」即保衛本民族及文化，是每個人應有的責任。後人將顧炎武的思想歸納為「天下興亡，匹夫有責」八個字。

歷史詞典

《大清律集解附例》

清朝統治者取得全國政權之初，暫時使用《大明律》。順治二年（一六四五年），以「詳譯明律，參以國制，增損劑量，期於平允」為指導思想，著手制定法典。到順治四年（一六四七年）律法修訂完成，定名為《大清律集解附例》，頒行全國。

《大清律》以《大明律》為藍本，集歷代法律之大成，同時由於清朝已處傳統社會後期，民族問題嚴重，因此又具有鮮明的時代特點。主要表現為嚴刑峻法，推行政治、思想高壓政策，不但對「十惡」處刑更重，而且擴大了謀反、謀大逆的定罪範圍，提高了量刑標準。嚴禁宦官專政，杜絕朋黨，確認皇權的至高無上。廣泛增加滿族享有種種特權的條款，繼續維護等級制度和宗法統治。進一步實行重農抑商等政策。

《大清律集解附例》頒行後，在雍正時續修，乾隆時更名《大清律例》，通稱《大清律》。直至宣統二年（一九一〇年）《大清現行刑律》頒行，才予廢止。

黃花梨躺椅　清

⊙船山先生王夫之

王夫之（一六一九～一六九二年），字而農，湖南衡陽人，晚年居住在湘西石船山，因此又稱為船山先生。明亡後，王夫之也曾舉兵抗清，兵敗後輾轉流亡，至順治十四年（一六五七年）回鄉隱居著書，一直到死都不肯剃髮。

王夫之反對王陽明學派，也不贊同朱熹的觀點，認為：「天理即在人欲之中，無人欲則天理亦無從發現。」王夫之學識淵博，對天文、曆法、數學、地理學都有研究，尤精於哲學、經學、史學、文學等。重要著作有《周易外傳》《讀通鑑論》《尚書引義》《宋論》《讀四書大全說》《張子正蒙注》《思問錄內外篇》等，後人編有《船山遺書》。

達賴五世進京朝覲

●時間：西元一六五二年
●人物：達賴五世　順治帝

達賴五世進京朝覲是中國歷史上的一件大事，是中國多民族融合的一個具有里程碑意義的事件。

⊙達賴與班禪

達賴與班禪是藏傳佛教（俗稱喇嘛教）格魯派（黃教）的兩大教派領袖。達賴是蒙古語，指受封者堅強、剛正，佛學知識博大精深，無所不知。喇嘛是藏語，意為「上人」，與漢語稱佛教僧人為「和尚」意義相同。「班」是梵文「班智達」，漢語意思為「學者」，「禪」是藏語「欽波」，意為「大」，合起來是「大學者」的意思。

佛教傳入西藏是在西元七世紀。由於歷代吐蕃藏王崇信佛教，到吐蕃崩潰前，佛教在西藏已廣泛流傳，並在以後的發展中形成許多派別。明末清初時，新興的格魯派後來居上，一舉統治了整個西藏，達賴和班禪就是這個教派的首領。

達賴五世時，西藏被信奉白教的噶馬王朝統治。白教早已對黃教不滿，一直排斥打擊黃教。生死存亡關頭，黃教採取反抗措施，達賴五世祕密派人前往新疆，請求信奉黃教的蒙古族首領固始汗領兵入藏。固始汗答應了，於明崇禎十五年（一六四二年）入藏，推翻噶馬政權。自此，黃教正式統治西藏，達賴和班禪成為西藏地區政教最高首領。

⊙達賴五世進北京

順治元年（一六四四年），清朝入關，定都北京。局勢稍微穩定後，清政府於順治五年（一六四八年）、七年（一六五〇年）和八年（一六五一年）接連三次派專使入藏，敦促達賴五世喇嘛前來會見。由於清朝入關後中原局勢尚不明朗，加上受到蒙古衛拉特各部對清朝的態度影響，一直拖延到順治九年（一六五二年），達賴喇嘛才在清朝官員的陪同下動身前往中原。

順治帝接到達賴五世的奏請後，曾一度考慮親自到蒙古地區與達賴五世相見，甚至擔心不去，達賴五世很

布達拉宮
建築在西藏拉薩普陀山上，七世紀，吐蕃贊普松贊干布與唐文成公主聯姻，「另建宮室，以居公主」，並「為公主築一城以誇後世」，但後來毀於雷擊和戰火。十七世紀，五世達賴喇嘛在原宮室遺址上重新修建布達拉宮，七世和十三世達賴喇嘛又進行擴建，才具有了現在的規模。

可能會中途返藏，從而影響信奉佛教的蒙古諸部對清朝的歸順。

針對順治帝會見達賴五世的問題，朝中滿、漢大臣之間發生了激烈的爭論，滿族大臣大都主張順治帝親去蒙古，漢族大臣卻主張順治帝留在北京。可以說，漢族大臣按其傳統的以中原為中心的統治立場和獨特的政治嗅覺，會晤地點的選擇將直接關係雙方在會晤中所處的地位，即主導地位的問題。皇帝是「天下國家之主」，不能到遙遠的地方會見達賴喇嘛。

於是，清朝官員帶著金銀禮品前往蒙古，賞賜達賴喇嘛，並迎接達賴喇嘛進京。達賴喇嘛將大部分隨從留在蒙古地區的代噶，只帶少數人向北京進發。

達賴喇嘛進京時，順治帝到南郊的南苑獵場迎接。達賴五世在北京停留了兩個月，受到順治高規格的接待。順治帝在宮中設宴款待達賴喇嘛，給予豐厚的賞賜。就在達賴五世到達的當天，皇帝即下令戶部供給白銀五萬兩。達賴五世返回西藏臨行前，順治帝又賜給黃金五百五十兩、白銀一萬多兩以及綢緞等多種貴重物品。

⊙清朝冊封

由於水土不服，達賴五世於順治十年（一六五三年）初離京，前往蒙古地區的代噶，停留了一段時間。清朝派出以禮部尚書覺羅郎球和理藩院侍郎席達禮為首的官員，攜帶滿、蒙、藏、漢四體文字的金冊、金印趕到代噶，正式冊封達賴五世為「西天大善自在佛所領天下釋教普通瓦赤喇怛喇達賴喇嘛」。

順治帝之所以不在北京冊封達賴喇嘛，是為了使冊封能在蒙古地區產生更直接、更廣泛的影響，以進一步提高清朝在蒙古各部中的政治威望。清朝冊封達賴五世，實際上確立了清朝與西藏宗教首領間的政治隸屬關係。

科場舞弊案

●時間：西元一六五七年
●人物：方猷　錢開宗　吳兆騫

學而優則仕，科舉是古代文人的出仕臺階，十年寒窗無人曉，一朝題名天下知。因此人們把「久旱逢甘霖，他鄉遇故知，洞房花燭夜，金榜題名時」並稱人生四大喜事。

⊙有關科舉

科舉考試到明朝時已經形成了完善的制度，官吏基本都是科舉出身。努爾哈赤時期，將抓獲的明朝文人罰為奴僕。

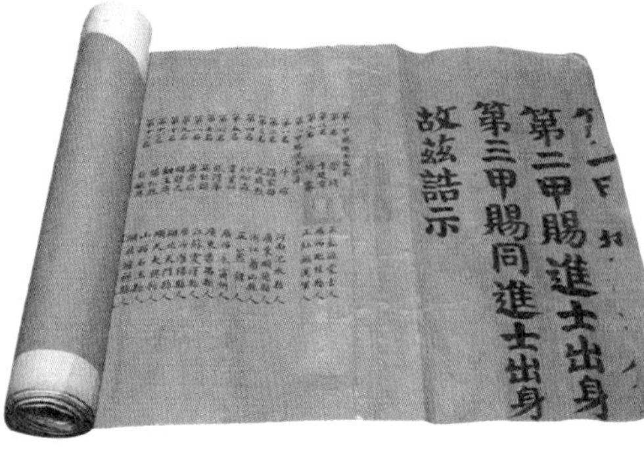

大金榜

清朝用於公布殿試結果的大金榜，張貼在皇宮門外，殿試是科舉中最高級別的考試。

崇禎二年（天聰三年，一六二九年），也就是皇太極繼位第三年，仿照明朝制度下令對為奴的漢人生員進行考試，這就是清朝科舉的開始。

科舉本是給文人公平競爭的機會，但以文取士本身就很難公平，對文章好壞的判斷見仁見智，各有其說，況且又無法避免主考官徇私舞弊的問題。

科舉考試在明清時期形成了嚴格的三級考試制度，即鄉試、會試和殿試。

⊙丁酉江南科場案

滿清歷朝大的科場案有三次，其中一次就是順治十四年（一六五七年）的丁酉科場案。該案發生在江南鄉試中，主考官方猷，副主考官錢開宗。鄉試發榜後，秀才看到學識平平的富家子弟榜上有名，認為有舞弊行為，群情激奮，集體到文廟哭廟，毆打官吏。落第秀才更群集江南貢院門前抗議。

有人貼出一副對聯：「孔方主試付錢神（指主考官方猷和錢開宗），題義先分富與貧（考題中有《論語》中語『貧而無諂』）。」

有人借考題發揮寫了一首詞〈黃鶯兒〉：「命題在題中，輕貧士，重

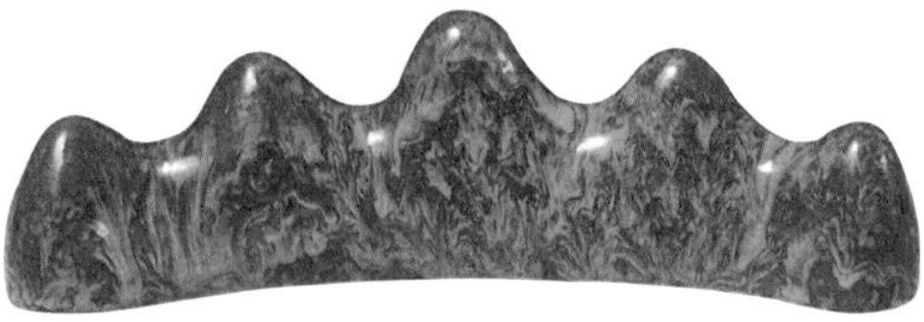

雙色爐鈞釉筆架　清

長十五公分，筆架又稱筆山，是集實用與玩賞於一身的文房用具。瓷質的筆山，明清兩代均有製作，品種多樣，器型多呈五峰山形，器物裝飾以青花紋飾最為常見。而施爐鈞釉的筆山為雍正朝新創。此件筆架造型生動，通體施兩色爐鈞釉，別具風韻。

富翁。詩云子曰全無用，切磋欠工，往來要通，其斯之謂方能中。告諸公，方人子貢，原是貨殖家風。」

其時，江南書坊中還刻了一部傳奇小說叫《萬金記》。主考官姓方，「方」字去了上面一點就是万（萬），副主考官姓錢，錢字去了右半邊就是「金」。書中極力描繪科場中行賄受賄的情景。作品一直流傳到京城，鬧得人人盡知。當主考官和副主考官坐船離開時，秀才沿著河邊追罵，還往船上扔石頭。

青花寶相輪花紋綬帶耳葫蘆扁瓶 清

直徑三十七公分，口沿小修。扁圓瓶身，前後繪寶相輪花，花心為陰陽八卦紋，邊際環以花瓣形紋，兩側則繪纏枝靈芝，束頸起稜，圓球形口，上飾一周纏枝花紋，綬帶耳上繪折枝花，底承方足。葫蘆瓶造型源自中東的金屬製品，清雍正青花寶相輪花紋綬帶耳葫蘆扁瓶的形制則直接仿自明初永樂、宣德朝作品。和永樂、宣德時的區別在於：永、宣的上半腹斜直較瘦小，康、雍開始加寬下垂。永、宣時的綬帶耳略小，小圈足，橢圓形，而康、雍時的綬帶耳則大而飄，圈足略大，圓角方形。從工藝上看，永、宣時的腹部上下對接，而康、雍的則前後相合。

⊙太和門複試

順治帝得悉江南科場事件後，怒不可遏，當即下令：方猷、錢開宗並同考試官，全部革職，押解回京嚴審。同時又下令已經取中的舉人全到北京，在太和門前重新考試。

參加複試的人都作為行賄嫌疑人，身戴刑具，由軍隊士兵持刀監視，每兩名軍士看守一位舉人，氣氛極其緊張。時值正月，是一年中天氣最冷的時候，複試的舉人都是南方人，直凍得渾身發抖，再加上緊張，許多人都暈了，哆嗦著寫不出字來。

此次複試，二十四人被罰停會試，十四人因文理不通，革去舉人，只有七十四人准許參加會試。

順治帝得知結果，認定江南鄉試有弊，將方、錢二人立即正法，其「妻子家產，籍沒入官」，另外八個同考官也受到流放的處分。

在這些舉子中，最冤枉的是吳兆騫。吳兆騫本是江南有名的才子，學問很好，但因情緒太差成績不佳，流放到寧古塔（今黑龍江寧安），一去就是二十多年。他在邊塞寫了大量詩作，成為清朝著名的邊塞詩人，出了一個集子《秋笳集》。

順治十四年（一六五七年）丁酉科場案因量刑過重一直為後世詬病，但卻也產生了巨大的威懾作用，此後許多年，再沒人敢以身試法，徇私舞弊。

銀鍍金鑲珊瑚松石壇城 清

壇城原為佛教徒誦經修法時供奉佛及菩薩像的場所，這種銀鍍金小型壇城是藏傳佛教中象徵宇宙的法器。在舉行宗教儀式時，持於手中或設於案上，以示供奉。據記載，這個壇城是五世達賴喇嘛阿旺羅桑嘉錯來京攜帶之物，最初供奉在特為接待他而興建的西黃寺內。

文房四寶

中國古代，書寫、繪畫都離不開筆、墨、紙、硯，這四樣書寫用品便成為文人雅士書房中的珍愛之物，稱為「文房四寶」。隨著時間的流逝，筆、墨、紙、硯在作為書寫必備之品的同時，也逐漸發展成為融繪畫、書法、雕刻、裝飾等各種藝術形式為一體的綜合藝術品。到了今天，「文房四寶」作為書寫工具的實際作用已大大消減，其藝術品的特性更加彰顯。

筆

毛筆是中國所獨有的書寫工具，至少已經有兩千多年的歷史，湖北隨州出土的春秋時期的毛筆是目前所見最早的筆。

毛筆種類主要有紫毫、狼毫、羊毫及兼毫幾種。紫毫筆為野兔項背之毫製成，因色呈黑紫而得名。兔毫堅韌，宜於書寫勁直方正之字。狼毫筆為黃鼠狼尾尖之毫製成，堅韌度次於兔毫而過於羊毫。羊毫用青羊或黃羊之鬚或尾毫製成，柔而無鋒。兼毫筆是合兩種以上之毫製成，依其混合比例命名，如三紫七羊、五紫五羊等。唐時安徽宣州的「宣筆」和元時浙江湖州的「湖筆」均為名筆。

青花雲龍管鬃毫提筆 清

明清時期是中國製筆業發展的鼎盛期，毛筆種類繁多，選毫更為精細，筆毫的造型也更富於變化。用作筆管的材質除竹外，還有玉、雕漆、象牙、瓷、琺琅等，裝飾精美。

墨

魏晉以前，人們書寫使用的是天然石墨。最早的人工墨品則出現在漢代。製墨所用材料是植物、礦物不充分燃燒所產生的炭素，經過入膠、和劑、蒸杵等工序，最後壓模製成墨錠。墨的形狀有方、長方、圓、橢圓、不規則形等，由不同的墨模所決定。墨的外表形式多樣，可分為本色墨、漱金墨、漆邊墨。

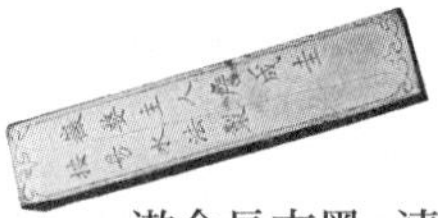

漱金長方墨 清

山水清音御墨 清

製墨所選煙料大致有松煙、桐油煙、漆煙、石油煙等。最早使用的是松煙，即用松枝燒煙。宋代開始有桐油煙。

製墨各家因其不同的製墨風格與獨特的墨品而形成了不同的派別，其中最為有名的為徽墨。徽墨製作名家

金繪龍紋宮紙　清

明代有方于魯、程君房等，清代有曹素功、汪節庵、胡開文等，所製墨暢行大江南北。

紙

紙是中國古代四大發明之一。西漢早期就已經有紙出現了，東漢蔡倫採用多種原料，改進製紙方法，使紙的質量和產量都大為提高。

唐代時，宣州宣紙、江西臨川薄滑紙、揚州六合箋等都是上等紙品。宣紙產自宣州府（今安徽涇縣），自唐以來歷代相沿，其質地綿韌，紋理美觀，潔白細密，經久不壞。

明清時期造紙技術則是中國造紙史上集大成的時期。明紙按原料分有竹紙、麻紙、楮皮紙、籐皮紙、觀音紙等，另有宮廷監製的灑金五色粉箋、砑光金花五色箋、磁青紙、仿古薛濤箋等，紙面裝飾砑花，印有各種圖案。

扶風紙　漢

到清代，出現了一些創新加工工藝紙品，如康熙年間始創的梅花玉版箋。清中晚期的木箋紙、印花詩箋、信箋等小品紙也各具特色。清代末年，機器造紙技術引進中國，造紙術從此進入了一個新階段。

硯

硯為磨墨之用，殷商時期已逐漸成形。硯有石硯、陶硯、磚硯、玉硯等種類，其中以石硯最普遍，聲名最盛者則為端硯和歙硯。

端硯為端石所製，端石產於廣東端州高要（今肇慶）斧柯山，石質堅實細潤。端硯的紋彩有青花、魚腦凍、蕉葉白、玫瑰紫、冰紋、金銀線等，其中青花又可分為玫瑰紫青花、子母青花、點滴青花等若干種。

歙硯別名龍尾硯，用歙州婺源（今江西婺源）龍尾山歙石雕琢而成。歙硯因其石紋各異又可分為幾類，如金星硯，黑色的硯石中灑佈金黃色點，如夜幕繁星，羅紋硯中藍黑細線似羅紋，另外還有蛾眉硯等。各類歙硯中以羅紋硯最易發墨。金星硯則硬度高，堅潤耐磨，為硯中上等佳品。

與端硯和歙硯合稱四大名硯的是洮硯和松花石硯，前者產自洮河上游洮州（今甘肅臨潭），呈綠藍色，多帶回形、曲形紋，質地細膩，洮硯在唐代極盛，到明代已衰。

後者因產於長白山區松花江的發源地而得名，硯石以綠色為主，紋如刷絲，清代視為國寶，專供御用。

端石蟬紋委角硯　清

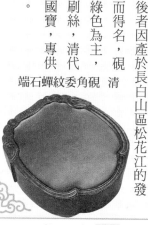

【金聖歎哭廟案】

●時間：西元一六六一年
●人物：金聖歎

在中國古代歷史上，文人的地位一直很尷尬。涉及文人的冤案從來就沒斷過，很多傑出的文人都以文獲罪或以言獲罪，吳門才子金聖歎便是其中的一個。

⊙怪才金聖歎

金聖歎（一六〇八～一六六一年），名采，字若采，後改名人瑞，字聖歎，吳縣（今屬江蘇）人。

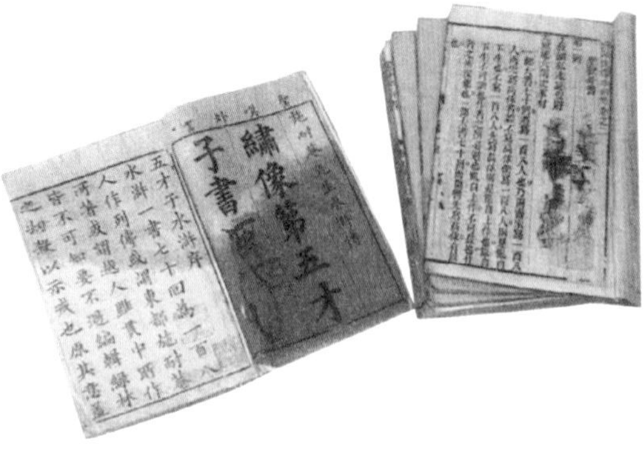

《水滸傳》書影
金聖歎評點本「第五才子書」《水滸傳》，此為順治十四年（一六五七年）刻本的書影。

金聖歎為明末清初學者，極富才華，才學表現在批了幾本文學小說。在獨尊儒家理學的時代，金聖歎偏偏鍾情於正統文人所不齒的稗官野史，終日飲酒批書，我行我素。

金聖歎為我們所熟知，主要是批了中國四大古典名著的《水滸傳》，批改的《水滸傳》成書於崇禎末年，將七十一回以後關於受招安、征方臘等內容刪去，續寫了〈梁山泊英雄驚噩夢〉一回，寫的是盧俊義夢見梁山頭領全部被殺死的情節，作為全書的結局，藉以闡發獨到的思想見解。

金聖歎一生批了很多書，其中對《水滸傳》的評點，無疑是中國文學史上最具特色的評點，由此而招致的毀譽可謂嚴重，對於其是非功過的爭論絲毫不亞於高鶚續《紅樓夢》。

金聖歎的思想離經叛道，對通俗文學極其推崇，從不認為儒家的「四書」「五經」就是聖賢至尊，天經地義。金聖歎把《莊子》《離騷》《史記》《杜詩》《水滸傳》《西廂記》合稱「六才子書」，並對《水滸傳》《西廂記》進行了頗具特色的評點，讓人耳目一新。在獨尊儒術的時代，僅靠發表奇談怪論是遠遠不夠的，還更需要有極大的勇氣。

⊙為民請命

清朝初年，吳縣任姓縣令是個貪官，十分狠毒，常常以各種名義向人民徵收錢糧，如若不能按時完納，就會毒打。為了威懾作用，任縣令把竹片浸泡在水或其他污穢物中，打起來又沉又痛，更因污穢使受刑人開裂的皮肉受到感染，死在任縣令竹片下的不計其數，因而從公倉裡貪污了一千多石米糧。當地秀才對任縣令極其痛

延伸知識

江南奏銷案

江南地區的賦役較之其他省份尤為繁重，而以蘇州、松江兩府為最重。當時賦役名目多如牛毛，不但普通百姓無法承受，連士紳階層也不堪其重，都想辦法加以逃避，或者拖欠不交。

順治十八年（一六六一年）三月，清朝政府制定了《直隸各省巡撫以下州縣催徵錢糧未完分數處分例》，按照此例的規定，江南巡撫朱國治將本省拖欠錢糧名冊申報朝廷，名冊將江南拖欠賦役的地主、紳士等一萬三千餘人一一登記，並加上「抗糧」的罪名。

到六月，清廷下旨，將所有拖欠者的官職、功名一律褫革，本來擬定的懲治手段是將在籍者提解至京，送刑部從重議處，已經亡故者提解其家人至京懲處，已經革除官職者於本地發落，後改為一概在本地枷責。一時之間，士紳之家，衣冠掃地。

順治十六年（一六五九年）中進士第三名的葉方藹只欠銀一釐，也被降官論處，以致民間有「探花不值一文錢」之謠。這便是清初轟動一時的江南奏銷案。

清政府表面上的理由是清理錢糧積欠，而更主要的目的是在於打擊對清素有反抗意識的江南地主縉紳。

恨，聯合想將他趕走。

順治十八年（一六六一年）春，順治帝病逝，哀詔下達，各地官府設帳祭奠，哭靈三日。秀才藉機打開文廟，哭廟為假，逐「任」為真。

這個借題發揮的舉動自然激怒了任縣令，更直接把連襠貪污的撫臺朱國治牽扯在內。於是，朱國治出面上疏，定了這群秀才好幾款罪狀：吳地兵餉難完，實是蘇屬抗納之結果。秀才正當哀詔哭靈之日，結夥千百，肆行無忌，驚擾先帝之靈，罪大惡極。知縣雖微，也乃朝廷命官，敢於聲言驅打，實是目無朝廷等等，無一不是置人於死地的罪名。

隨後朝廷密旨下達，將為首的十八名秀才押赴金陵斬首，其中就有吳門才子金聖歎。

蘇州繁忙的懷胥橋商市

七月十三日，金聖歎等十八人處斬，但他臨難而作的〈絕命詞〉無一字提到生死，赴死之際亦從容不迫。據《清稗類鈔》記載：金聖歎在處斬當日，作家書一封託獄卒轉交妻子，書中只有一句：「字付大兒看，鹽菜與黃豆同吃，大有胡桃滋味，此法一傳，吾無憾矣。」

鄭成功收復臺灣

●時間：西元一六六一～一六六二年
●人物：鄭成功

鄭成功收復臺灣的軍事戰爭是中華民族反對外來侵略的成功嘗試。通過這一戰役，驅逐了荷蘭殖民者，維護了中華民族的利益，捍衛了中國主權和領土完整，因而具有極其重大的歷史意義。

⊙國姓爺

鄭成功，原名鄭森，字明儼，史書記載「少年聰敏，英勇有為」。鄭成功的父親鄭芝龍是橫行東海福建一帶的大海盜，鄭家的兵艦北至日本，南至麻六甲海峽，勢力遍佈東南亞。

清軍入關占據北京城後，於順治二年（一六四五年）消滅了明朝遺臣擁立福王朱由崧在南京建立的弘光政權。隨後，有明室血統的明唐王朱聿鍵在福州稱帝，年號為「隆武」。

隆武帝封鄭芝龍為建安伯，後又加封平國公。鄭芝龍帶著當時二十一歲的鄭森前去謝恩，會面中皇帝問起該如何救國，鄭森用南宋岳飛的話回答：「文臣不愛錢，武臣不惜死，天下太平矣。」皇帝很讚賞鄭成功的對答，封為禁軍統帥，並賜姓朱，改名成功，因此後來百姓都稱鄭成功為「國姓爺」。

不到一年，清軍南下攻入福建，隆武帝被殺，鄭芝龍投降。正在沿海帶兵的鄭成功得知後，悲憤交加。當鄭成功的部下知道統帥的父親投降敵人時，軍心不穩。鄭成功便命人做了一面「殺父報國」的大旗掛在帥帳外，以安定軍心。

隆武帝處死後，另一位有皇室血統的朱由榔被廣西巡撫瞿式耜擁立為皇帝，年號「永曆」。在逃亡中建立政權的永曆帝，一直在粵、桂、雲貴地區受清軍追捕，也沒有忘記鄭成功的存在。此時，鄭成功已經攻下廈門、漳州一帶，作為抗清根據地，永曆帝封鄭成功為延平郡王。

⊙出兵臺灣

鄭成功想把永曆帝接到身邊，但兩地為清軍阻隔，所以一直未能如願。鄭成功率領義師南征北戰，一度

鄭成功部隊用的籐盾牌

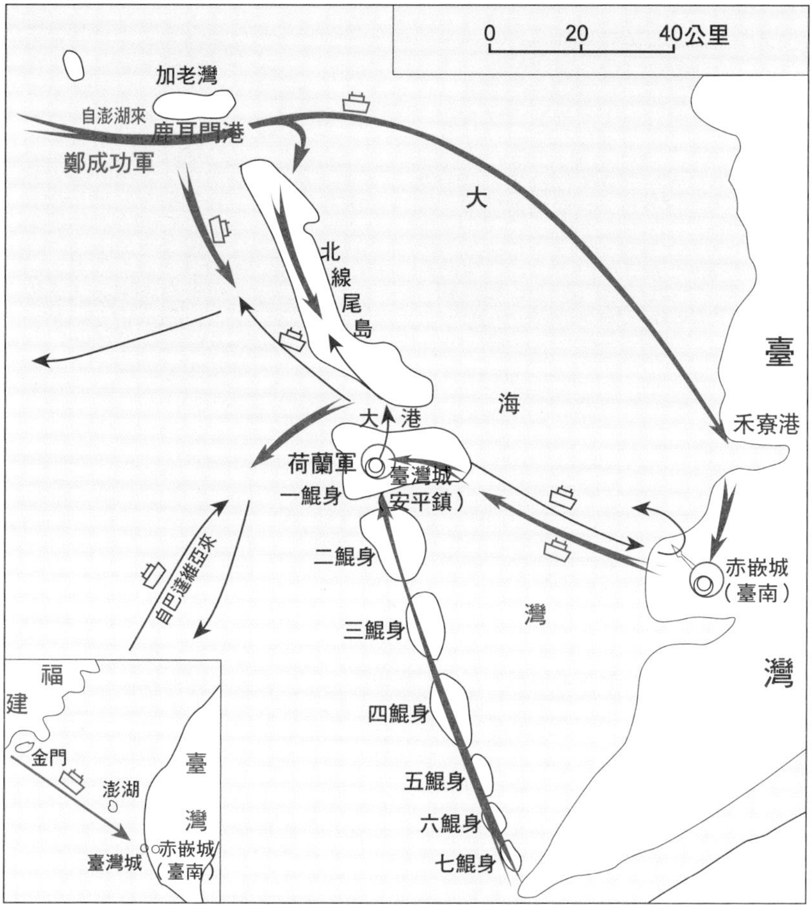

鄭成功收復臺灣簡圖

曾兵臨南京城下，隨後卻連連失利，控制地區逐漸縮小。他日夜謀劃，尋找一個安全的地方作為立足點。

這時，何斌從臺灣前來求見鄭成功。原來早在明朝天啟四年（一六二四年），荷蘭殖民者來到臺灣，逼迫人民建造一座城堡，名為熱蘭遮堡（臺灣城）。城堡用糖和糯米調灰壘磚砌成，十分堅固。後來又在熱蘭遮城的對面建造普羅凡舍堡（赤嵌城），兩座城堡隔海相望，封鎖了通向臺灣的海面。殖民者不但逼迫島上的中國人民服勞役，並繳納各種高額捐稅，人民普遍痛恨這夥殖民強盜。

鄭氏家族從鄭芝龍年輕時起就經常有商船到臺灣貿易，或途經臺灣到南洋和日本經商。荷蘭人占領臺灣後，常常干擾中國海外貿易，與鄭氏家族也多有衝突。鄭成功發起義師後，便直接下令禁止大陸船隻到臺灣，不和荷蘭人買賣。這樣一來，臺灣島多數物資缺乏，荷蘭人著急，只得準備厚禮，派通事（翻譯）何斌到廈門求見鄭成功，要求和大陸通商。

何斌是臺灣漢族首領，雖然為荷蘭人當通事，心裡卻只想早點把強盜趕走。利用荷蘭人的信任，暗中窺伺荷蘭軍隊的部署情況。何斌來到廈門後，一見到鄭成功便倒身下拜，請求出兵臺灣，驅逐荷蘭殖民者，挽救臺灣百姓於異族水火。

何斌獻上親手繪製的臺灣地圖，又詳細說明臺灣的水路變化和荷蘭人的設防情況。何斌的請求也正合鄭成功為恢復明朝勢力尋找抗清根據地的心意。於是，鄭成功決定出兵臺灣。

鄭成功抗清部隊鑄造的「漳州軍餉」銀幣

⊙神兵天降

順治十八年（一六六一年）二月初三，鄭成功親率大軍二萬五千人，戰船三百多艘，從金門出發，向臺灣進軍。

船隊初到澎湖就遇上暴風雨，滯留幾天，天氣仍不見好轉。鄭成功擔心耽擱會影響士氣，更可能走露風聲，便命令各船準備開航。晚上船隊冒著驚濤駭浪，駛離澎湖。

四月一日黎明時分，船隊到達鹿耳門。鹿耳門是臺灣的門戶，暗礁星羅棋佈，號稱天險，船隻很難通過。鄭成功讓熟悉地形的何斌引導，船隊小心翼翼繞過暗礁，通過鹿耳門，駛向禾寮港。不到兩小時，幾千大軍已經上岸。天亮後，荷蘭守軍看到突然出現的浩浩蕩蕩船隊，還以為是神兵天降。

荷蘭的臺灣「總督」揆一慌忙從海陸兩面分頭迎戰。陸上鄭成功四千名陸軍兵分兩路，一路正面迎戰，一路側翼包抄，箭矢如雨般射向敵人，荷蘭士兵抱頭鼠竄，繳獲了許多軍械。

在海上，鄭家軍也取得了勝利。荷蘭船隻高大堅固，在淺水中卻行動不便，鄭家軍船隻雖小，但靈活敏捷。荷蘭人只有三艘大船，被數十艘中國小船團團圍住，施展不開。開戰不久，最大的荷蘭戰船便被炸沉，一艘轉向逃往外洋，趕去荷蘭人在南洋的據點巴達維亞（今印度尼西亞雅加達）報信，另一艘逃回熱蘭遮城下，不敢再輕舉妄動。

鄭成功一舉包圍赤嵌城，寫信給揆一，明確說：「臺灣是我中國的領土，被你們侵占已久，現在我來索要，你們最好乖乖歸還！」

荷蘭守軍據城頑抗，荷蘭殖民當局也匆忙從巴達維亞派遣援軍。荷蘭援軍經過三十八天的航行才到達臺灣海面，卻正逢海面風浪大作，援軍還沒有見到鄭成功的軍隊，就已經損失大半。

⊙收復臺灣

順治十八年（一六六一年）十二月

初六清晨，鄭成功砲轟熱蘭遮城外的碉堡，很快攻下這個據點。占據有利地勢的鄭家軍立即把碉堡改建為砲臺，向城裡猛烈轟擊。荷蘭侵略軍困守孤城已經將近九個月，死傷達一千六百餘人，能參加戰鬥的士兵僅剩五百多人，糧食和彈藥也已經極度缺乏，加上城內流行疾病，已經無力作戰。

揆一只好向鄭成功投降。十二月十三日，荷蘭駐臺灣「總督」揆一在投降書上簽字。荷蘭軍隊交出所有武器和物資，殘存的包括傷病人員在內的約九百餘名荷蘭軍民乘船撤離臺灣島。經此一役，荷蘭侵略者在臺灣三十八年的殖民統治宣告結束，寶島臺灣又回到了中國的懷抱。

赤嵌樓

由荷蘭殖民者於一六五〇年（順治七年）興建，位於今臺灣臺南市，鄭成功收復臺灣後，以此為承天府署。後逐漸損毀，光緒年間重建。赤嵌樓下陳列的幾座大石碑為清乾隆五十三年（一七八八年）所立。

八旗圈地

●時間：西元一六四四～一六六九年
●人物：順治帝　康熙帝　鰲拜

圈地是清初一大弊政，給剛剛度過戰亂的百姓帶來了新的災難，近百萬失去土地的人生活無著，或流落他鄉，或投充富户。直到康熙年間，這一暴政才被廢止。

清軍入關後，滿族人口大量湧入北京及附近地區。為了犒賞王公貴族，解決八旗生計問題，安置滿族閒散人口，爭取最大的戰利品，多爾袞代表清政府多次強行圈地。

⊙圈地暴政

順治元年（一六四四年），清政府頒布「圈地令」，令戶部清查京城附近「無主」荒田，「盡行分給東來諸王、勳臣、兵丁人等」，成為八旗跑馬圈地的依據。圈地令表面冠冕堂皇，要求圈占戰爭留下的無主空地，實際上被圈占的卻都是有人耕種的良田沃土。

圈地令猶如晴天霹靂，打碎了百姓對新政府的幻想與對新生活的期盼。圈地官員駕馬狂奔，所到之處百姓即刻趕走，田產房屋充公。順治朝一共發布了三次圈地令，圈占良田二十餘萬頃，遍佈北京、河北各州縣。

京畿附近、河北一帶農民長期經營的大片耕地、良田被滿族貴族圈占為牧場和莊田。不久，圈地擴展到山東、河南等地，大批北方農民無所依傍，流離失所，家破人亡。

圈地對國家安定也帶來巨大危害。滿族八旗不善稼穡，投充的農奴又消極怠工，昔日肥沃的良田很快變成瘠地。於是，貴族在圈地之外又實行圈換，強制以壞地換好地，進一步激化官民對立。

圈地造成的近百萬無地農民，直接轉化為旗人農莊的農奴。後來圈地演變成直接強迫漢族百姓「帶地投充」，為滿族權貴耕地服役，「投充」成為圈地之外掠奪土地的又一方法。為了防止「投充」的農奴逃亡，清政府又頒布「逃人法」，規定對窩藏逃亡的人處以重刑。

圈地、投充、逃人法構成了清初三大弊政，大大破壞了滿漢團結，激起了社會問題。同時，這些帶有強烈的民族壓迫意味的政策，加劇了統治階層內部滿漢之間的衝突。

⊙廢止圈地

對圈地的危害，朝中大臣早就有所認識，上書要求廢止這一政策，並得到順治帝的支持。但由於圈地涉及到八旗的生存，稍有不慎就會動搖清朝統治階層內部的穩定，廢除圈地的行動從順治朝開始，一直進行到康熙年間才徹底成功。

順治八年（一六五一年）正月，順

治帝諭令地方官，要求將以前圈占的土地歸還原主，讓他們自主耕種，給百姓一個充分發展的空間。兩年後，順治帝再次重申，不能非法圈占農民的土地和房屋。

此後，儘管滿洲貴族零星圈占農民土地、房屋的現象仍時有發生，但危及千家萬戶的滋擾騷亂基本停止，人民有了一個較為安定的生活環境。

康熙初年，大臣鰲拜當權。康熙五年（一六六六年），鰲拜為一己私利，不惜假傳聖旨，欺上瞞下，再次圈地，剛剛平靜的華北地區再次掀起波瀾。

戶部尚書蘇納海、直隸總督朱昌祚、巡撫王登聯三人聯名上書，要求停止圈換土地的暴行。鰲拜竟威脅幼帝，強行冤殺三人。

作為繼順治初年三次大規模圈占土地之後的又一次大規模圈換活動，這次圈換土地騷擾近京十個州縣，兩黃旗共圈占耕地三十一萬餘垧，換置順義、密雲、懷柔、平谷四縣之地，造成數十萬人流離失所，無以為生。

康熙八年（一六六九年），為了使天下倉廩殷實，緩解國內民族問題，維護清朝統治，康熙帝正式下令停止圈地：「自後圈占民間房地，永行停止，其今年所已圈者，悉令給還民間。」

圈地陋習終於淡出歷史舞臺。

北海冰嬉圖
反映了八旗士兵滑冰的場景。

少年康熙智擒鰲拜

●時間：西元一六六九年
●人物：康熙帝　鰲拜

康熙帝的文治武功無人能及，但是，親政初期一直受制於權臣鰲拜。年輕的康熙帝運籌帷幄，縝密部署，智擒鰲拜，真正實現了親政。

順治十八年（一六六一年）正月初七，順治帝離開塵世，把大清江山和一堆尚未解決的難題留給了年僅八歲的玄燁，即康熙帝。臨終前，順治帝遺詔由上三旗元老重臣，即索尼（正黃旗）、蘇克薩哈（正白旗）、遏必隆（鑲黃旗）和鰲拜（鑲黃旗）共同輔政，形成了康熙初年四大臣輔政的格局。

少年康熙帝便服像

⊙鰲拜攬權，目無君上

康熙帝即位的最初幾年，四大臣與幼帝相安無事。然而，居功自傲、驕橫跋扈的鰲拜就成為短暫平靜局面下浮現的不安定因素。鰲拜因驍勇善戰，軍功卓著，從護軍校累升至內大臣，位至公爵，賜號巴圖魯（滿語「勇士」之意），是武將中的佼佼者。

其他三大臣中，索尼為四朝元老，列於首位，深受孝莊太皇太后的信任與賞識，鰲拜不敢與爭。遏必隆與鰲拜同屬一旗，為人懦弱，遇事隨聲附和，與鰲拜沒有衝突。而蘇克薩哈位居第二，一旦索尼去世，很可能代替索尼，總攬啟奏和批紅大權，是鰲拜專權的最大障礙。

康熙六年（一六六七年）六月，索尼去世，年少的康熙帝決心收回皇權，並於七月初七舉行了親政大典，接受百官朝賀，從此君臨天下。

權欲薰心的鰲拜根本沒把剛剛親政的康熙帝放在眼裡，一心找機會陷害蘇克薩哈，攫取啟奏和批理奏疏的大權。不久，鰲拜顛倒黑白，編造了「不欲歸政」等二十四款罪責，議蘇克薩哈及其子、孫、兄弟之子斬決籍沒。康熙帝「堅持不允所請」，鰲拜竟然每日上奏，強行讓康熙帝蓋上玉璽，僅將蘇克薩哈從磔刑改為絞刑，其他人均按原議行刑。

至此，鰲拜專權作惡已達到無法容忍的地步，康熙帝體認必須除掉鰲拜，才能真正實現親政。

⊙縝密安排，謹慎處理

鰲拜勢力強大，黨羽為數眾多且分據要職，在上三旗中占有絕對的優勢。而宮中侍衛完全由上三旗承擔，這些人懼怕鰲拜的權勢，惟鰲拜馬首是瞻。因此，捉拿鰲拜必須謹慎行動，稍有不慎就會釀成大禍，引發兵變。康熙帝表面上不動聲色，對鰲拜的行為聽之任之，暗中卻悄悄部署各項準備工作，靜待時機成熟。

首先，康熙帝挑選了一批忠實可靠的侍衛及年少有力者，以練習摔跤遊戲的名義組成了一支親信衛隊——善撲營，這支部隊後來成為康熙帝擒拿鰲拜直接依靠的力量。其次，康熙帝將鰲拜的黨羽以各種名義先後派出京城，以削弱可能的反彈力量。

五彩魚藻盤 清

一切準備就緒後，康熙八年（一六六九年）五月十六日，機智果斷的康熙帝親自部署善撲營，宣布鰲拜的罪過。隨後召鰲拜進宮，「立命擒之」，遏必隆也同時被捕。之後，康熙帝親自揭露鰲拜的罪狀，舉出欺君擅權、結黨亂政等三十大罪，舉出遏必隆「藐視皇上」、附和鰲拜等十二大罪狀，也一一處罰其餘鰲拜黨羽。

擒拿鰲拜涉及的權力更迭和人事關係甚為複雜，為了避免朝政動盪，康熙帝對涉案之人做了區別處理。對鰲拜，康熙帝赦免了死刑，改為拘禁。對遏必隆，「特為寬宥，仍以公爵宿衛內廷」。對其黨羽，減少處死人數，從輕治罪。此舉有效防止株連，穩定了朝廷秩序。同時，此案的處理頗得人心，顯示出年輕的康熙帝已經日趨成熟。

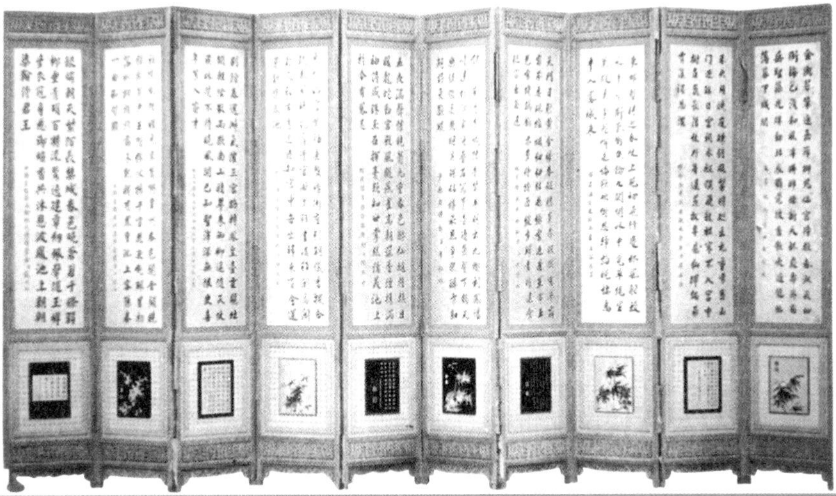

折疊屏風

共十扇，整架屏風通寬六百四十公分。屏風邊框為木胎包錦，每扇之間用錦連接，可以向前後兩個方向折疊。屏風上部米色絹地上，用墨筆行書北宋大書法家米芾〈天馬賦〉全文，為康熙時名臣沈荃所臨。下部精刻描金各種異獸和各時期名家詠異獸詩句。背後有康熙時期的十名寵臣題詩，皆為歌功頌德之詞。下部裙板雕刻唐代名家竹譜和名人詠竹詩。

【曆法之爭】

●時間：西元一六六一～一六六八年
●人物：湯若望　南懷仁　楊光先

中國自古就建有管理天文、曆法的國家機構，名稱各個時期不同，明清時期叫做欽天監。明朝崇禎時期，西方人開始進入欽天監，清朝順治、康熙時期，西方人湯若望曾出任欽天監監正，成為欽天監的第一主管，並因此引出一段東西方曆法之爭。

⊙「洋和尚」湯若望

作為早期來到中國的傳教士，德國人湯若望（Johann Adan Schall von Bell）對中國天文學發展的貢獻是不可磨滅的，而對於清朝皇室的貢獻則更是卓越。

金嵌珍珠天球儀　清

湯若望於天啟元年（一六二一年）到達中國澳門。為了和當地人良好溝通，用了兩年時間在澳門學習漢語及中國文化，當時明朝在位的皇帝是明熹宗。到明朝最後一個皇帝崇禎即位時，湯若望已經在中國士大夫階層中具有一定聲望。

崇禎三年（一六三〇年），大學士徐光啟預備修訂新曆。徐光啟對湯若望在天文曆法方面的淵博知識早有耳聞，專門將湯若望和他的助手南懷仁（Ferdinand Verbiest）從西安調到北京，從事撰寫崇禎曆書的工作。湯若望和南懷仁都曾經在義大利的神學院接受過系統的近代科學教育，依據歐洲通用的幾何學原理計算天象，校正了明代曆法中的偏差。五年後，中西合璧的《崇禎曆書》完成。

⊙湯若望掌管欽天監

很快，中國迎來了一次改朝換代。崇禎十七年（一六四四年）五月，多爾袞的軍隊進入北京。湯若望沒有逃跑，而是向清廷尋求保護，並進獻自製的渾天星球儀一架，地平式日晷、望遠鏡各一具，輿地屏圖一幅。多爾袞早就聽說西方傳教士協助崇禎修訂曆法、鑄造大砲的事情，所以高興接受了湯若望的請求，並給予優厚的待遇。

不久，清政府決定修訂新朝曆法，攝政王多爾袞特別在王府召見湯若望，詢問有關事宜。據欽天監推算八月將有一次日食發生，多爾袞就用這次的天象請教湯若望一些技術問題。湯若望根據修訂的崇禎曆所推算出來的時間，與欽天監根據中國傳統的大統曆和回回曆的推算相差有四刻之多（古代計時把一天劃分爲一百刻）。

結果，日食發生的時間和湯若望的推算絲毫不差，清政府宣布採用西洋新法，將新曆書命名為「時憲曆」，並任命湯若望為欽天監監正，開創了西方人任此要職的先河。

⊙紛爭初起

湯若望因為淵博的天文曆法知識得到順治帝的寵信，並稱呼為「瑪法」（滿語，對老年人的敬稱）。據說當順治帝發怒時，只有湯若望的話才聽得進去。

湯若望在日記《修曆紀事》中寫道：「在兩年中，他（順治帝）親自到我住處來了二十四次，並且還在我的住處吃飯、喝茶，這是他之前任何一位皇帝也沒有這樣做過的。」

順治八年（一六五一年），湯若望晉升為光祿大夫，官居正一品，父親

歷朝賢后故事圖之葛覃親採　清　焦秉貞

銅鍍金嵌廣琺琅龍吐水法鐘 清

鐘高九十八公分，鐘面四十公分見方。此鐘開啓後，水柱轉動，恰似龍口吐水，並能作八仙慶壽的表演。

和祖父追封為通奉大夫，母親和祖母封為二品夫人。順治十年（一六五三年），朝廷又賜給「通玄教師」的尊號。

可是，欽天監的人很討厭這個外國來的「洋和尚」，加上湯若望掌管欽天監後開始用歐洲天文曆法取代中國傳統的天文曆法，雙方因研究方法產生爭執。

後來，順治皇帝的寵妃董鄂氏所生的皇四子榮親王於順治十五年（一六五八年）初病死，欽天監漏刻科擇定於一日辰時下葬，但被禮部官員呂朝允和額勒穆誤譯為滿文午時。事後，漏刻科楊弘量上書彈劾禮部失職，導致禮部尚書恩格禮等七名官員革職。這一事情後來也被歸罪到湯若望身上。

⊙中西曆法的直接交鋒

順治十八年（一六六一年），順治帝駕崩，八歲的康熙帝繼位，由索尼、鰲拜等四大臣輔政。以索尼、鰲拜為首的顧命大臣早就不滿順治帝學習漢人習俗的作風，準備恢復滿人舊制。

康熙二年（一六六三年），傳教士安文思、南懷仁等編寫書籍說伏羲氏乃天主後代，引起中國士大夫不滿。

康熙三年（一六六四年），以楊光先、吳明煊為首的守舊士大夫開始攻擊湯若望等人。藉機上書禮部，指責湯若望等人圖謀不軌，並把之前榮親王葬期的問題算到湯若望頭上，認為正是時間選擇得不吉利，導致了董鄂妃的死和順治皇帝的駕崩。

此案經禮部上報，隨後由輔政大臣會同禮部、吏部審理。這時，湯若望已患中風，不能說話，每次庭訊只能由同為傳教士的南懷仁代為申辯。由於審案官員都對天文曆法一無所知，無論是原告還是被告的言論都無法裁決。

當時北京城將有一次日食，輔政的四位大臣、各部大員、欽天監全體官員以及原被告楊光先、南懷仁等人一起來到觀象臺校測。楊光先按照大統曆預測日食開始於二時一刻，南懷仁則以西洋新法預測日食為三時整開始，結果南懷仁獲勝。楊光先極為尷尬，百般抵賴，最後甚至說：「我認為寧可中國沒有好的曆法，也不能讓中國的朝廷中有西洋人。」

康熙四年（一六六五年），反對新法改革的四位輔政大臣決定判湯若望及五位支持的欽天監官員凌遲處死，同時宣布廢除西洋曆法，復用舊曆。

巧合的是，判決下達的當天中午，北京突然發生地震，房屋倒塌，死傷無數，朝野震驚。不久宮中又起大火。京城議論紛紛，都認為是湯若望的冤案造成的。加上孝莊太后的直接干涉，諸輔政大臣不得已，只好判決湯若望無罪開釋，但免去欽天監監正職務，五名監官被冤殺。隨後，楊光先任為欽天監監正，吳明煊為監副。

⊙起用南懷仁

康熙七年（一六六八年），北京發生大地震。事發前南懷仁已經預測到地震，而楊光先、吳明煊卻沒有。南懷仁利用機會，將一紙訴狀遞到了時年十五歲的康熙帝手上。

康熙帝一時無法裁決。為了明斷是非，令南懷仁和楊光先、吳明煊到午門廣場，當著文武百官面前，各自測算正午時間日晷表上所顯示的日影長度。結果南懷仁的計算準確無誤，而楊光先、吳明煊都有差錯。

為了進一步瞭解事實，康熙帝再派二十多名大臣到觀象臺，觀看雙方對當年立春、雨水、太陰、火星、木星的五項天象進行測算，結果仍然是南懷仁準確。

事實面前，楊光先、吳明煊等人無話可說，於是交刑部治罪。

幾個月後，康熙帝智擒鰲拜，南懷仁等又乘機告發楊光先依附鰲拜，誣陷好人，要求覆查湯若望案。此時，湯若望已經去世。康熙帝隨後為湯若望平反，恢復其原有稱號，同時任命南懷仁為欽天監監副。楊光先革職後遣回原籍，病死在途中。

這場曆法之爭，實際上也是中國與西方文化在曆法領域的衝突。可以看出，當時的中國在很多文化技術方面已經落後於西方。這場天文曆法之爭更派生出一個結果，就是使康熙帝感受到西洋科學的合理性，並促使對自然科學產生了濃厚的興趣。

在此次曆法之爭中顯露才華的南懷仁，日後成為康熙帝的啟蒙老師。在中國古代眾多的帝王中，清朝的康熙帝是唯一認真學習西方科學的皇帝。

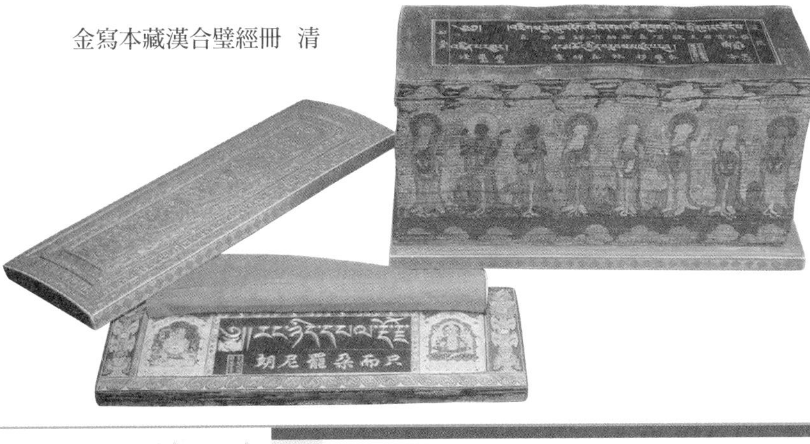

金寫本藏漢合璧經冊　清

王錫闡和梅文鼎

●時間：西元一六二八～一七二一年
●人物：王錫闡　梅文鼎

隨著西方科學思想的傳入，明末清初湧現出了一批科學家，享有盛名的天文學家、數學家王錫闡和梅文鼎就是其中的傑出代表。他們改變了明清之際盲目信仰傳教士傳入的西洋曆法的學界風氣，追求中國曆算學的獨立精神，因此被梁啓超稱為中國「科學的曙光」。

王錫闡與梅文鼎後人經常並稱為中國天文曆算的「先驅」，大學問家阮元（一七六四～一八四九年）主編的中國歷史上第一部科學家傳記《疇人傳》，評論二人說：「王氏精而核，梅氏博而大，各造其極，難可軒輊也。」可惜王錫闡早亡，梅文鼎又成名較晚，二人始終未曾謀面。兩位在學術傳統和研究取向上有許多相似之處的科學家，卻有著完全不同的人生境遇。

開花獻桃荷花缸鐘　清

⊙潛心天文曆算的朱明遺民

王錫闡（一六二八～一六八二年），字寅旭，號曉庵，蘇州吳江人。王錫闡考究中西曆法得失，首創精確計算日月食的方法，又創金星、水星凌日的計算方法，有《曉庵新法》《五星行度解》等十餘種天文學著作。

王錫闡是江南明遺民中的突出人物。明亡後，王錫闡懷念故主，先後投水、絕食以求殉國。獲救後，在自傳《天同一生傳》中，以「帝休氏」自稱，滿懷強烈的亡國之痛、傷時之情。此後，放棄科舉求仕之路，隱居鄉間以教書為業，致力於學術研究，懷抱對亡明的忠誠，過著窮困窘迫的生活，終身為貧病所累。悲壯的政治選擇決定了他身後悲涼孤寂的境遇，遺稿大半散佚，幸虧少數摯友、學生的搜集整理才保存了部分著作傳世。

雖然王錫闡至死不與清廷合作，但學說卻被統治階層所接受。王錫闡以其深厚的曆算造詣提出「中學西竊」之說，對梅文鼎產生了影響。在此基礎上，梅文鼎提出「西學中源」之說，成為康熙帝欽定的御制理論之一。

⊙「曆算第一名家」梅文鼎

梅文鼎（一六三三～一七二一年），宣城（今屬安徽）人，字定九，號勿庵，與王錫闡並稱「二庵」。

梅文鼎從小喜歡觀察天象，熱愛天文曆學，並接受西方先進的科學知識。他系統考察古今中外曆法，重點辨證元代授時曆和明代大統曆的異同，校正其中的錯誤數據，詳細解說重點難處，開闢了後代學者通過大統曆來解讀授時曆的研究途徑。

梅文鼎在研究傳統數學的同時，大力介紹西方數學，在中國科學界產生了很大的影響。一生著作有八十多種，包括《梅氏曆算全書》《古今曆法通考》等。

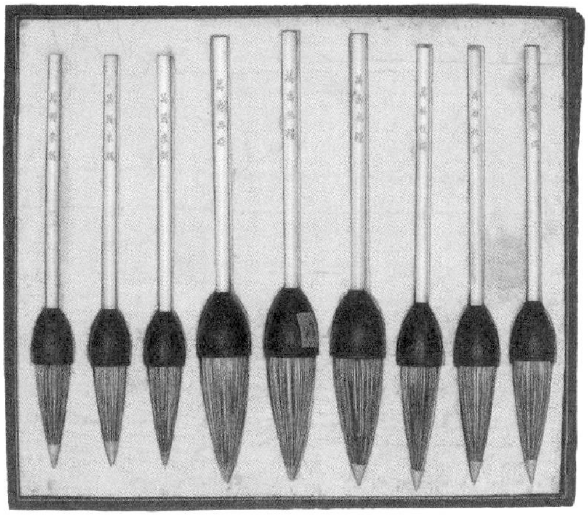

象牙管紅木斗鬃羊毫筆 清

梅文鼎與王錫闡同樣出身江南望族。明朝滅亡時，王錫闡十六歲，而梅文鼎才十一歲，因此，梅文鼎並沒有像王錫闡般濃厚的遺民氣質，也沒有那樣刻骨銘心的亡國之痛。五年之差，使梅文鼎選擇了與王錫闡完全不同的道路。

康熙年間，梅文鼎受重臣李光地的邀請進京撰寫《曆學疑問》，並使康熙帝注意到他的才華，一介布衣終於得到揚名天下的機會，成為當時「曆算第一名家」。

梅文鼎相對成名較晚，因此在王錫闡現存的文集中並沒有評論的文章。但梅文鼎對王錫闡的學術尊崇備至，與王錫闡的幾位弟子、友人均有交往，並曾經受邀整理王錫闡的遺稿，可惜終因機緣不巧沒能成行。不管如何，梅文鼎在整個學術生涯中始終保持著對王錫闡遺軼的關注，並把王錫闡當作學術上的良師益友。

王錫闡和梅文鼎代表了清初科技文化的繁榮，同時也是傳統科技思想發展的最後一個高峰。既借鑑、引入西方自然科學知識，又以一種獨立的科學精神，自主展開天文學和數學的研究，反對盲目推崇西法。

可惜從康熙末年開始，清朝統治階層對科學的態度趨向保守，西學傳入逐漸式微以至中斷，科學與技術的發展遭到阻滯，使中國近代化進程推延了近三百年。

海棠式洗 清

筆洗是一種常見的文房用具，用於洗筆或調墨。

三藩之亂

●時間：西元一六七三～一六八一年

●人物：康熙帝　吳三桂　尚可喜　耿精忠

三藩之亂的平定，是清政府鞏固統治的決定性事件。在當時的環境下，康熙帝能夠力排眾議，決定撤除三藩，是一個非常明智的決定。

⊙三藩之患

剷平鰲拜一黨後，康熙帝親掌朝政，大力整頓吏治，獎勵生產，懲辦貪污，剛剛建立的清王朝逐漸強盛。康熙帝親自書寫了「治河、漕運、三藩」的條幅懸掛在書房中，表示對這三件事情的重視。其時南明政權雖然已經滅亡，但南方的三個藩王卻更讓康熙帝擔心。

粉彩象馱寶瓶瓷塑　清

三藩都是清軍入關時立下汗馬功勞的明朝叛將。尚可喜和耿仲明都是清軍入關前就投向後金，在剿殺南方反清民間勢力時非常活躍。吳三桂則是引清軍入關的關鍵人物，接收了緬人送還的南明永曆帝，並用弓弦把永曆帝絞殺。無論功勞還是實力，在滿漢武將中，三人都是數一數二。正因為如此，清政府封吳三桂為平西王，駐防雲南、貴州，尚可喜為平南王，駐防廣東，耿仲明為靖南王，駐防福建，三個異姓王爺合稱「三藩」。

三藩之中，吳三桂勢力最大。吳三桂在西南飛揚跋扈，藉著清政府特別允許，掌握大量兵權的機會，私自鑄錢、煮鹽。又不經吏部批准，往全國各地擅調官員，官場上稱之為「西選官」，完全不把朝廷放在眼裡。

⊙下旨撤藩

康熙十二年（一六七三年），此時

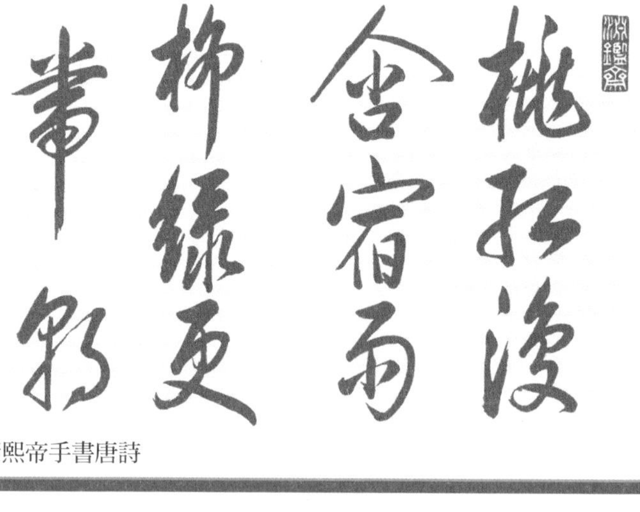
康熙帝手書唐詩

靖南王耿仲明已經去世，由孫子耿精忠承襲王位。尚可喜也已經年老，兒子尚之信在廣東軍隊中威信極高。尚可喜向朝廷上書，祈求返回遼東老家養老，讓兒子接任平南王。康熙帝一直尋找理由裁撤三藩，正好借機批准尚可喜告老還鄉，但不讓尚之信承襲爵位。同時受到觸動的吳三桂和耿精忠為試探康熙帝的態度，假意主動提出撤除藩王爵位，回到北方的請求。

二王的奏章送到朝廷，康熙帝召集眾臣商議。大臣都看出了吳三桂等人的真實用心，但在對策上卻分為兩派，大多數人認為批准會引起造反，希望康熙帝好言撫慰，同時不要撤藩。只有小部分大臣認為吳三桂早有反心，不如快刀斬亂麻，強硬到底。

康熙帝贊同後者的看法，決定召三藩進京。如果奉旨前來，就證明沒有反意，可以逐步削奪兵權，從容行事。吳三桂確實早有造反之意，果然稱病不來。康熙帝立即下旨，裁撤三藩。

乾清宮

乾清宮是雍正帝之前明清皇帝的寢宮和日常生活的場所，康熙帝就是在這裡處理國家大事的。

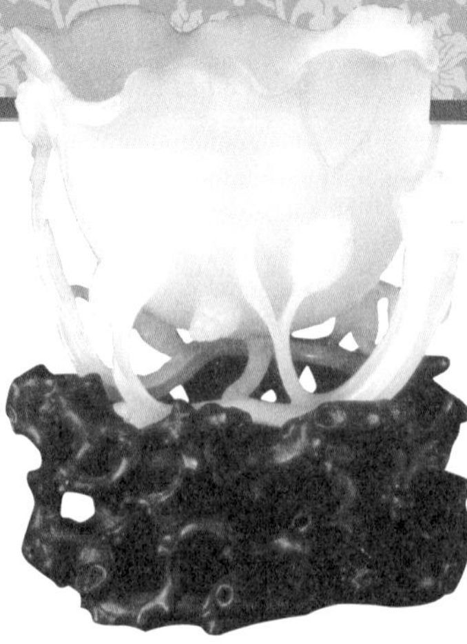

和闐玉魚螺荷葉洗　清

此洗為白玉製，荷葉形，鏤雕蓮梗水草為洗足，洗外雕一魚一螺。此洗雕鏤精緻，為玉器之上品。

⊙三藩之亂

康熙十二年（一六七三年），吳三桂在雲南起兵。為了籠絡民心，脫下清朝穿戴，換上明朝服飾，重新起用明朝賜封的平西伯爵號。吳三桂並在永曆帝墓前焚香祭奠，宣稱當初引清軍入關是為了驅除李自成，沒想到引狼入室，隱忍多年，現在終於要為明王朝報仇雪恨。當時天下初定，人心思漢，人民被吳三桂的花言巧語蒙蔽，也起兵支持叛軍。

吳三桂在西南地區根基深厚，勢力穩固。叛軍初期非常順利，一直到達湖南境內。吳三桂眼見局勢有利，於是和廣東的尚可喜和福建的耿精忠聯絡，約同一起叛變。尚可喜雖然不同意造反，但掌握兵權的尚之信早已把父親架空。兩藩見吳三桂行動順利，也加入叛軍的行列，歷史稱為「三藩之亂」。

⊙失勢敗亡

三藩起兵，整個中國南部都受叛軍波及，一時天下震動。康熙帝並沒有慌張，嚴密調兵遣將，集中兵力在湖南和吳三桂對峙。又恢復尚、耿兩人的藩王稱號，從內部瓦解敵人。此後，吳三桂情勢不佳，尚之信、耿精忠看到形勢漸漸不利，重新投降了清政府。

吳三桂雖然打了一些勝仗，可是畢竟是以一隅之力對抗全國。軍事力量漸漸消耗，其他兩藩又在陣前投降，處境逐漸不妙。

過了幾年，吳三桂自知支撐不久，在衡州（今湖南衡陽）南郊築壇祭天，自立為帝，國號為周，改元「昭武」，過一回皇帝癮。但同時也把野心昭告天下，支持的人就更少了。沒過多久，這位先服侍明朝皇帝，又一度倒向李自成，後來反叛到清軍麾下，最後造反，自立為帝的大梟雄吳三桂就病死在長沙。

吳三桂一死，叛軍節節敗退。康熙二十年（一六八一年），清軍分三路攻進雲南昆明，吳三桂的孫子吳世璠自殺，康熙帝最終平定了叛亂勢力，統一南方。

釉裡紅趕珠龍紋水洗　清

收復臺灣

●時間：西元一六八三年
●人物：施琅

鄭成功從荷蘭殖民者手中收復了臺灣，並以此作為明朝的最後一處基地，對抗清朝。康熙二十二年（一六八三年），施琅出征臺灣，鄭克塽請降。至此，清政府收復了臺灣。

⊙施琅投清征臺灣

施琅，字尊侯，號琢公，福建晉江人。施琅原是鄭成功的部將。史書上說他精習兵法，但為人褊狹，而鄭成功則用法極嚴，不稍寬假，兩人性格上有分歧，雖然名義上是從屬關係，但並不完全信服。

有一次，施琅帳下一員親兵改投到鄭成功營中，施琅為此惱火，抓回親兵處死了。此事造成了鄭、施兩人關係的徹底決裂，鄭成功要向施琅問罪，施琅就帶領部下投降清政府。鄭成功大怒，殺死了施琅沒有帶走的父親和弟弟。

清軍以騎兵作戰為主，軍中將領不懂海戰，所以施琅的歸順讓清政府大喜，立刻任命為副將。

康熙元年（一六六二年），施琅任為福建水師提督。四年（一六六五年），官至靖海將軍。施琅曾咬牙切齒發誓，為報父仇定要「踏平臺澎，族滅鄭氏」。

康熙三年（一六六四年），施琅率領官兵船隻向臺灣進發，遇風而還。第二年五月，施琅再次率眾出征，艦船行駛到澎湖一帶，又遇到狂風暴雨。兩次進攻都無功而返，攻取臺灣的計畫就此擱置，清政府轉而對鄭氏政權進行招撫，但幾次都因種種原因沒有達成協議。

此時鄭成功已經去世，兒子鄭經繼承延平郡王爵位，繼續抗清。清康熙十三年（一六七四年），「三藩之亂」爆發，鄭經企圖趁機占據大陸沿海，圖謀復明。數年中，雙方反覆交手。由此展開長達五年打打談談的拉鋸戰。直到「三藩之亂」徹底平定後，消滅臺灣政權的事宜才再次被康

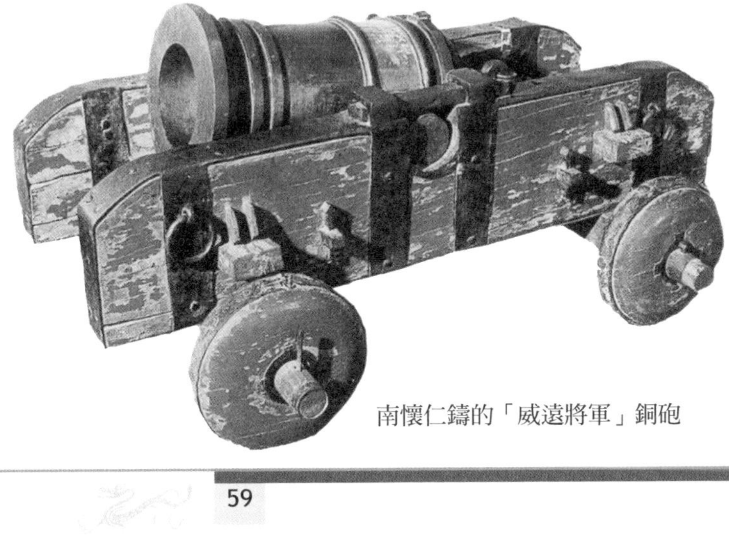

南懷仁鑄的「威遠將軍」銅砲

象牙雕瑞獸水月觀音　清

圓雕異獸跪伏，背負月輪，月中鏤雕人物雲朵，月上雲臺觀音結跏趺坐，雙手合十，面容安詳。器物造型獨特，雕琢精細。

熙帝提出。

⊙攻取臺灣

康熙二十年（一六八一年），鄭經病死，子鄭克塽繼位，臺政權內部腐敗，爭權奪利。施琅認為是收復臺灣的最好時機，於是上書朝廷，請旨出兵。大臣認為施琅是降將，不能重用，但康熙帝力排眾議，讓施琅「相機自行進剿」，給予自由發揮的空間。

施琅感恩戴德，既為了報國仇，也為了平家恨，於康熙二十二年（一六八三年）六月十四日，率戰船三百餘艘，水師兩萬餘人，發兵臺灣。

二十二日，施琅在澎湖大敗鄭軍，擊沉和俘獲大小船隻近二百艘，殺死鄭軍將領頭目三百餘名、士兵一萬二千餘名，另有一百六十五員鄭軍將領和四千八百名士兵倒戈投降。清軍陣亡官兵只有三百二十九人，負傷一千八百餘人，船隻則損失輕微。

鄭氏原本就因內訌而實力大減，這場慘敗後更是元氣重傷。鄭克塽在澎湖施琅軍前談判，提出隔海而治，納貢稱臣，施琅拒絕。無奈之下，鄭克塽向施琅遞送正式降書，並繳納延平郡王官印。

八月，清軍勝利進駐臺灣，施琅親往臺灣接受鄭氏歸降。至此，臺灣歸順清政府，中國又恢復了統一的局面。

⊙臺灣不可棄

臺灣收復後，清政府對是否要在臺灣設立地方政府有過一場爭論。官員認為臺灣土地狹小，人口稀少，能徵收的賦稅較低，如果設立地方政府，仍需朝廷供養，如果派兵駐守，則更是浪費糧餉，因此主張退守澎湖，將居民遷徙到大陸，放棄臺灣島。

但施琅和閩浙總督姚啟聖等人則反對上述主張，認為如果放棄臺灣，一定會被海盜或外國殖民勢力所占據，反而要反覆勞師動眾。

康熙帝一時無法決定，正在猶豫不決時，施琅上了一個〈陳臺灣棄留利害疏〉。施琅詳細講述了臺灣與東南海防的重要關係，對主張棄守的論點一一加以有力的駁斥。奏摺指出：

沒有臺灣，東南沿海就不得安寧。臺灣有豐富的物產和資源，棄而不守實際上是行不通的。臺灣雖然是邊遠的島嶼，但其實也是沿海四省的要害所在，「勿論彼中耕種，尤能少資兵食，固當議留。即為不毛荒壤，必借內地挽轉運輸，亦斷斷乎其不可棄」（不用說這裡其實適合耕種，可以自籌糧餉。就算是不毛之地，錢糧要靠內地接濟，也決不能放棄）！

康熙帝看過後，決定採納施琅的建議。康熙二十二年（一六八三年）四月，清廷決定在臺灣設立臺灣府（即鄭氏的承天府），隸福建省，下設臺灣總兵和臺灣府知府，統轄臺灣、鳳山、諸羅三縣。此外，清廷並根據施琅的建議，派兵一萬駐守澎湖地區，以防外患。

光緒十三年（一八八七年），臺灣又分立為臺灣省。從此，在清政府政權管轄之下，臺灣人民和全國人民在政治、經濟、文化生活等各方面的聯絡更加密切。

臺南孔廟

始建於康熙四年（一六六五年），由鄭成功之子鄭經所建，是臺灣最早的孔廟，所以有「全臺首學」之稱。

天下第一廉吏

●時間：西元一六六〇～一六八四年
●人物：于成龍

中國幾千年的歷史中，貪官實在不少，清官也有一些，但像于成龍那樣清廉的官員卻極為罕見。于成龍為官二十餘年，以卓著的政績和廉潔清苦的一生，深得百姓愛戴和康熙帝讚譽，以「天下廉吏第一」蜚聲朝野。

⊙窮鄉僻壤顯身手

于成龍，字北溟，號子山，山西永寧州（今山西離石）人，生於明萬曆四十五年（一六一七年）。大器晚成，雖然曾在明崇禎十二年（一六三九年）參加鄉試中副榜貢生，但因父親年邁需要照顧，沒有任官。

直到順治十七年（一六六〇年），已經四十四歲的于成龍才離妻別子，接受清廷委任，到遙遠的邊荒之地廣西羅城任縣令。羅城新隸清朝治下不到兩年，局勢未穩，百廢待興，城內只有居民六家，茅屋數間，縣衙則只是三間破茅房。

于成龍首先在城鄉建立保甲，嚴懲緝獲案犯。同時，注意招募流民以恢復生產，常常深入田間訪問農事，農閒時則帶領百姓修民宅，建學校，築城牆，對遷入新居的農家，並親為題寫楹聯，以示鼓勵。深得民心後，又以剛柔並用的策略，解決了地方豪強欺壓百姓的問題。三年之間，羅城大治，出現百姓安居樂業的新氣象。

康熙六年（一六六七年），于成龍升任四川合州（今重慶合川區）知州。他離開羅城時，百姓嚎哭追送數百里。

明末清初時，四川遭戰亂最久，人口銳減。于成龍赴任的合州包括三屬縣，卻只有丁口百餘人。于成龍到任後，首先革除弊政，嚴禁官吏勒索百姓。為了使荒蕪的土地得到開墾，規定土地凡種植者即為個人所有，同時要求各縣注意為新附百姓解決定居與墾荒中的具體困難，區劃田舍，登記註冊，借貸耕牛和種子，並明確規定三年不收田租。獎勵墾荒是清初基本國策，但于成龍推行土地凡種植者即為己有，比清朝全面實行這一政策早了十五年。

⊙寬嚴並治得民心

由於招民墾荒政績顯著，康熙八年（一六六九年），于成龍擢升為湖廣黃州府同知。他在黃州府（治今湖北黃岡）任同知四年，知府四年。

清初，盜賊成為一大社會問題。黃州盜賊甚至白天劫財傷人，嚴重影響了地方安定和居民正常生活。為了瞭解盜情，于成龍多次「微行」親自訪察，對情況瞭如指掌，強力打擊了盜賊。對待案犯，于成龍主張慎刑，

康熙帝楷書墨跡

以教育為主，採取「寬嚴並治」和「以盜治盜」的方法，成效顯著。

于成龍在詞訟、斷獄方面鐵面無私，頭腦敏銳而細心，善於從常人忽視的細節上發現問題，排解了許多地方上發生的重大疑案、懸案，使多起錯案得到平反，百姓呼為「于青天」。他的刑法思想在清朝一代影響深遠。

康熙十七年（一六七八年），于成龍升任福建按察使。離開湖北時，依然只有一捆行囊，兩袖清風，沿途以蘿蔔為乾糧。

于成龍在福建上任伊始，就做了一件為民稱頌的好事。當時清廷為對付臺灣鄭氏的抗清勢力，實行「海禁」政策。地方官員不顧連年兵禍，民不聊生，動輒以「通海」罪名興起大獄。于成龍到任後，堅決主張對案件重審，在他的力爭和主持下，先後有千餘名無辜百姓免遭屠戮而獲釋。

康熙十八年（一六七九年）夏，于成龍升任福建省布政使，福建巡撫吳興祚並專疏向朝廷舉薦，稱于成龍為「閩省廉能第一」。自此，于成龍得到清廷賞識和破格招用，先後任直隸巡撫、兩江總督。

⊙廉潔一生于青天

雖然官階越升越高，于成龍的生活卻更加艱苦。于成龍帶頭實踐「為民上者，務須躬先儉樸」的原則，在直隸總督任上，常常只喝糠粥，在江南也是喝粥吃菜，「終年不知肉味」，因而江南民眾親切稱作「于青菜」。他天南地北，隻身天涯，不帶家眷，和髮妻闊別二十年後才得一見，清操苦節享譽當時。

據載于成龍出任兩江總督的消息傳出後，南京富豪棄絲綢換布衣，士大夫爭相減少僕從，地痞流氓更是一片恐慌。

于成龍逝世後，南京「士民男女無少長，皆巷哭罷市」。康熙帝破例親自為于成龍撰寫碑文，作為對其廉潔一生的表彰。

靳輔治黃河

●時間：西元一六七七～一六九二年
●人物：靳輔 陳潢

靳輔治黃河，功不在一時，而在於千秋萬代。事實上，他也的確未被當時人所理解，靳輔因治河而留名後世，卻也因治河而被免職於當時。

⊙治河是大事

中國是農業國家，從古時起，治河就是國家的一項重要公共職能。黃河既是中國的母親河，也是一條災害河。特別是在明清時期，黃河多次氾濫，災害日重。

黃河氾濫，一是由於黃河穿過寧夏和內蒙古的沙漠地帶時夾帶了許多泥沙，二是到達河南孟津後，地勢突然變得平坦，水流不快，夾帶的泥沙大量沉積，越積越厚，逐漸把河床墊高。黃河的災難在歷史上屢見不鮮，僅康熙元年到十六年（一六六二～一六七七年），黃河大的決口就有六十七次。

康熙時期，黃河的下游河道與現在不同，其中一部分與運河重疊，後流入淮河，從淮河口入海，這就是所謂的黃河奪淮入海。

康熙帝從十四歲親政後就留心治河問題，以三藩及河務、漕運為三件大事，時刻自我提醒。

⊙靳輔治黃河

靳輔，字紫垣，漢軍鑲黃旗人，生於明崇禎六年（一六三三年）。其祖先原為山東濟南人，後於明朝初年從軍戍衛，從此在遼陽落戶。靳輔於順治六年（一六四九年）出仕，先後任內閣中書、兵部員外郎、武英殿學士兼禮部侍郎等職。康熙十年（一六七一年），靳輔任安徽巡撫，在任共六年。

黃河下流，河與兩岸大堤之間的大片土地，洪水時被水淹沒，枯水時高出水面，通常稱為「灘區」。

康熙十六年（一六七七年）三月，靳輔從安徽巡撫任上升為河道總督。這年，靳輔四十五歲。從此，直到六十歲病逝時，一直致力於治河。靳輔知人善任，任總督時，浙江錢塘人陳潢是得力僚屬。靳輔對治河本無研究，凡治河之事，無不向陳潢垂詢請教。治河十餘年所取得的成就，與陳潢的幫助是分不開的。

靳輔出任河道總督時，正值黃河、淮河氾濫嚴重，關係清朝統治命脈的運河也受到嚴重影響，江南的漕糧不能順利運到北京。

靳輔首先在淮陰以東當時黃河的

兩岸建造堅固的河堤，一直延伸到距離海岸線二十里的地方。又在淮陰以西地區，加強沿淮河與洪澤湖一線的若干河堤、河壩，使之不再潰堤。於是河水就只能往前流動，增大了沖刷河底淤沙的力量，使黃河自我除沙的功能大為加強。

靳輔知道運河關係國家漕運，不應因黃河奪路而使其中斷，於是在黃河北岸開闢了一條長一百八十里的新運河。

為了防止改道運河的黃河之水潰決大堤，沖毀農田，靳輔在淮陰至江都（今屬揚州）沿運河各縣興築了若干「減水壩」，即在堤下開幾個可以開閉的洞，洞外開鑿引河，與附近的溝渠或小河相連，在必要時可開洞放水。既防止了運河氾濫或缺口，又可用於運河周圍的農田灌溉。

⊙治河起爭議

治河費用是國家的一項主要開銷，治河官於是成了一個人人眼紅的肥差。過去治河成績不大的主要原因，就是治河官員的貪污腐敗。

靳輔為官清廉，除應得的俸祿外，治河公款分文不取，工程中的大小開支更是筆筆詳細記載，因此得到治河民工和兩岸百姓的一致稱讚。甚至傳說靳輔所以能治水而不貪財，是因為他是龍王轉世。另外，遇有大的工程，靳輔總是親臨施工現場監督指揮，不辭辛苦。

靳輔治河取得了很大成就，然而直隸巡撫于成龍（與前面提到的天下第一廉吏于成龍同名同姓，但並非一人）等人卻認為用錢太多，並且治河的方法不對。實際上，于成龍不懂治河，但因十分廉潔，深得康熙帝信任。康熙帝於是將靳輔召回朝中，讓兩派人辯論。

儘管靳輔的治河辦法踏實可行，康熙帝也認為治河有功，但還是在辯論中輸了。究其原因，一是治河是一項長期工程，成效一時不能顯現。二是康熙帝本人也不懂治河，支持靳輔的人又少，康熙帝顧及輿論。最後，靳輔免職，智囊陳潢也以「屯田擾民」的罪名拘捕，入京途中病死。

四年後，靳輔再次起用，但不久即病逝。此後，大臣王新命、于成龍、張鵬翮相繼任河道總督，基本上依舊遵循靳輔和陳潢的治河方略。

歷史詞典

南書房

南書房設於康熙十六年（一六七七年），直至光緒二十四年（一八九八年）才裁撤，是清帝的文學侍從值班的地方。

康熙帝為了便於與翰林院的詞臣研討學問，吟詩作畫，在乾清宮西南角特地闢出房舍作為專用場所，稱為南書房。在翰林等官員中選擇才品兼優者入值，稱「南書房行走」。入值者主要陪伴皇帝賦詩撰文，寫字作畫，有時還要秉承皇帝的意旨起草詔令，擬寫諭旨。

南書房完全處於皇帝的嚴密控制之下，隨時承旨出詔行令，因此權勢日崇。南書房地位的提高，是康熙帝為了削弱議政王大臣會議權力，同時將外朝內閣的部分職能移歸內廷，實施集權的重要步驟。

雍正朝自軍機處建立後，軍機大事均歸軍機處辦理，南書房官員不再參與機務，地位下降。但由於入值者常能覲見皇帝，因此仍具有一定地位。

雅克薩之戰

●時間：西元一六八五、一六八六年
●人物：薩布素　彭春　托爾布津

美國學者斯塔夫里・阿諾斯（Leften Stavros Stavrianos）在《全球通史》（*A Global History*）中這樣評論：《中俄尼布楚條約》是中國與歐洲一大國簽訂的第一份條約，在這以後的一百七十年中，俄羅斯人一直遵守條約規定，停留在阿穆爾河流域以外的地區。

⊙沙俄的侵擾

十六世紀初，俄羅斯由最早的一個歐洲小公國，開始逐步對外擴張。明崇禎五年（一六三二年），沙皇俄國擴張至西伯利亞東部的勒拿河流域，建立雅庫次克城，並以此作為南下侵略的主要基地，不斷派遣武裝人員入侵中國黑龍江流域。

清順治六年（一六四九年），駐守雅庫次克城的沙俄長官派俄將哈巴羅夫率七十名士兵從雅庫次克出發，在年末進入中國的黑龍江，遭到當地人民激烈抵抗。哈巴羅夫將領導權交給部下斯捷潘諾夫，自己回雅庫次克求援。第二年，哈巴羅夫率領一百三十八名傭兵，攜帶三門火砲和槍支彈藥回到黑龍江支援，強行攻占雅克薩城。當地人民奮起抗擊，並請求中央政府予以援助。

順治九年（一六五二年）二月，清政府命駐守寧古塔的海包率部進擊，與侵略者在烏札拉村交火，此戰打死沙俄侵略者十人，打傷七十八人。此後數十年間，類似的小規模衝突一直不斷。

⊙雅克薩之戰

康熙二十二年（一六八三年）九月，本土初定的清政府終於有餘力對侵擾東北邊境的敵軍進行清剿。

康熙帝首先要求盤踞在雅克薩等地的沙俄侵略軍撤離清領土。侵略軍不予理睬，反而率兵竄至璦琿劫掠。駐寧古塔副都統薩布素將其擊敗，並把黑龍江下游所有沙俄軍隊建立的據點焚毀，使雅克薩成為孤城。沙俄軍隊仍然據守雅克薩城，繼續抵抗清軍進攻。

康熙二十四年（一六八五年）正月二十三日，為徹底消除沙俄軍隊對東北邊境的威脅，康熙命都統彭春收復雅克薩。四月，清軍約三千人攜帶戰

「神威無敵大將軍」砲
康熙十五年（一六七六年）鑄造，銅質，在雅克薩之戰中發揮了巨大威力。

雅克薩之戰油畫

艦和火砲，從璦琿出發，分水陸兩路向雅克薩進軍。

五月二十二日，清軍抵達雅克薩城下，向俄將托爾布津發布最後通牒。托爾布津自恃城堅砲利，拒不從命。第二天，清軍分水陸兩路列營攻擊，步兵佈於城南，火砲列於城北，水軍戰艦則在城東南佈開陣勢。

二十五日黎明，清軍發砲轟擊，沙俄軍隊傷亡甚重。托爾布津只好開城投降，派遣使者要求在保留武裝的條件下撤離雅克薩。都統彭春同意了，沙俄軍隊後撤至尼布楚（今涅爾琴斯克）。

趕走沙俄侵略軍後，清軍平毀雅克薩城，回軍璦琿。

⊙再戰雅克薩

沙俄侵略軍雖然被迫撤離雅克薩，但是並沒有放棄對中國東北一帶的圖謀。僅僅過了不到半年，康熙二十四年（一六八五年）秋，沙俄又從莫斯科派兵六百餘人增援尼布楚。在得知清軍已經撤走後，俄將托爾布津率部返回雅克薩，重新修建更為堅固的城堡。這一行為使康熙帝大為震怒，一接到奏報，就立即下令反擊。

康熙二十五年（一六八六年），清軍兩千餘人在黑龍江將軍薩布素率領下進抵雅克薩，圍困該城，嚴令沙俄侵略軍投降。托爾布津毫不理睬，清軍於是開始攻城，托爾布津中彈身亡。沙俄軍隊改由副將代行指揮，負隅頑抗。

清軍在雅克薩城南、北、東三面掘壕圍困，又在城西河上以戰艦巡邏，徹底切斷外援。沙俄軍隊被圍困近一年，戰死和病死的兵卒不少。據守雅克薩城的八百二十六名侵略軍最後只剩下六十六人。

得知戰況的沙皇急忙向清政府請求撤圍，並派遣使臣，議定邊界。清政府答應請求，准許侵略軍殘部撤回尼布楚。

康熙二十八年（一六八九年）七月二十四日，中俄雙方締結《中俄尼布楚條約》，「自黑龍江支流格爾必齊河沿外興安嶺以至於海，凡嶺南諸川，注入黑龍江者屬中國，嶺北屬俄。西以額爾古納河為界，河南屬中國，河北屬俄」，劃定國界。條約挫敗了沙俄跨越外興安嶺侵略中國黑龍江流域的企圖，遏制了幾十年來沙俄的侵略，使清東北邊境在長達一個半世紀裡基本得到安寧。

清代官服

清代的官服稱為補服。早期只有武官為補服制。順治九年（一六五二年）後，改變了補服的製作，幾乎全盤承襲了明朝的定制，只有個別紋樣有所刪改。補服為石青色，圓領、對襟、平袖過肘、身長過膝。文官五品、武官四品以上官員，及科道、侍衛等職，均需項掛朝珠，朝珠用各種貴重珠寶、香木製成，共一百零八顆。構成清代官服的又一特點。

官帽和頂戴花翎

清代的官帽分暖帽和涼帽兩種，前者為冬春所戴，後者為夏秋所戴。暖帽為圓形，有一圈向上反折的簷邊，多用皮、呢、緞、布製成，多黑色，中有紅色帽緯、帽頂有頂珠。涼帽無簷，形如圓錐，用白、湖藍或黃色羅為表，紅紗綢為裡，帽表也綴以紅色帽緯。

頂珠即頂戴，俗稱「頂子」，用不同材料標識官級：一品為紅寶石，二品為珊瑚，三品為藍寶石，四品為青金石，五品為水晶，六品用硨磲，七品為素金，八品用陰文鏤花金，九品為陽文鏤花金。無頂珠者無官品。

頂珠下有翎管，用以安插翎枝。翎枝分藍翎和花翎兩種。藍翎為鶡羽所做，花翎為孔雀羽所做。花翎有單眼、雙眼、三眼之分，眼多者為貴。「眼」指的是孔雀翎上像眼睛一般一圈燦爛鮮明者，一個就叫一眼。藍翎無眼，賜予六品以下、在皇宮和王府當差的侍衛官員享戴，也可以賞賜建有軍功的低級軍官。

清初，貝子和固倫額附（即皇后所生公主的丈夫）戴三眼花翎；清朝宗室和藩部中封為鎮國公或輔國公的親貴、和碩額附（即妃嬪所生公主的丈夫），戴二眼花翎；五品以上的內大臣、前鋒營和護軍營的各統領、參領，戴單眼花翎。親王、郡王、貝勒向例不戴，後也時有賞戴，漢人因封爵賞戴或文臣而兼提督、巡撫銜者，也開始賞戴。到道光年間開捐官之例，花翎藍翎可由捐而得。

清代文官補服

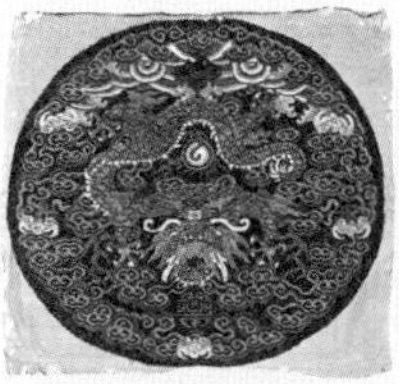

清親王團龍補子

清文一品官補子

清文二品官補子

清文三品官補子

清文四品官補子

清文五品官補子

清文六品官補子

清文七品官補子

清文八品官補子

清文九品官補子

清武一品官補子

清武三品官補子

補子

官服上綴繡的補子是識別官員等級的一種標識。補子分圓補和方補兩種。圓補用於貝子以上皇親者，上為五爪金龍紋，分別飾於左右肩上及前胸和後背。方補均用於文官和武將等官員。文官採用飛禽飾樣，武官採用走獸圖案。

文官綴繡的補子圖案分別為：一品為仙鶴，二品為錦雞，三品為孔雀，四品為雲雁，五品為白鷴，六品為鷺鷥，七品為鸂鶒，八品為鵪鶉，九品為練雀。

武官綴繡的補子圖案分別為：一品為麒麟，二品為獅，三品為豹，四品為虎，五品為熊，六品為彪，七品為犀牛，八品與七品相同也為犀牛，九品為海馬。

明清補子的區別

清代的補子直接襲於明朝，但也有所發展和變化，除了部分動物不同外，二者的主要區別包括：

在形制上，明代補子施於袍，清代補子用於褂。明服為團領衫，前胸補子是完整的一塊，清服是對襟褂，前胸的補子一分為二。明代的補子有單獨綴織到補服上的，也有直接繡在補服上的，清代則為單獨織繡成後再縫綴到補褂上的。

明代的補子大約四十公分見方，清代的補子稍小，約三十公分見方。明代的補子多以紅色等顏色為底，金線繡花，四周多為光邊。清代的補子則是以青、黑、深紅等深色為底，五彩織繡，四周加工精細，多採用花邊。明代文官四品以下的補子多繡有一對飛禽，清代的禽獸均繡單隻。

落第才子的鬼狐世界

●時間：西元一六四〇～一七一五年
●人物：蒲松齡

魯迅先生心中「專集之最有名者」，郭沫若眼中「寫鬼寫妖高人一等，刺貪刺虐入骨三分」，指的都是蒲松齡和他的《聊齋誌異》。蒲松齡以文采聞名，卻屢試不第，只好在《聊齋誌異》營造的鬼狐世界中抒發悲憤之情，鞭撻世態醜惡，謳歌美好的愛情和生活。

蒲松齡才如江海，在詩、詞、文、曲、賦各方面均有成就，其中以小說集《聊齋誌異》最為膾炙人口，流傳廣泛，成為中國古代文言短篇小說中成就最高的作品集之一。

位於山東淄博蒲家莊的蒲松齡故居

⊙落第才子

蒲松齡（一六四〇～一七一五年），字留仙，一字劍臣，別號柳泉居士，世稱聊齋先生，出生於淄川（今山東淄博）的商人家庭。蒲家本是書香世家，可惜王朝更迭，家道中落，其父不得不棄學經商，由此把重振家聲的希望都寄托在蒲松齡身上。

蒲松齡自幼聰慧好學，勤於攻讀，學識淵博，早有文名。在父親的敦促下，對功名也十分熱衷。十九歲時，蒲松齡就考中秀才，聞名鄉里，但此後再沒遇到慧眼賞才之人。以後幾十年，蒲松齡堅持應考，屢考屢敗，屢敗屢考，直到七十二歲才成為貢生。

蒲松齡交遊廣闊，重情重義。但性格孤直，絕不以媚態迎合世俗，因而終生懷才不遇，鬱鬱不得志。蒲松齡一生窮困潦倒，在三十二歲時為生活所迫，成為當地西鋪村畢際友家的私塾老師。此後絕大多數時間，他都以教書為生，「顛倒於荒山僻隘之鄉」，過著「終年不知肉味」的生活。

《聊齋誌異》書影

科場失意，屢試不第，使蒲松齡看清了世態炎涼，人間百態。在家塾生活中，他接觸了社會各個階層的人物，熟悉他們的疾苦。而每當聽到一些奇聞逸事、市井傳聞，蒲松齡都馬上回家用紙筆記下，日積月累，這些取材於民間的故事，就成了寫作《聊齋誌異》的素材。

在以後的歲月裡，蒲松齡殫精竭慮，筆耕不輟，二十年如一日，沉浸在文學創作之中，最終著成了《聊齋誌異》。

⊙《聊齋誌異》

文言短篇小說集《聊齋誌異》共八卷，四百九十一篇，四十多萬字，內容豐富，文筆簡練，敘次井然，實為蒲松齡寄托「孤憤」之書，宣洩積鬱之作。

在清初文字獄盛行的局面下，以志怪的形式抒發胸臆會比較安全。在蒲松齡筆下，鬼狐比人類更加有情有意。他不僅僅要借談狐說鬼表達不得志，更要鞭撻整個社會的不公平；不僅要感歎個人得失，更要抒發民間積憤。

清人繪《聊齋誌異》插圖

蒲松齡以跌宕離奇的情節和浪漫主義的筆法，大膽衝破現實束縛，構築了一個虛無變幻、神異絢爛的縹緲世界。在這個奇幻的超現實世界裡，可以看到現實世界的種種投影：皇帝的荒淫昏庸，官吏的酷虐貪鄙，土豪惡霸的陰險橫暴，試官的糊塗荒唐，士子的庸俗虛妄，世情種種，都一覽無遺。

在書中，衣冠楚楚、道貌岸然的大小官吏，背後包藏著的是骯髒齷齪的狼子之心和貪婪昏庸的本來面目，而那些花妖狐媚卻擁有善良、熱情、真誠的心靈。蒲松齡借虛幻的筆法，諷刺迂腐的儒生，批判弊端叢生的科舉取士，蔑視禮教對人性的扼殺，歌頌自由的愛情。

雖然當時蒲松齡沒有能力刻印《聊齋誌異》，但這部道盡士民心聲的奇書仍以手抄本的形式得以廣泛流傳。

《聊齋誌異》植根於民間，取材於民間，傳播於民間，服務於民間，繼承了先秦寓言、史傳散文、六朝志怪、唐傳奇的特點，達到了「將文言小說空前，而後人又難以為繼」的至高境界。

「南洪北孔」寫傳奇

●時間：西元一六八七年～一六九九年
●人物：洪昇　孔尚任

洪昇與孔尚任同為康熙年間的著名文士，他們痛恨官場黑暗，先後被罷官免職，抑鬱不得志，只得暢遊於文字之間，借古諷今，寫出了崑劇的高峰作品《長生殿》和《桃花扇》。兩位名震一時的傳奇作家是文學史和戲劇史上的並蒂奇葩，時人稱為「南洪北孔」。

康熙年間，社會逐漸從戰禍中恢復，秩序穩定，經濟繁榮，文化也逐漸復甦。在戲劇演出方面，崑劇盛極一時，一度成為最流行的劇種。但數十年動盪造成的文化空白使劇目千篇一律，流於風花雪月、才子佳人、悲歡離合的老套故事，庸俗無味，生氣索然。

「南洪北孔」的出現打破了戲劇舞臺的寂靜蕭條，突破以往豔情故事的窠臼，以平靜的心態看待明清鼎革的現實，分析王朝興替的原因。洪昇的《長生殿》以安史之亂為背景，孔尚任的《桃花扇》則直接以南明政權的覆滅為背景，把個人情感和政治變亂、國家興亡聯繫一起。

《長生殿》和《桃花扇》不僅得到市井百姓的歡迎，也贏得上層名流「朱門綺席」的喜愛，甚至連康熙帝也親自過問二劇，索要劇本，從中吸取興亡教訓。一時間勾欄爭唱，受歡迎的程度超過了戲曲繁榮的元朝，成為康熙年間前所未有的文化盛事。

⊙洪昇與《長生殿》

「南洪」是指洪昇和他的戲曲鉅著《長生殿》。

洪昇（一六四五～一七〇四年），字昉思，號稗畦，浙江錢塘（今杭州）人。洪昇從小就以文采嶄露頭角，後為國子監監生。才情超脫，但為人孤介耿直，不媚流俗，旅居京城十餘年，卻始終只是太學生，未獲一官半職，生活格外艱辛坎坷。

洪昇以文字排遣心中的失意和苦悶，康熙二十六年（一六八七年），經過十年潤色，三易其稿，《長生殿》終於問世。

《長生殿》演繹的是唐明皇與楊貴妃之間生死相戀的愛情故事，曲詞文采斐然，筆力雄健蒼勁，情節跌宕

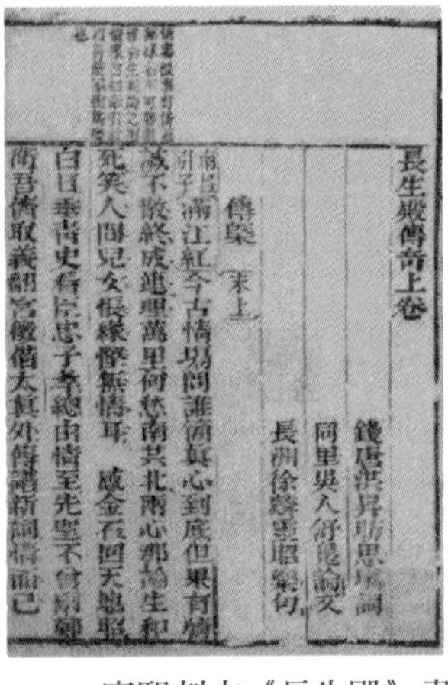
長生殿傳奇上卷
錢唐洪昇昉思填詞

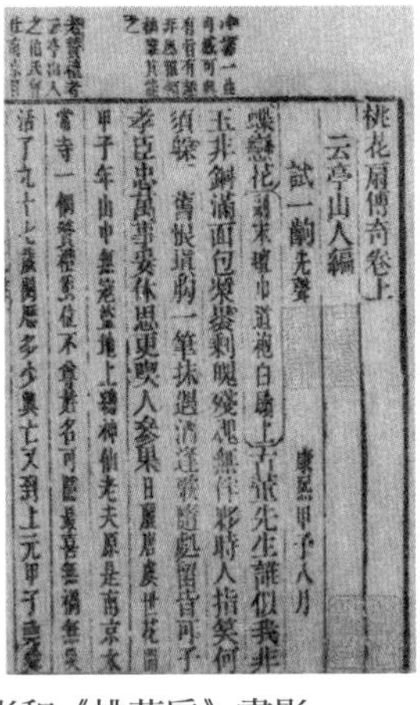
桃花扇傳奇卷上
云亭山人編
試一齣先聲
康熙甲子八月

康熙刻本《長生殿》書影和《桃花扇》書影

多姿，堪稱同類作品的典範。該劇將帝妃之間的愛情與氣勢恢弘的歷史背景結合一起，批判了唐明皇統治中後期的失政失德，同時抒發了個人命運在歷史輪盤擺佈下的哀傷與悲愴，引起了民眾共鳴。

第二年，洪昇因在佟皇后喪期內演出《長生殿》，被革去國子監監生學籍，回到浙江老家。晚年的洪昇縱情山水泉林，過著放浪潦倒的生活，最後在夜遊中不幸酒醉落水身亡，終年六十歲。

⊙孔尚任與《桃花扇》

《長生殿》問世十二年後，孔尚任的《桃花扇》也最後改定問世，稱為「北孔」。

孔尚任（一六四八～一七一八年），字聘之，又字季重，號東塘，別號岸堂，自稱雲亭山人，山東曲阜人，孔子第六十四代孫。自幼好詩文，通音律。

康熙二十三年（一六八四年）十一月，康熙帝到曲阜祭祀孔子，孔尚任在御前講經，得到康熙帝贊賞，任為國子監博士。此後孔尚任在江南各地深入接觸社會，瞭解百姓疾苦，也結交了一些明代遺民，廣搜野史逸聞，開始構思《桃花扇》。

康熙三十八年（一六九九年），《桃花扇》脫稿，轟動京城。戲中借明末復社文人侯方域和歌妓李香君的愛情故事，描寫南明亡國痛史，「借離合之情，寫興亡之感」，以妓女、說書人等底層百姓堅貞、高貴的品質，譏諷士大夫的迂腐和自視清高，鞭撻南明官員的腐朽和宮廷生活的荒淫。

然而，劇中若隱若現飄盪著的亡國哀痛與對前明王朝的懷念，引起了康熙帝的疑慮。康熙三十九年（一七○○年）春，孔尚任罷官。兩年後，隱歸家鄉。康熙五十七年（一七一八年），孔尚任病故，享年七十歲，入葬孔林。

李香君小像　清　陳清遠

李香君是明末懷有強烈愛國之心的秦淮名妓，才學卓然。本圖旨在突出李香君的才華和氣質。畫中李香君繡衣緗裙，正專心致志捧讀書卷。

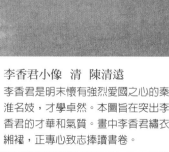

康熙帝南巡

●時間：西元一六八四～一七〇七年
●人物：康熙帝

康熙帝勤政愛民，六次南巡，視察河務，籠絡江南士子，任賢選能，開創了康乾盛世。

康熙帝六次南巡，不僅在官修史書上是濃墨重彩的一筆，就連民間流傳的故事也是版本眾多，許多武俠小說、影視劇甚至以此為題材，演繹出一系列悲歡離合、恩怨錯結的故事。

其實，康熙帝親政後百廢待舉，準備南巡時內外局面十分複雜：西南三藩割據，西北準噶爾動盪，東北俄國人覬覦，以及海上臺灣鄭氏集團的威脅。

最讓康熙帝頭疼的是各地水患不斷，尤以黃河最為嚴重。這條脾氣不好的母親河動輒改道，使百姓苦不堪言，常常是眼看就要到手的糧食瞬間化為烏有。康熙元年到康熙十六年（一六六二～一六七七年），黃河決口達六十七次，災情遠遠重於前代。臺灣鄭氏集團臣服後，康熙帝得以全力治理河務，六次南巡的主要目標就是視察治理情況。

在此期間，隨著政局逐漸穩定，康熙帝從注重治水之法慢慢轉向關心民間百姓疾苦，考察吏治，任賢舉能。關於地方流傳的康熙到此一遊的故事，皇帝南巡好不容易離開紫禁城，如此多嬌的江山更是有著巨大的吸引力，免不了要各處遊玩，但這並不是當時康熙帝南巡中的主要活動。

康熙帝頗能自制，是以國事為重的有為之君，走出紫禁城，看到與奏摺上完全不同的社會，更進一步理解家國大事和民間疾苦，內心只能是愈來愈沉重。康熙帝南巡主要走水路運河，坐船自京而下，途經直隸（今河北）、山東，最遠到達江浙的紹興。

⊙微服出巡

康熙帝強調儉樸，不講排場，不事鋪張，六次南巡僅建了少數行宮，多數時間都是順路住在當地官員的府中。例如四次到江寧，都住在江寧織造曹寅家中。李煦、曹寅兩位大臣捐出兩萬兩銀子想為康熙帝修建行宮，康熙帝認為銀子花得多，特別加以訓斥。

南巡途中，康熙帝時刻以國事為重，堅持批閱奏章。由於奏章必須每日從京城送往康熙帝駐地，路途遙遠，第一次南巡時，有一次直到半夜

五彩海水龍紋瓷盤　清

四更時分奏章才送到，康熙帝立刻起床批閱。

第一次南巡結束後，康熙帝回到京城，寫下《南巡筆記》，記錄途中的生活：「夜坐舟中，與侍臣高士奇談論古今興廢之跡，或讀《尚書》《左傳》及先秦兩漢文數篇，或談《周易》，或賦一詩，每至漏下三十刻不倦，日以為常。」如此勤政的皇帝，在歷史上也是很少見的。

康熙帝十分擔心南巡會增加百姓負擔，要求凡途中所需物品，皆由專門的官員負責購置，官員要按照時價，不得自定價錢強加給百姓，若有擾民的官員或侍衛，嚴懲不貸。為了讓百姓放心，康熙帝下令所過之處必須張貼安民告示，當地百姓不用擔憂，儘可照常生活，如果有官員將百姓遷移遠避，將會免職或降職。巡視前，康熙帝就說不過「便道至浙江觀風問俗，簡約儀從，鹵簿不設」，所帶隨從也不過三百人，以盡量減少帶給百姓的麻煩。

康熙皇帝南巡圖軸（局部）清

康熙三十七年（一六九八年），蘇州顯貴擠在大運河岸邊歡迎康熙皇帝。這是當時一幅絲綢卷軸畫的一個片段。

康熙四十四年（一七〇五年），恰好南巡駐蹕在蘇州府城內的康熙帝的生日——萬壽節到了，當地官員和百姓為了慶賀，紛紛準備呈上奇珍異寶、珍饈美味，康熙帝以「因閱視河工、巡訪風俗而來，非為誕辰也」為由，婉言謝絕。

康熙帝出巡雖然不像現在電視上演出的，但與前代或者後代，如和乾隆帝相比，倒也稱得上是「微服出巡」了。

⊙治理河務

康熙帝第一次南巡是在康熙二十三年（一六八四年）十月。

康熙十六年（一六七七年），康熙帝重用靳輔為河道總督。靳輔提出修築洪澤湖東的高堰大壩以疏通黃河上、下游的泥土淤塞，同時把洪澤湖及黃河沿岸的決口全部堵住，讓黃河回歸原位。

數年後，靳輔和其他大臣對於治

河工程意見分歧。康熙帝以為事關重大，決定親自到河務現場視察。這次南巡，康熙帝到了高家堰、武家敦、洪澤湖等地，親自向河工詢問水情，又找來當地百姓詢問靳輔工程前後黃河的變化，百姓對靳輔都交口稱讚。

康熙二十八年（一六八九年），康熙帝第二次南巡，沿路視察河務。這次降旨：「朕巡行南省，往視河道，江南淮安諸地方，自民人、船夫皆稱譽前河道總督靳輔，思念之不忘。」靳輔得到如此肯定，治水更是盡職盡責，鞠躬盡瘁。

一晃眼，十年過去了。十年間，康熙忙於西征噶爾丹，河務雖重卻無暇顧及。靳輔去世後，歷任河督都不稱職，黃河水患又日趨嚴重。

康熙三十八年（一六九九年），康熙帝決定第三次南巡，親自視察水患情況。途中利用洋人的水平儀測量水位，研究治水之法。康熙帝發現，由於洪澤湖水位低於黃河，引起倒灌，湖水才四處漫溢，氾濫成災。康熙帝下令重築靳輔以前建議的堤壩，沿用疏濬之法，疏通黃河河道，並親自領導治河工程。由於皇帝親自掌控進度，工程進行極其順利，頗有成效。

康熙明典緞繡雲龍紋貂皮朝服及高腰棉襪

之後康熙帝又三次南巡，每次都找來河工詳細詢問河務情況。

⊙籠絡江南士大夫

康熙帝繼位時，清朝入主中原時間仍然不長。清初統治者為了讓漢民臣服，採取高壓政策，「留頭不留髮，留髮不留頭」、「揚州十日」、「嘉定三屠」，激起江南士子和百姓的反抗。對抗斷斷續續持續了二十年之久，雖然一一鎮壓，但民心未服，不少江南知名士子更是拒絕與清政府合作。

為了爭取人心，南巡途中，康熙帝祭拜禹陵、孔廟、明太祖陵，顯示對漢文化的尊崇。康熙帝首次南巡就在山東曲阜孔廟舉行了盛大的祭孔儀式，此法效果極好，頗得文人士子之心。

在六次南巡中，康熙帝五次祭拜前朝皇帝明太祖朱元璋的孝陵，表示也是儒家正統文化的繼承者。早在第一次南巡時，便在明太祖陵的孝陵殿

前行三跪九叩大禮，又在寶城前三次奠酒。允許觀禮的漢人百姓見滿族皇帝行如此大禮，內心得到滿足，前明遺老甚至老淚縱橫。康熙帝又為明孝陵親自題寫「治隆唐宋」四字碑文。

第二次南巡時，康熙帝把江南全省一年的地丁錢糧、屯粱蘆課、米麥豆雜稅二百二十餘萬概予蠲除，並稱江南是人才聚集之地，在府學中分大中小三等，每一等級增加五個江南地區的入學名額。

第五次南巡時，康熙帝下旨，如有善書法者願在宮內任職抄寫公文，可以參加考試。對這次考試錄取的六十一人，康熙帝一一接見，賜給御書《孝經》一部。類似的舉動還有很多。

康熙帝的這些做法，對收攬民心、籠絡江南士大夫產生了極大的作用。滿漢問題慢慢緩和，漢臣甚至進入了康熙帝的統治集團核心。其實康熙帝正是運用了傳統的儒術，以征服這些儒家學說的信仰者。

第二次南巡結束後，康熙帝詔集天下名工繪製巨幅手卷《康熙南巡圖》。此圖歷時三年完成，共十二長卷，將康熙帝南巡從京師出發，途經的州縣城池、山川河流、名勝古蹟等一一畫入，極為壯觀，現藏於故宮博物院。

避暑山莊圖　清　冷枚

避暑山莊，又名熱河行宮，或稱承德離宮。始建於康熙四十二年（一七〇三年），乾隆五十五年（一七九〇年）竣工，山莊占地面積五百六十萬平方公尺，周圍宮牆長二十華里，是中國保存至今宏偉壯麗的古建築群。圖中青山環抱，綠樹成蔭，後山一股清泉，流入山莊，湖水蕩漾，荷花盛開，岸柳垂蔭，亭臺、水榭、宮室、高樓，因地制宜，聚散錯落。景色秀麗，令人應接不暇。用筆精工，設色妍麗。

三征噶爾丹

●時間：西元一六九六年—一六九七年
●人物：康熙帝　噶爾丹

康熙年間，噶爾丹稱霸塞外草原，率領部族四處搶掠牲口和奴隸，強占水草豐美的牧地。最終，噶爾丹竟然在俄國的支持下，意圖從清分裂而自治。康熙帝自然不能容忍這種分裂的行為。康熙帝三次親征大漠，穩定蒙古，對奠定西部的版圖具有十分深遠的意義。

清朝初年，在西北過著游牧生活的蒙古族分為漠南蒙古、漠北喀爾喀蒙古和漠西厄魯特蒙古三大部。漠南蒙古稱為內蒙古。漠北喀爾喀蒙古稱為外蒙古，包括土謝圖汗部、車臣汗部、札薩克圖汗部和賽因諾顏部四大部。居住在天山以南的漠西厄魯特蒙古分為準噶爾部、和碩特部、杜爾伯特部和土爾扈特部四大部。

金嵌珠「金甌永固」杯　清
通高十二·五公分，口徑八公分。

清朝歷代都十分重視和蒙古族的親善和睦關係，蒙古各部接受清朝封號，雙方聯姻，保持世代政治友好關係。然而野心勃勃的噶爾丹的出現，破壞了蒙古大草原的和平。為了維護國家統一，民族和平，充滿豪情的康熙帝遠赴大漠，風餐露宿，三征噶爾丹。

⊙噶爾丹獨霸回疆

康熙初年，漠西蒙古準噶爾部首領噶爾丹大力擴張，成為破壞滿蒙和諧的變數。噶爾丹肆意掠奪，迫使漠西蒙古各部臣服，或是遠離故土。其中土爾扈特部西遷至伏爾加河流域游牧，和碩特部先是進駐青海，後又遷

烏蘭布通古戰場遺址

入河套以西的阿拉善地區。廣大的阿爾泰山、伊犁河一帶成為準噶爾的天下，未遷走的杜爾伯特部及和碩特、土爾扈特的殘餘部眾，全部置於準噶爾部的控制之下。

康熙四年（一六六五年），準噶爾部內部發生權力更迭，噶爾丹取得統治權。為了進一步擴充勢力，噶爾丹自封為「博碩克圖汗」，以確立對厄魯特四部的統治，全面控制回疆地區，其自治的野心昭然若揭。

面對噶爾丹的步步進逼，康熙帝也曾試圖通過一貫堅持的民族親善和睦政策，以鞏固國家的統一，穩定邊疆局勢，寄希望於耐心的勸諭，優撫噶爾丹，避免雙方嚴重衝突，清中央政府默認了噶爾丹「博碩克圖汗」的名號和地位。在平定三藩之亂後，康熙帝並派遣大臣至噶爾丹處大加賞賜。

噶爾丹表面臣服，多次派遣使者向清廷進貢馬匹駱駝、貂皮銀鼠等物品，表示謝恩。暗中卻縱容貢使隊伍沿途搶奪馬匹牲畜，殘踏田禾，捆縛平民，搶掠財物。康熙帝對噶爾丹的寬容本是以不損害清朝的根本利益為前提，對貢使隊伍為所欲為的妄行非為，便採取了嚴厲的制裁。

鏨胎琺琅象　清

通體銅胎鍍金。象四足直立，捲鼻垂尾，背負鞍墊及寶瓶，寓意「太平有象」。下設帶欄束腰長方座。瓶、象、座均鏨飾勾雲及纏枝花卉紋，填彩色琺琅釉。鞍前後兩面飾雲龍紋、墊左右飾雲龍紋則用掐絲琺琅做成。此象為佛堂供器，共兩件。

⊙噶爾丹持續南侵

隨著野心的不斷膨脹，噶爾丹的目標對準了漠北喀爾喀蒙古，準備攻打土謝圖汗。

康熙二十七年（一六八八年），噶爾丹率三萬部眾擊敗土謝圖汗之子噶爾旦台吉。噶爾旦台吉幾乎全軍覆滅，只有自己得以逃生。隨後噶爾丹向東挺進，攻掠車臣汗牧地。喀爾喀各部兵力悉數出動，在土謝圖汗的率領下和噶爾丹展開一場大決戰。激戰三晝夜後，喀爾喀部全軍覆滅。

在這種動盪的局勢下，部分喀爾喀部上層貴族試圖投奔俄羅斯。所幸喀爾喀部共同信奉的大喇嘛哲布尊丹巴及時阻止了叛國行為，帶領喀爾喀部向南內徙，投奔清朝。康熙帝立即撫慰，發放糧食，贈送白銀、茶布，幫助採買牲畜，並妥善安置在科爾沁水草地游牧。

青玉仿古召夫鼎　清

噶爾丹一意孤行，藉口追尋喀爾喀勢力不斷南侵。同時，乘清廷與沙俄衝突之機，和沙俄聯絡，得到對方的武器支持，意圖借外國力量與清廷抗衡。

康熙二十九年（一六九〇年）七月，噶爾丹深入到離北京僅七百里的烏蘭布通（今內蒙古克什克騰旗），嚴重威脅京師安全和領土完整，一場大戰無可避免。康熙帝派出大軍進攻噶爾丹。

兩軍展開激烈戰鬥，清軍以火砲對陣準噶爾部駝陣。大戰一直持續至掌燈時分，最終準噶爾部潰敗，噶爾丹乘夜逃遁。準噶爾部出逃部眾沿途飢踣死亡，僅餘數千人。但清軍也付出了慘重的代價，康熙帝的舅舅佟國綱中槍身死。

⊙康熙帝毅然親征

烏蘭布通之戰後，噶爾丹為生計所困，向清廷乞賜白銀，以救燃眉之急。康熙帝多次派遣大臣前往噶爾丹處勸諭歸降，以示羈縻，但噶爾丹仍然不斷挑起事端。

康熙帝終於認識到，噶爾丹勢力「一日不滅，則邊陲一日不寧」。於是力排眾議，毅然親征。康熙三十五年（一六九六年）春，康熙帝下詔親征，調集十萬大軍，分東、西、中三路，出師剿滅噶爾丹。

噶爾丹驚聞康熙帝親率大軍而來，自知不敵，倉惶出逃。逃竄至昭莫多（今宗莫德）時，與費揚古所率的清西路軍狹路相逢，展開一場惡戰。準噶爾部大敗，二千餘人被殺，三千餘人被俘，噶爾丹僅率數十騎逃遁。

昭莫多之戰全殲噶爾丹精銳騎兵，成為清廷平定噶爾丹的決定性戰役。

此後，康熙帝多次派人勸說窮困潦倒的噶爾丹歸降，但噶爾丹執迷不悟，拒絕投降。

⊙三敗準部，安定邊疆

為了根絕噶爾丹勢力，防止死灰復燃，康熙三十五年（一六九六年）九月，康熙帝再次親征，到達歸化城（今呼和浩特），駐蹕鄂爾多斯，十一月至寧夏。噶爾丹不戰請降，康熙帝班師回京。

到了第二年，噶爾丹仍然以種種藉口拖延歸降日期。康熙三十六年（一六九七年），康熙帝第三次親征，再至寧夏。噶爾丹原來的根據地伊犁已經被姪兒策妄阿那布坦占領，左右親信聽說康熙帝來到，也紛紛投降，願意作為清軍的嚮導。眾叛親離、四面楚歌的噶爾丹無處逃遁，只帶了幾

《北征督運圖冊》局部

《北征督運圖冊》是根據康熙帝平定準噶爾叛亂西路大軍軍糧督運官范承烈的經歷畫成的。原圖冊二十四開，現存十九開，每半開工筆設色作圖，另半開范承烈自題畫面內容梗概。圖中對所經城鎮、臺站、山川河湖、沙漠、道路里程、各族官兵、民夫、車馬都進行了詳細生動的描繪，是一篇形象的歷史文獻。

十名騎兵衝出清軍包圍。最後，走投無路的噶爾丹在阿察阿穆塔台患病身亡，也有傳說是飲藥自盡的。一代梟雄為自己選擇了悽慘而遭歷史唾棄的歸宿。

康熙帝三次親征，風餐露宿，深入沙漠，終於平定噶爾丹勢力。同時，以和睦親善的民族政策，妥善處理清廷和蒙古各部族之間的關係，實現了統一漠北蒙古的目的，使北方邊境得到安寧。

從此，清王朝重新控制了阿爾泰山以東的漠北蒙古，並授予當地蒙古貴族各種封號和官職。康熙三十六年（一六九七年），清政府遣送喀爾喀各部重返原來牧場，又在科布多、烏里蘇台等地派駐將軍和參贊大臣，進一步加強對蒙古的統轄。

康熙帝通過親征，解決了漠西蒙古和漠北蒙古的問題。加上此前在關外時，努爾哈赤和皇太極解決了漠南蒙古問題。至此，從秦漢到明朝一直困擾中原的民族難題，最終得到解決。

民族關係的真正和解比防禦性、排他性的萬里長城更為有效，從此蒙古民族融合在民族共同體之中，成為清朝北部更為堅固的長城。康熙帝曾指出：「昔秦興土石之工，修築長城。我朝施恩於喀爾喀，使之防備朔方，較長城更為堅固。」

「踹匠」叫歇

●時間：西元一六六二～一七二二年
●人物：劉如珍　竇桂甫

蘇州是清前期全國最大的棉布加工與販售中心，隨著社會分工和工場手工業的發展，踹布業逐漸獨立出來，成為棉布加工業中的重要一環。然而，踹匠與包頭之間頻繁發生摩擦，使得踹布業成為康熙年間蘇州發生罷工事件頻率最高、規模最大的行業。

明清時江南蘇州一帶踹坊盛行，在踹坊工作的傭工人稱作「踹匠」。踹坊，又稱「踹布坊」、「踏布房」，是當時一種經營棉布整理加工的作坊。踹坊的負責人稱為「包頭」，包頭向布商（客店）領布，發給踹匠壓碾加工，給付工資。踹匠的工作主要是先將漂染過的棉布捲上木滾，放在石板上，上壓重達千斤的凹字型大石，然後一名踹匠手扶木架，足踏大石兩端，左右往來滾動，以使布質更加緊密光滑。

⊙踹匠叫歇

在蘇州，有上萬人從事踹匠這一職業，以按件計酬方式獲取工作報酬。但是由於包頭常常藉故剋扣拖欠工資，甚至無端開除工人，加上一成不變的薪水無法與米價的波動保持一致，導致踹匠的生活日益窘困，入不敷出。這些匠人只有以叫歇停工的方式來顯示力量，爭取生存的權利。

蘇州踹匠的罷工此起彼伏。康熙九年（一六七〇年），災荒使米價高漲，生活困難，在踹匠竇桂甫的帶動下，踹匠發動了「齊行」罷工。康熙三十一年（一六九二年），羅貴、張爾惠等人再次帶領叫歇停工。

康熙三十九年（一七〇〇年）發生的踹匠大罷工是康熙年間蘇州踹匠叫歇運動中最重大的一次。四月，劉如珍等失業踹匠發動大罷工，上千人響應，聯合行動，聲勢震天，以致包頭迴避，各踹坊主束手無策。停工將近一年，規模之大前所未有，蘇州六十九家棉布商人都遭到沉重打擊，「變亂之勢，比諸昔年尤甚」。

⊙官府介入

踹匠的歷次叫歇停工都在蘇州官府的打壓下平息，帶領罷工的踹匠一般判處枷責，遣回原籍。

康熙三十九年（一七〇〇年）踹匠大罷工後，為了杜絕類似事件再次發生，確保布商利益，蘇州府發布告示，以保甲形式對踹匠嚴加管理，要求包頭盤查踹匠來歷，對踹匠的行為負責，「一家有事，九家連坐」，並將此告示刻成《蘇州府約束踹匠碑》，警示眾人。

康熙五十九年（一七二〇年），蘇州再次公布《踹匠條約》，規定踹匠的日常作息，同時命駐防軍隊協助包頭管理踹匠。

為了安定社會秩序，顯示政府公正，蘇州府並不一味打壓踹匠，有時也會應踹匠要求，仲裁商匠之間的工資爭議。早在康熙九年（一六七〇年），蘇州知府即為踹匠訂定「每匹紋銀一分一釐」的工資水準，同樣刻碑公示。康熙三十九年（一七〇〇年）踹匠大罷工後，清政府將踹匠的薪金提高到「每匹紋銀一分一釐三毫」。

⊙聯合反抗

值得注意的是，踹匠的「叫歇」抗爭並不是一時衝動，而是有充分準備的，甚至形成了一種類似「罷工準備金」的制度，以保證因罷工而無法領取工資時，踹匠的生計不至過於艱難。

在眾多踹匠的配合下，這筆長期的抗爭基金，「積少成多，已盈千萬」。正是因為這種保證解決了踹匠的後顧之憂，康熙三十九年（一七〇〇年）的這場衝突才能持續一年之久。

踹匠收集的基金還用於建造普濟院和育嬰堂。面對商人和官員組成的強大反對力量，踹匠逐漸意識到要成立組織，團結更大的力量，爭取權益。康熙五十四年（一七一五年），王德等人商議在普濟院或育嬰堂成立踹匠會館，遭到蘇州官吏極力反對，計畫胎死腹中，王德以「蠱惑眾匠」的罪名杖責，驅回原籍。此後，踹匠間的聯合不得不轉入「歃血為盟」「拜把約會」的祕密狀態。

綢布店圖

商品交換，從初始的以物易物發展到貨幣買賣、專營店鋪。圖為清代綢布店鋪。

《古今圖書集成》

●時間：西元一七〇七～一七二六年
●人物：康熙帝　陳夢雷　蔣廷錫

康熙年間陳夢雷奉旨纂修，後經雍正初年蔣廷錫校定的《古今圖書集成》，是中國現存最大的一部類書，內容涵蓋中國一萬五千多卷經史子集的典籍，是查找古文獻最重要的百科全書。

類書是指採集各種圖書的資料，按其反映事物的性質，分類編輯而成的書。類書大體上分為兩種：一種類輯各種事物的資料為一書，具有百科全書性質，另一種則專輯某一事物的資料。

清朝入關後，大力加強與漢族的融合，以維護統治。為了統一思想，統治者一方面大興文字獄，對敢於宣揚對朝廷不滿的讀書人予以堅決處置。一方面集中編輯了幾部鴻篇鉅著，利用編書的名義，把民間各種書籍統一收繳，對不利於統治的內容進行刪改。但是從另一個角度看，這種把民間流散的大量書籍加以集中整理的工作，對於文化流傳有很大的貢獻，具百科全書性質的類書《古今圖書集成》就是其中的代表。

《古今圖書集成》書影

⊙歷時兩朝功始成

《古今圖書集成》由康熙帝諭令皇三子誠親王胤祉主持編輯，實際主要編撰者則是大學者陳夢雷。陳夢雷（一六五〇～一七四一年），福建侯官人，字則震、省齋，晚年自號松鶴老人。陳夢雷早年考中進士，官至翰林院編修，後因牽連耿精忠叛亂案，發配黑龍江戍邊。康熙帝東巡時，陳夢雷於御前獻詩，陳述冤屈，遇赦回京。

《古今圖書集成》從康熙四十年（一七〇一年）開編，至四十五年（一七〇六年）初編告成，只用了六年時間。全書分曆象、方輿、明倫、博物、理學、經濟六編，下設三十二典，分六千一百零九部。每部又有彙考、總論、圖表、列傳、藝文等目。全書條理清楚，搜集廣泛宏富，迄今為止仍為許多學者所重視。初編完成後的十年時間裡，陳夢雷又對全書進行了一系列加工潤色工作，在康熙五十五年（一七一六年）正式進呈康熙帝。

雍正帝繼位後，陳夢雷第二次發配黑龍江，尚未完成的增輯工作改由大學士蔣廷錫等接手。《古今圖書集成》到雍正四年（一七二六年）正式成書，並於當年開始用銅活字排印，至雍正六年（一七二八年）完成，連同一部試印樣本共印成六十五部，每部正文一萬卷，分裝五千零二十冊。

據文獻記錄，清政府對皇親國

戚、封疆大吏大都賜《古今圖書集成》一套。乾隆年間修撰《四庫全書》時，江南獻書多的人家，也賜給《古今圖書集成》。這樣看來，在雍正四年（一七二六年）初印之後，雍乾年間還應有印刷。

到光緒年間，由英國人美查等發起，在上海用鉛活字翻印《古今圖書集成》，光緒十四年（一八八八年）成書。隨即，清廷諭令上海道籌印新本，于光緒二十年（一八九四年）石印成書，並附《考證》二十冊。

⊙「康熙百科全書」

《古今圖書集成》全書共一萬卷，目錄四十卷，分為六彙編三十二典，六千一百零九部。六彙編是：一、曆象編，下分乾象、歲功、曆法、庶征四典。二、方輿編，分坤輿、職方、山川、邊裔四典。三、明倫編，分皇極、宮闈、官常、家範、交誼、氏族、人事、閨媛等八典。四、博物編，分藝術、神異、禽蟲、草木四典。五、理學編，分經籍、學術、文學、字學四典。六、經濟編，分選舉、銓衡、食貨、禮儀、樂律、戎政、祥刑、考工八典。

典下分為部，部下分為門，附有圖表、列傳、藝文、紀事、雜錄等。每部敘事依時間順序一條一條分述，起於上古，止於康熙，而且每一處都註明了原始材料的來源和詳細的出處。

該書內容豐富，體例完善，不僅提供了大量清史資料，也彙集了歷代相關資料，便於縱橫研究，用以查考政治、經濟、歷史、文化、典章制度等方面的材料，也可用來輯佚和校勘古書，史料價值很高。

《古今圖書集成》合計約有一億六千萬字。這部鉅著自成體系，搜羅豐富，區分詳析。《永樂大典》散失後，《古今圖書集成》便成為中國現存最完整、用途最廣、規模最大的類書。其規模比《大英百科全書》（第十一版）還要大三四倍，堪稱中國古典文化的結晶，人類文化史上的鉅著，外國人稱為「康熙百科全書」。

歷史詞典

《康熙字典》

《康熙字典》是中國歷史上唯一由皇帝親自下詔編纂和作序的字典。康熙帝於四十九年（一七一〇年）命大學士、吏部尚書張玉書和陳廷敬主持編寫工作，並對編纂字典的意義、方法、要點作了詳盡的指導。經過六年艱辛工作，康熙五十五年（一七一六年），在三十位編纂者的共同努力下，終於完成了這項工程浩大的鉅著。成書後，由武英殿刊印於世，世稱「殿本」。

此書依據《字彙》《正字通》加以增訂而成。以子、丑、寅、卯等十二地支分為十二集，每集分上中下三卷。書首附有「檢字」、「辨似」，書末附有《補遺》，收有音有義的冷僻字或正集裡某些字的異體字，《備考》中收有音無義或音義全無的字等等。全書總收四萬七千零三十五字。其內容引古詩文以溯其字之源，又注各代用法以佐證其變遷。

此文字鉅典自成書以來歷久不衰，影響深遠，為中華民族文字語言的發展做出了不可磨滅的貢獻。

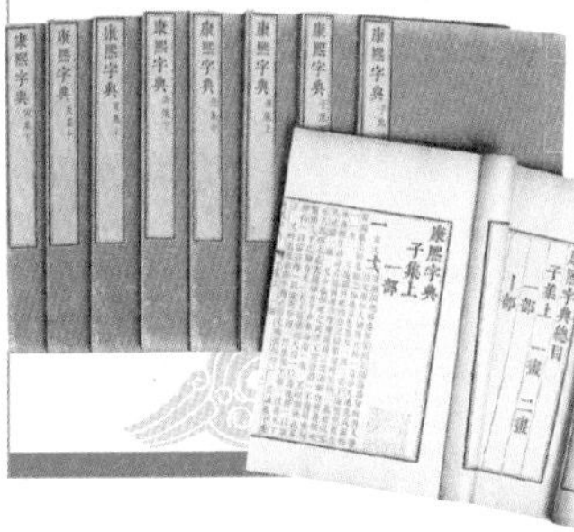

康熙帝崇理學

●時間：西元一六六二～一七七二年
●人物：康熙帝

理學是儒家文化發展到宋明時期的一種哲學思想。由於理學的思想、主張符合統治階層的利益需要，理學逐漸成為各代王朝統治的官方思想，成為科舉考試的主要內容，影響中國社會達五六百年之久。康熙一朝，在意識形態上延續了歷代王朝思想控制的方法，以理學為手段，維護封建綱常倫理。

滿族文化講求實作，崇尚武力，幾乎可以說是和漢文化背道而馳。作為少數民族統治者，為了維護國家穩定，清朝統治者在入關後迅速吸取漢文化及其歷史經驗，為己所用，尊崇理學就是其中最重要的一步。以理學主導科舉，以「三綱五常」維護清初尚不穩定的政治局面，把程朱理學推崇為治國大綱，實現武力無法達到的教化民眾的目的，使宋明理學在康熙朝進入一個復興時代。

豆青釉暗花水丞　清

高七公分，水丞斂口，鼓腹，臥足，造型線條優美。通體施豆青釉，釉色有如碧玉，外壁釉下暗刻纏枝蓮花，紋飾微凸。足內書「大明宣德年製」六字楷書仿款。此件器物小巧精緻，是一件難得的文房用具。

⊙以理學為官學

作為一國主宰，康熙帝精通漢文化，熱衷於學習儒家經典。少年康熙帝甚至因讀書過勞而咯血，但仍然手不釋卷。通過研讀經史，康熙帝深知理學可以為國家統治服務，尤其對朱熹所倡導的「三綱五常」思想十分欣賞。

康熙帝對程朱理學採取優容政策，認為只有程朱理學才「可以上承孔子之傳」，其所闡發的道理「皆明白精確，歸於大中至正」。康熙帝的這種理學萬能論，使理學的學術地位發展到極點。

康熙帝把程朱理學明確規定為官方統治思想，大量刊刻《性理大全》《朱子全書》《周易折中》《性理精義》等，並頒行天下。

此外，康熙帝大肆褒揚理學家，對理學集大成者朱熹更為尊崇。康熙帝南巡時，親自為朱子祠御書「大儒世澤」的匾額，又親撰楹聯：「誠意正心，闡鄒魯之實學；主敬窮理，紹濂洛之真傳」。此後康熙帝不斷抬高朱熹的地位，並在康熙五十一年（一七一二年）下詔諭朱子配享孔廟。

為了在全國深入推行程朱理學思想，康熙帝特別頒布《聖諭》十六條，以通俗易懂的語言向民眾提出切實可行的要求，並將其貫徹到八旗和各省、府、州、縣，甚至鄉野小村，逢每月初一和十五都要向民眾講解十六條，推行「教化」。這種做法影響極大，後世歷代清帝都以康熙帝《聖諭》十六條為祖宗家法。

宋明理學在康熙年間發展達到鼎盛，但也預示著理學已經喪失了內部自我批判、自我更新的可能，淪為一種僵死的、沒有學術生命的教條。作為統治者，康熙帝關心的是政治的需要而不是學術的發展，需要的只是理學這個有力的思想武器。

⊙以理學為治國之學

康熙帝在為政實踐過程中，形成了一套以儒學治國，尤其是以程朱理學為理論基礎的政治思想。這種治國方略為雍正帝和乾隆帝所繼承，在清前期的社會生活中有著規制性的重要作用。

理學治國，其最核心內容的就是強調忠君，強調君位獨尊。康熙帝雖然說過「君臣一體」，但更強調「天尊地卑，自然之定位也；君尊臣卑，百王之大經也」。而在社會生活方面，康熙帝則以朱熹的所謂「辨明天理，決去人欲」的觀點來統一天下臣民的思想和言行，認為只有這樣才能使天下達到「至治」的境界。

康熙帝並選用熊賜履、李光地、湯斌、張伯行、魏象樞、陸隴其等理學名家入朝為官，實踐理學思想，宣揚理學。

康熙帝的治國方略雖然有一定積極意義，有穩定社會、鞏固皇權的作用，但是長久以後，對中國社會和思想的發展產生了嚴重的負面影響。康熙帝厲行一元化思想專制統治，排斥其他學說，抑制文人士子的學術自由，造成思想禁錮和文化凋零，晚明以來逐漸萌芽的民主與科學思潮不幸夭折。

避暑山莊

康熙五十年（一七一一年），康熙帝親筆為承德避暑山莊題寫了匾額。

骨肉相殘爭皇位

●時間：西元一六七八～一七二三年
●人物：胤礽　胤禩　胤禛

康熙帝在位期間，諸皇子之間就為太子之位爭奪不休，以至於慘案不斷。四皇子胤禛韜光養晦，最終取得勝利，登基即位，之後卻對手足兄弟一一迫害，留下千古疑案，任人評說。

⊙初廢太子

康熙帝一共有三十五個兒子，除了夭折和早死的之外，有排序的共二十四位，成年且受冊封的則只有二十人。在這些皇子中，年齡較長的有十二位：大阿哥胤禔、二阿哥胤礽、三阿哥胤祉、四阿哥胤禛、五阿哥胤祺、七阿哥胤祐、八阿哥胤禩、九阿哥胤禟、十阿哥胤䄉、十二阿哥胤祹、十三阿哥胤祥、十四阿哥胤禵。

晚年康熙帝畫像

這十二個皇子主要分成三個集團：以皇太子胤礽為核心的太子黨，以皇八子為核心的八阿哥黨，和以皇四子為核心的四阿哥黨。

太子胤礽實際上是康熙帝的第六個兒子，但排行第二。因為母親生產時難產而亡，胤礽自幼便得到康熙帝的寵愛。當然，這也與其外祖父家族龐大的勢力有關。胤礽母親的父親是領侍衛內大臣噶布喇，叔父是大學士、當朝宰相、領侍衛內大臣索額圖，祖父則是康熙帝登基時四位輔政大臣之一的索尼。康熙十四年（一六七五年），剛滿兩歲的胤礽就正式冊立為皇太子。

康熙十七年（一六七八年），胤礽出痘，即現代醫學所稱的天花，在清朝初年被視為不治之症。時值吳三桂等三藩發動叛亂，國事繁忙，形勢非常嚴重，在這樣的情況下，為了能親自照顧出痘的太子，康熙帝竟然連續十二天沒有批閱奏章。太子病癒後，康熙帝又下令舉行一系列慶祝活動，場面十分隆重。

既得父皇寵愛，又有深厚的朝廷背景，胤礽身邊漸漸形成了一股政治勢力，就是太子黨。然而康熙帝執政時間很長，胤礽等待了三十多年，眼見父親身體康健，處理政務自如有加，便有些按捺不住，周圍的人也躍躍欲試，急於把太子推上皇位。

這種情況很快被康熙帝察覺，非常生氣，說：「朕未卜今日被鴆，明日遇害，晝夜戒慎不寧。」甚至將太子黨第一支柱——貪沒專權的索額圖處死，以警告太子黨勢力。但是太子不僅不記取教訓，反倒更加緊活動。

到了康熙四十七年（一七〇八年），康熙帝忍無可忍，在木蘭圍場的布爾哈蘇台行宮正式下詔，說太子胤礽「不法祖德，不遵朕訓，惟肆惡虐眾，暴戾淫亂」，宣布將其廢黜。

⊙兩廢太子

太子被廢後，皇八子胤禩署內務府總管事。以皇八子為核心的八阿哥黨不禁心中大喜，開始積極活動，想讓康熙帝立胤祀為太子。事實上，皇八子胤禩的確有著非凡的才能，而且能夠結交大臣，建立良好的關係。康熙帝一直為太子人選憂心，見胤禩如此機靈能幹，便有心選立。

有一次，康熙帝向大臣詢問意見，以大學士馬齊為首，紛紛上奏，主旨自然是希望立胤禩為太子。不料卻幫了倒忙，康熙帝本來只是稍微咨詢，卻引來如此強勢的擁立胤禩勢力，致使心有忌憚，盛怒之下甚至要殺掉胤禩，但難駁眾人情面，便下令鞭撻胤禩，然後將其鎖禁。之後，康熙帝竟然恢復胤礽的太子地位，實際上已經顯出康熙帝在立儲問題上的躊躇和慌亂。

果然，到了康熙五十一年（一七一二年），康熙帝再次廢掉皇太子胤礽。為了懲戒此起彼伏爭奪皇位的勢力，康熙帝曾把參與黨爭的尚書齊世武用釘子活活釘死，甚至還將死於獄中的步軍統領托合齊挫屍焚燒。

⊙雍親王韜光養晦

皇四子黨的核心是雍親王胤禛，也就是後來的雍正帝，成員包括胤禛的十三弟允祥、十七弟允禮，以及隆科多、年羹堯等。胤禛頗有心計，平日只是細心觀察，卻絲毫不露聲色，既不參加太子黨，也不加入八阿哥黨。他的策略是韜光養晦，低調發展，將謀取太子之位的想法深藏不

紫禁城角樓

景陵神道

景陵是康熙帝愛新覺羅．玄燁的陵寢，位於清孝陵東側。

露。

雍親王胤禛有心腹幕僚戴鐸，此人在康熙五十二年（一七一三年）為胤禛謀劃道：「處英明之父子也，不露其長，恐其見棄；過露其長，恐其見疑，此其所以為難。處眾多之手足也，此有好竽，彼有好瑟，此有所爭，彼有所勝，此其所以為難……其諸王阿哥之中，俱當以大度包容，使有才者不為忌，無才者以為靠。」主要意思就是說：作為一位英明父親的兒子是很難的，不表現自己恐怕會遭摒棄，過於表現又怕引起猜忌；身處眾多手足兄弟之中非常困難，彼此愛好不一，互相之間也有較量比試，因此要大度包容，使有才能的兄弟不猜忌自己，使沒有才能的兄弟倚靠自己。

胤禛深以為是，將建議融會到做人處事的原則當中。首先，對待父親主要以誠、孝為準則。在康熙帝為其他皇子爭奪皇位憂慮時，胤禛不但不參與其中，反而寬慰父皇，並在父親生病時親自檢視藥方，伺候吃藥療養。胤禛登基後曾回憶說：「四十餘年以來，朕養志承歡，至誠至敬。屢蒙皇考恩諭，諸昆弟中，獨謂朕誠孝。」可見這的確是不爭的事實。

其次，友愛眾多的同胞兄弟，主要原則就是不結黨，不結怨，避開兄弟爭鬥。

第三，兢兢業業，克己奉公。康熙帝交代的事情一定要辦，而且一定要辦好，絕不冒失，讓父親絕對放心。

最後一條就是，約束自我，改變暴躁的脾氣。胤禛即位後，曾對大臣

康熙帝御用對印

此對印印文分別為「七旬清健」和「戒之在得」，是康熙帝年事已高時的珍愛之物。

說過：「皇考（康熙帝）每訓朕，諸事當戒急用忍。屢降旨，朕敬書於居室之所，觀瞻自警。」

正是因為這樣的韜光養晦，穩中求進，胤禛才在實現理想的道路上越走越寬敞。

⊙胤禛即位

雍正元年（一七二三年），胤禛登基，成為中國歷史上著名的雍正皇帝。雍正帝的繼位，本來應該結束長久以來康熙朝諸皇子間的爭鬥，但事實恰恰相反，相關疑案餘波不斷，清廷中暗藏的血雨腥風並沒有登基大典的喜慶沖走，即使是片刻的安寧都沒有實現。

雍正登上皇帝寶座之後，一改往日對待兄弟和近臣的態度。

先是廢太子允礽（胤禛即位後，爲了避諱，將兄弟名字中的「胤」字改爲「允」）流放到山西祁縣鄭家莊的兵營中，最終因不堪折磨而死。三阿哥允祉本不熱心政治，但也受到牽連，雍正以「允祉與太子素親睦」為由，命「允祉守護景陵」，後又囚禁。五阿哥允祺亦削掉爵位，於雍正十年（一七三二年）去世。

八阿哥允禩削去王爵，圈禁於高牆之內，雍正更改其名為「阿其那」，「阿其那」一詞，過去多認為是「豬」的意思，也有新解釋為「不要臉」，總之允禩終於受盡折磨而死。

九阿哥允禟革去黃帶子，削宗籍，逮捕囚禁，名字也改為「塞思黑」，過去認為是「狗」的意思，後來也解釋成「不要臉」，允禟配到保定，經受一番折磨後，最終暴病身亡，也有傳說是中毒而死。

康熙帝諸多皇子當中，除了十三阿哥允祥、十六阿哥允祿和十七阿哥允禮，其他均不得善終。就連為雍正帝即位立下汗馬功勞的大將年羹堯和心腹隆科多，最終也落得個「狡兔死，走狗烹；飛鳥盡，良弓藏」的下場，均被雍正帝藉故處死。

對這一番前後態度截然不同的做法，後人大多認為是雍正帝得位不正所致。雍正帝也曾藉曾靜一案主持編纂《大義覺迷錄》一書，頒行天下，對篡奪皇位的種種傳說進行辯解。然而事與願違，這種欲蓋彌彰的做法，反而給後世留下許多猜想。

皇帝批閱的奏摺和使用的文房四寶

雍正帝改革

●時間：西元一七二三～一七三五年
●人物：雍正帝

雍正帝四十五歲時即位，在位共十三年。在短短的十三年裡，雍正帝勵志改革，整頓危局，實行了許多革新措施，其中具有代表性的主要有整頓吏治、攤丁入畝、改土歸流、設立軍機處、建立密摺制度等等。

⊙整頓吏治

康熙帝晚年吏治鬆弛，貪污腐敗成風。雍正帝繼位後大刀闊斧整頓吏治，先後頒布了十一道諭旨訓諭各級官員，主要內容有：不許虛名冒餉，侵漁貪婪；不許納賄財貨，戕人之罪；不許多方勒索，病官病民；不許恣意枉法，恃才多事等等。同時嚴厲告誡各級官員，如因循不改，必定重罪嚴懲。

雍正元年（一七二三年）二月，雍正帝下令對虧空錢糧的各地方官員即行革職追贓，不得留用，所追得財物均上繳國庫，為民所用。三月，雍正帝下令各省督撫將所有幕客姓名上報，禁止官員縱容下屬勒索地方，增加地方政府和人民負擔。同年，雍正帝設立會考府，整頓收支。這一年，革職抄家的各級官吏達數百人，其中很多是三品以上大員。

經過整頓，雍正時期吏治清明，不良習氣漸少，為官者能夠奉公守法，為百姓做事，體恤民情，為百姓減輕不少疾苦。

⊙攤丁入畝

攤丁入畝是雍正帝在位時實行的一項重大經濟改革措施。清政府沿用明朝稅收制度，分為人頭稅和土地稅。人頭稅叫丁銀，按家庭人丁數量徵收。土地稅叫田賦，按家庭擁有土地數量徵收。實質上意味著農民要交兩份稅，遇到欠收或戰亂，無地或少地的貧苦農民根本交不起稅，只好舉家逃亡，為社會造成許多不穩定因素。

雍正時期實行「攤丁入畝」制度，改為按地畝收取丁銀。各地方政府丈量土地，統計各戶土地數量並造冊，此後每年秋後收稅即按冊子上所記土地確定納稅數額，地多的人多納，地少的人少納，無地的人不納。

《農事圖》耕田和《農事圖》甘蔗

延伸知識

養廉銀制度

養廉銀制度是雍正年間關於官俸制度的一項重要改革。清承明制，地方官員薪俸微薄，遠遠不夠養家餬口之需，更不用說辦公費用，使得各級官員不得不另謀生財之道，即默認地方州縣多徵耗羨（耗，火耗。羨，剩餘。耗羨是徵收田賦時爲抵補熔銷碎銀消耗而加徵的附加稅），上級官員再通過收禮等方式層層分潤，數目遠遠大於俸祿。

雍正帝繼位以後，與地方督撫反覆磋商，最終於雍正二年（一七二四年）同意了由山西巡撫諾敏提出的「提火耗設養廉」方案，養廉銀制度隨之確立。但為防止在管理上把耗羨當成正項，沒有強行規定全國統一實施，而是「各省能行者聽其舉，不行者亦不必勉強」，同時沒有規定各省官員應各提取多少耗羨作為養廉之用。乾隆十二年（一七四七年）全國做了統一調整，成為定制。

養廉銀制度的推行，在一定程度上對清初因低俸而形成的腐敗現象有所遏制。但貪污是必然產物，無論是高薪養廉還是明太祖的「嚴法酷刑」，都無法從根本上解決問題。到了清朝中後期，貪污成風，各類貪污案層出不窮，養廉銀制度僅成揚湯止沸之舉。

這項也可以稱之為「攤丁入地」的措施，是中國財政賦稅史上的一次重大革命。它的實施最終在法律上徹底取消了人頭稅，結束了中國歷史上人丁、地畝雙重徵稅標準，而且簡化了稅收手續，在一定程度上減輕了人民的負擔，不用再為躲避稅收而四處逃亡，對社會穩定、增加國家稅收都具有積極意義。

⊙改土歸流

順治、康熙年間，雲南、貴州、四川、廣西、湖南等少數民族聚居地區仍然沿用舊制，主要通過當地世襲的土司進行統治。這種元朝時就開始實行的制度弊病很多，隨著勢力逐漸壯大，土司之間不斷發生戰爭，不僅不服從中央政府的管理，對當地民眾的統治也極其殘暴，而且還經常騷擾鄰界的漢民，擾亂其正常生活，已成割據之勢，嚴重威脅中原統治。

為了解決土司割據的弊病，雍正時期全面推行「改土歸流」制度，實行流官制，即用朝廷調遣的流官取代世襲土司進行統治。雍正四年（一七二六年），雲貴總督鄂爾泰多次上書，闡述改土歸流的必要性，奏請將原屬四川的東川土司改土歸流，雍正帝甚為讚賞，令其辦理，由此在西南開始大力推行改土歸流。雍正一朝，西南地區大量土司裁革，分別設置府、廳、州、縣，派遣流官進行管理。這些朝廷派遣的流官與世襲的土司不一樣，有一定任期，期滿之後仍回朝廷，另行分配，避免了地方首領

先農壇祭祀圖

先農壇在北京正陽門外西南，建於明嘉靖年間，是皇帝祭祀神農的地方。神農是古代傳說中最先教人耕種的人。每年春，皇帝要親率衆臣到先農壇行耕藉禮，以祈求豐年。圖為清雍正帝先農壇祭祀神農圖。

雍和宮

康熙三十三年（一六九四年），康熙帝第四子胤禛（後來的雍正皇帝）在北京城內東北隅原明代太監官房舊址築建雍親王府。雍正三年（一七二五年）改建為雍和宮，成為特務衙署「粘杆處」。雍正帝逝世（一七三五年）後，因其靈柩停放在宮內，遂將各主要建築的屋頂由綠琉璃瓦改為黃琉璃瓦。又將供奉雍正帝畫像的永佑殿改名為神御殿。此後，雍和宮成為清代皇帝供奉祖先的場所，衆喇嘛常年在此頌經，超度亡靈。乾隆九年（一七四四年），正式改建為喇嘛教寺院，並成為清政府管理喇嘛教事務的中心。

聚集勢力、割據一方的危險。

改土歸流遭到土司的武力反抗，雍正帝堅決派兵平定。過程中雖然殃及許多無辜民眾，對當地百姓帶來傷害，但從長遠利益看，有利於國家的治理，減輕了西南少數民族人民的負擔，使人民生活得到改善，同時也促進了這一地區與中原地區社會經濟、文化的聯絡。

⊙設立軍機處

軍機處的設立是雍正帝的首創。雍正年間，清政府用兵於西北，為了確保軍務的高效率和機密性，雍正七年（一七二九年）設立軍機房。雍正十年（一七三二年），軍機房改名為辦理軍機處，簡稱軍機處。至此，軍機處完全取代了議政王大臣會議，成為清廷最高決策機構，皇權統治進一步加強。

軍機處設在皇宮內廷乾清門右側的平房裡，戒備森嚴，與雍正帝寢宮養心殿毗鄰，以便隨時接受皇帝召見，及時處理軍政機密要務。

軍機處由軍機大臣和軍機章京組成，軍機大臣由皇帝在宗室、大學士、六部尚書、侍郎等滿漢親貴中指定充任，軍機章京則從內閣、翰林院及六部衙門中選任。軍機大臣和軍機章京都是兼職，人數不定，少則四五人，多則十一二人，一般情況下是六七人。

軍機處的主要職責是「承旨書諭」。每天清晨，軍機大臣和軍機章京按時到軍機處，等待皇帝召見。皇帝有時單獨召見一人，有時一次召見數人，共同商討國家大政方針。軍機處按照皇帝的旨意辦事，權力極大，奏摺可以繞過內閣、議政處，直接送達總督、巡撫手中，其他人無權拆閱。這種叫作「廷寄」的傳達方式不僅速度快，而且保密程度高。

軍機大臣也可以直接到各地瞭解地方情形，傳達皇帝旨意，並將人民疾苦直接轉達皇上，達到上傳下達的作用。

這個機構使皇帝把國家軍政大權緊緊控制在手中，進一步擴大了專制皇權的範圍。

⊙建立密摺制度

密摺制度是早在康熙年間就有的一種制度。密摺是奏摺的一種，指專受皇帝指令的官員單獨向皇帝密報，由皇帝直接批諭，再直接發給上奏人的文書。

雍正帝繼位後，進一步發展和完善了密摺制度，使用密摺的範圍進一步擴大到地方的駐防將軍、總督、提督、巡撫等軍政負責人。這些地方官吏能夠將地方情況及時寫在摺子上，由家人或親信以最快的速度送到皇帝手中，皇帝親自硃批後，再密封轉交上奏人。

在傳遞過程中，為了進一步確保機密，實行了一系列的保密制度，主要是將特製的「摺匣」發給皇帝指定的摺奏人，並配有鑰匙，皇帝和上摺奏人一人一把，只有這兩個人才能開啟摺匣。同時禁止將皇帝的硃批密諭互相傳看告知，一經發現，即按洩露軍機治罪。

雍正帝石青緞繡彩雲金龍袷朝褂

密摺制度的實行，增加了皇帝的訊息來源，強化了專制皇權力量，進一步加強了皇帝對中央及地方的監督。

⊙賤民脫籍

賤民是指不屬於士、農、工、商任一階層的人，而且這種身分世代相傳，不能改變。雍正初年，賤民主要包括山西和陝西的樂戶、徽州的伴當、麻城和寧國的世僕、浙江的惰民、廣東的疍戶等。

賤民歷來以統治者的政敵及罪犯為主，如明成祖朱棣與建文帝爭位時，明成祖攻入南京後，便將支持建文帝的人貶為賤民。

賤民不能參加科舉考試，不能做官，甚至不能與一般百姓通婚，在日常生活方面也受到嚴格限制，如以捕魚為業的廣東疍戶就只能以船為家，不得上岸居住。

雍正元年（一七二三年），雍正帝採納監察御史年熙（年羹堯之子）的主張，認為壓良為賤是明朝弊政，應該革除。先後下令廢除山西、陝西樂戶的樂籍，「改業為良民」，廢除浙江紹興惰民的丐籍。

雍正五年（一七二七年），雍正帝又將部分「年代久遠，文契無存，不受主家豢養」的伴當、世僕，准予「開豁為良」。雍正七年（一七二九年），再次下令，廣東一帶的疍戶可以「與齊民一同編立甲戶」。此外，還有江西的棚民、蘇州一帶的丐戶也都先後削去賤籍。

存在一千多年的賤民制度廢除，使這些社會下層人民正式改入民籍，廢除了法律上的歧視。

雍正十三年（一七三五年），雍正帝病逝，葬於河北易縣泰陵。

《大義覺迷錄》

●時間：西元一七二八年
●人物：曾靜　張熙　雍正帝

在歷史上，《大義覺迷錄》這本書總是和一個驚天大案聯繫在一起，這就是「曾靜誘岳鍾琪謀反案」，也稱為中國歷史上最奇特的文字獄。

⊙曾靜投書岳鍾琪

曾靜，湖南永興人，出生於沒落地主家庭。曾靜「入學文字原評為湖南第一卷」，後來屢試不第，只好在村中開館授徒。主要著作《知幾錄》和《知新錄》都表達出濃厚的民族意識。

岳鍾琪，四川成都人。岳鍾琪因在保衛西藏戰役中嶄露頭角，升任四川提督，後在平定青海羅卜藏丹津叛亂中輔助年羹堯得勝，封為三等公爵。

白玉雕山水人物筆筒　清

年羹堯貶黜處死後，岳鍾琪成為雍正初年地位重要、握有重兵的將軍之一，曾擔任川陝總督。在清朝初年，這樣的職位對漢人來說是很少見的。由於地位的提高，岳鍾琪遭到許多滿人的攻擊和陷害，朝野中出現諸如「岳鍾琪意欲效法先祖岳飛擁兵謀反」之類的流言。

清朝初年，社會上還有很多明朝的遺老遺少。康熙年間，從平三藩到施琅收臺灣，清政府與明朝殘餘勢力的交鋒從來沒有停止過。到了康熙晚年，諸皇子對繼承權的爭奪令清廷的權威形象在民間大打折扣。

雍正帝繼位後，把幾個兄弟貶的貶，因的因，其家奴、太監也被流放到雲貴等地，這夥人在流放途中，難免一抒胸中怨氣，大造皇帝的流言，更給民間帶來了不小的衝擊。

曾靜從中年起開始接受大儒呂留良的「華夷之別」和傳統、井田等主張。雍正五年（一七二七年），曾靜弟子張熙到浙江呂家與呂留良的兒子呂毅中聯絡，相約圖謀反清。

雍正六年（一七二八年）秋，曾靜又命張熙投書川陝總督岳鍾琪，策動起兵反清。岳鍾琪起初大驚失色，生怕是雍正帝起了疑心，故意考驗忠誠度。經過調查，岳鍾琪發現張熙只是沒有任何背景的窮秀才，才鬆了一口氣。岳鍾琪把張熙投入監獄，嚴刑拷問，後來又假裝同意起兵反清，終於誘使張熙坦白，指出幕後曾靜及其計畫。

⊙「奇書」的誕生

這件事原本可以到此結束，將曾靜等人依謀逆罪砍頭或凌遲，但接下來發生的事情卻令人匪夷所思。

在抄撿呂毅中家的過程中，發現呂留良的多數詩文裡大逆不道的言論。其實生於明崇禎二年（一六二九年），死於康熙二十二年（一六八三年），呂留良覺得清朝是敵國也很正常。但雍正帝由此對呂留良案有關人員進行了殘酷追究，已經去世的呂留良及長子呂葆中、弟子嚴鴻逵被開棺戮屍，呂毅中和沈在寬斬首，族中婦孺發遣寧古塔為奴，為呂留良建祠、刻書的一干人等也遭到牽連。

而首犯曾靜、張熙卻完好送往御前，逐條詢問謀反原因，並有辯解的機會。其中有些問題在現在看來十分有趣。譬如：清朝統治八十年後，造成地塌天荒，神哭鬼號嗎？像岳鍾琪一樣臣事清朝的人就是低頭屈節、效忠於匪類嗎？這些看來是針對曾靜策反岳鍾琪的信裡面所說的話，問一問也還說得通。但諸如「山西嘉祥兆瑞迭現，湖南連年水災，這些說明甚麼（曾靜是湖南人）」，這樣的問題就很可笑了。

最奇怪的是，當時朝野關於雍正帝奪取皇位、謀父、逼母、弒兄、屠弟、鎮壓功臣等流言，在皇帝的問話中也有提及。市井間的流言蜚語，如果不提，自然會慢慢平息，但雍正帝卻一字一句提了出來，而曾靜也不知道是因為怕死還是真的被皇帝所感化，痛哭流涕，逐條辯解，開始大肆為統治集團搖旗吶喊，對自己的行為追悔莫及。

⊙《大義覺迷錄》

雍正帝對曾靜的辯解非滿意，不顧大臣反對，把這些奏辯條文編為《大義覺迷錄》，並於雍正七年（一七二九年）頒行天下，命令所有讀書人學習。

從《大義覺迷錄》的卷首來看，雍正帝是要顯示自己的公正無私，告訴天下人，他沒有做不可見人的虧心事，也不怕曾、張二鬼來敲門。但他卻忘了另一句民間俗語：「越抹越黑」，當時許多從未相信皇帝真做過那些事的讀書人都開始嘲笑這種不明智的做法。而該書引用的大量反清言論，深深觸及了貴族及皇室的忌諱。

從某種程度上來說，《大義覺迷錄》引起了反宣傳作用，極有可能成為反清人士的政治思想武器。因此，在雍正帝死後不到一個月，繼位的乾隆帝就處死曾靜和張熙，並下令收回《大義覺迷錄》，不得私藏，這場奇怪的文字獄終於漸歸平靜。

歷史詞典

《明史》案

清朝統治者為了維護統治，製造文字獄，對有反清思想、異端思想的漢族士人進行了殘酷鎮壓，莊廷鑨《明史》案就是其中的一個例子。

湖州富商莊廷鑨購得明末朱國楨所著《明史》，並加上崇禎、南明史實，作為朱氏著作刊行。因為書中保存了滿洲的歷史發展的史料，還有一些指斥滿族暴政的文字，且不奉大清正朔，使用南明年號，於康熙二年（一六六三年）遭人告發。當時莊廷鑨已死，被開棺戮屍，親屬全部處死，為書作序的地方官、學者，乃至刻書、售書等受牽連處死的有七十多人，婦女均流放。莊廷鑨《明史》案是清代最早的一次文字獄。

乾隆大帝

●時間：西元一七三六～一七九五年
●人物：乾隆帝

康熙帝平三藩，收臺灣，剿滅噶爾丹，開創了清朝前期的安定局面。雍正帝在位雖然只有十三年，但是勵精圖治，使得國庫充盈。乾隆帝即位後，有著祖父和父親兩代奠定的基業，將清代繁榮、強盛的局面發展到極致。

愛新覺羅．弘曆（一七一一～一七九九年）於雍正十三年（一七三五年）九月即位，年號乾隆，時年二十五歲。乾隆帝在位六十年，在祖父康熙、父親雍正兩朝基礎上奮發有為，勤於政事。政治上，繼續平定國內叛亂，抗擊外來侵略，捍衛國家主權和領土完整，加強民族團結並大力整頓吏治。經濟上，減免賦稅，興修水利，屯田墾荒。文化上，提倡漢學，編纂大量圖書。

⊙農業的發展

中華民族經過秦漢以來兩千多年發展，至康乾盛世，經濟取得了有史以來的最高成就，農業、手工業、貿易、城市發展等也都有非凡的成績。

從農業來看，不論是耕地面積、糧食產量，還是當時的人口數量，清代都遠遠超過以往歷史時期。據統計，康熙二十四年（一六八五年），全國共有耕地六億畝，到乾隆帝去世（嘉慶四年，一七九九年）時，全國耕地約為十億五千萬畝，全國糧食產量迅速增至兩千零四十億斤。

當時隨英國馬戛爾尼（George Macartney）使團來到中國的巴羅估計，中國的糧食收穫率高出英國，其中麥子的收穫率為十五比一（也就是種下一斤麥子可以收穫十五斤），而當時在歐洲糧食收穫率居首位的英國，其麥子收穫率也僅僅為十比一。

到了乾隆五十九年（一七九四年），中國人口約為三億一千三百萬人，當時世界總人口為九億，中國人口占了全世界總人口的三分之一。

⊙發達的工商業

乾隆時期，隨著生產規模擴大，手工作坊逐漸增多，國內手工業也有了相當程度的提高。全國出現了許多手工業中心，如廣東的冶煉業、京西的採煤業、江南的紡織業、雲南的銅礦業等。

同時，商品市場也有了一定成

五彩仕女紋盤 清

延伸知識

木蘭圍場

木蘭圍場是清代皇帝的狩獵之所，位於今河北省圍場滿族蒙古族自治縣。「木蘭」為滿語音譯，意為「哨鹿」。圍場於康熙二十年（一六八一年）開闢，此地原為蒙古喀喇沁、翁牛特等部的牧地。

木蘭圍場周長一千三百餘里，東界昭烏達盟，北鄰克什克騰旗，西連多倫諾爾（今內蒙多倫），南接波羅河屯（今河北隆化），北部為蒙古高原，中多丘陵，伊遜河流經其間。圍場內水草茂盛，林木參天，野獸特別多。圍場建有行宮，沿圍場邊設卡倫（哨所），禁止民人入內。

康熙四十五年（一七〇六年）設圍場總管，乾隆十八年（一七五三年）將總管由四品升至三品，並增設駐防官兵八百名。

圍場建立之後，康熙、乾隆、嘉慶三朝皇帝每到秋天常來此圍獵，謂之「木蘭秋獮」。除了隨從的王公大臣、滿漢兵丁外，內蒙古四十九旗、喀爾喀蒙古四部以及新疆天山南北兩路的蒙古諸部和回族首領，均需輪班隨圍陪獵，謂之圍班。

皇帝行圍既可以訓練士卒，又能夠聯絡蒙古等各部，一舉兩得。每次行圍結束後，清代皇帝都要大宴隨圍各部王公，並進行摔跤、賽馬等活動，視為盛典。

長，糧食、布匹、棉花、絲、綢緞、茶、鹽成為主要商品，其全國流通值為三億五千萬兩白銀。如果再加上煙、酒、糖、油、煤、鐵、瓷器、木材等商品，則流通值不少於四億五千萬兩。以當時人口三億計，人均商品流通值為白銀一點五兩。

商業的增長不僅僅表現在國內貿易上，乾隆時期，國際貿易也有很大發展。當時中國的主要出口商品是茶葉、蠶絲、土布、陶瓷等。十八世紀末，英國東印度公司平均每年從中國購買大約價值四百萬兩白銀的茶葉，而英國商人運到中國銷售的全部商品的總值，仍不足以抵消茶葉一項，中國在對外貿易中處於極大順差地位。到了乾隆末年，中國海關每年的關稅盈餘就達八十五萬兩白銀。

清 龍袍

⊙十全武功

乾隆帝不僅治國有方，而且在平定叛亂、鞏固邊防方面也取得了重大成就。乾隆帝曾誇耀自己「十全武功」，自號「十全老人」。所謂「十全武功」，是指乾隆帝在位時進行的十次戰爭：兩次剿平準噶爾叛亂，一次平定回部叛亂，兩次剿滅大小金川叛亂，一次平定臺灣叛亂，征討緬甸、安南（今天的越南）各一次，以及兩次派大軍擊敗進攻西藏的廓爾喀侵略軍。

在十次戰役中，對國內邊境少數民族的平叛戰爭均取得了勝利，對外戰爭也都以外國求和結束。特別應該提到的是反擊廓爾喀入侵。

乾隆五十五年（一七九〇

哨鹿圖（局部）
此圖繪於乾隆六年（一七四一年）秋季，是乾隆皇帝即位後首次赴圍場哨鹿打獵的情景。馬列前列第三騎白馬者即為乾隆皇帝，其餘諸人為隨行的王公官員。

年），統一尼泊爾的廓爾喀族侵略軍入侵西藏日喀則，占領扎什倫布寺，大肆掠搶。西藏達賴、班禪向清王朝報急，乾隆帝急派大軍入藏，收復失地。為了加強管理，乾隆帝對西藏的政治、經濟、軍事等方面進行了重大改革。

乾隆五十七年（一七九二年），乾隆帝頒發《欽定西藏善後章程》，加強駐藏大臣的權力，確定「金瓶掣籤」制度，明確轉世活佛的靈童繼位要由中央政府批准，這些措施使西藏地區和中央政府的關係更為密切。

⊙文化盛世

乾隆帝是一位文化型皇帝，有清一代，乾隆朝在文治方面達到鼎盛。其中最突出的就是歷時十餘年修撰的，中國歷史上規模最大的一部叢書——《四庫全書》。據對文津閣本的統計，《四庫全書》共收書三千四百六十一種，另有存目六千七百九十三種。

《四庫全書》採取圖書分類的經、史、子、集四分法：經部收儒家經典及註疏、研究著述，史部收《史記》以來歷代正史、別史及史學著述，子部收秦漢諸子著述以及歷代子書、研究著述，集部收楚辭、歷代文章總集、歷代重要學者和作家文集。《四庫全書》基本涵括了中國古代傳統文化的優秀著作，學者視為瞭解、研究傳統學術文化的津梁與寶庫。

另外，乾隆帝下令將漢蒙雙語的《大藏經》譯成滿文，並用朱文刻印。整理《無圈點老檔》（又稱《滿文老檔》《舊滿洲檔》），敕編《八旗通志》《滿洲源流考》等。乾隆帝非常重視京師文化，編繪《京城全圖》，編修了有關北京歷史的《日下舊聞考》，以及載述宮廷歷史、建築、文化、典制等內容的《國朝宮史》。

在乾隆帝統治期間，中國是一個疆域遼闊、國力強盛、經濟發展、文化繁榮的國家，「康乾盛世」推向頂峰。在位六十年後，乾隆帝主動讓位給兒子嘉慶帝，自稱太上皇，但仍舊主持朝政，直到嘉慶四年（一七九九年）去世，卒年八十九歲。乾隆帝實際掌權統治中國達六十三年，不僅是歷代帝王裡年紀最大，也是執政時間最長的。

鄭板橋當縣官

●時間：西元一六九三～一七六五年
●人物：鄭板橋

鄭板橋年幼喪母，中年中舉，五十歲始作七品縣官，為官十二年，廉潔愛民，後因得罪大吏罷官，回揚州賣畫為生，終老於興化。

「揚州八怪」之一的鄭板橋生於康熙三十二年（一六九三年），當時小雪紛紛，其父十分高興，根據《尚書·洪範》篇的「燮友克柔」，取名為燮，字克柔。因為鄭家附近有一座木板橋，鄭燮就自號「板橋」。

⊙坎坷的歷程

鄭家原有田產近三百畝，但鄭板橋出生後，家業慢慢衰落，僅靠祖產和少量地租維持生計。

鄭板橋的生母在他出生不久就去世了，便由乳母費氏一手養大。費氏本是鄭板橋祖母的侍女，鄭板橋小時候，費氏常常買餅塞在他手裡，哄他玩耍，然後再做家務。板橋後有〈乳母詩〉云：「食祿千萬鐘，不如餅在手。」板橋和費氏感情極深，當家裡無錢再付工資，費氏不得不離開鄭家時，板橋十分不捨，痛哭不已。

後來父親續絃，繼母郝氏對板橋也視為己出，盡心照顧。板橋有首名為〈七歌〉的詩回憶繼母：「無端涕泗橫闌干，思我後母心悲酸。十年操家足辛苦，使我不足憂飢寒。」

鄭板橋的父親品學兼優，在家開私塾，外祖父也博學多才。板橋自幼跟隨父親、外祖父學習，三歲開始識字，五歲讀詩背誦，六歲以後即讀四書五經。父親要求嚴格，如果背得不熟，就會掌手。九歲時，鄭板橋就可以對對子。

到了二十歲，鄭板橋拜陸仲國為師。陸先生才華橫溢，尤善填詞，書法繪畫也頗有個人風格。鄭板橋本就根基不錯，再經名師指點，幾年下來受益匪淺，很快便成為當地有名的秀才。

河南內鄉清代縣衙內景

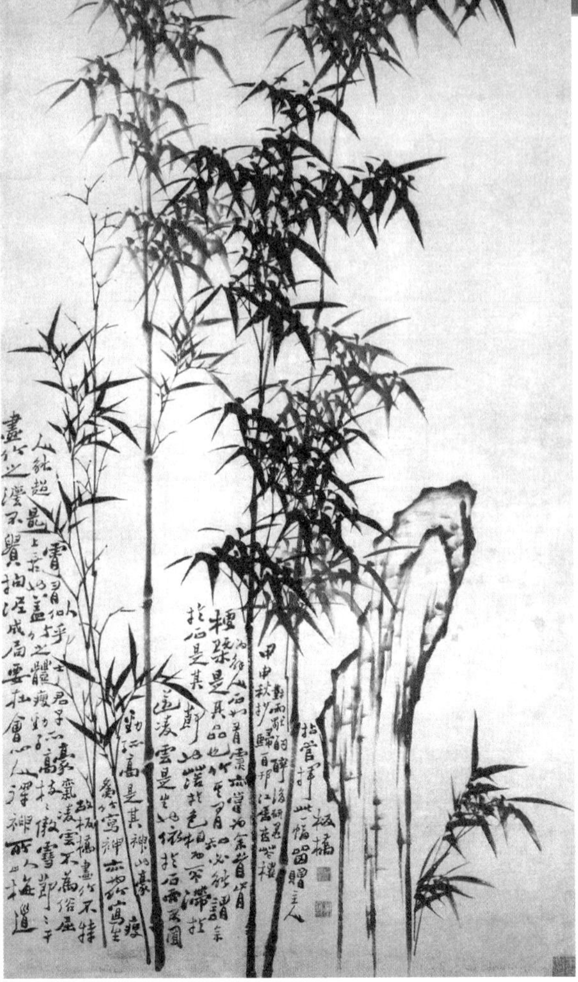

墨竹圖　清　鄭燮

鄭板橋很早就奉父命娶妻。成家後，為養家餬口，鄭板橋無法繼續學業。先是賣畫，畫竹子、蘭花，「日賣百錢，以代耕稼，實救貧困，託名風雅」。

後來畫賣無法繼續，鄭板橋就繼承父業，辦起私塾，或者到對方家中教書。時逢災荒，鄉村本來就少有小孩上學，鄭板橋名聲又不大，私塾慢慢也辦不下去了。他便自嘲道：「幾年落拓向江海，謀事十事九事殆。」

父親去世後，家中更是每況愈下，經常無米下鍋，債主盈門。鄭板橋的兒子只好輟學在家自修。命運並沒有憐惜懷才不遇的鄭板橋，不久妻兒接連過世，鄭板橋自認為無家可歸，陷入窮途末路的境地，後經人資助，才得以維持生活。

⊙七品縣官

鄭板橋多次應試都名落孫山，直到四十歲時才中了舉人。乾隆元年（一七三六年），鄭板橋得中進士。六年之後，選為七品縣官，到山東范縣任職。

范縣是黃河邊的小縣，鄭板橋上任時騎著毛驢，只帶著一個書僮，書籍和簡單行李。相傳上任後做的第一件事，就是在衙門的牆上打了幾百個大洞，衙役都很不解。百姓也過來看熱鬧，好奇這個新來的縣官大人怎麼剛來就拆起房子了？鄭板橋解釋說，「出前官惡習俗氣耳」，給縣衙換換空氣，讓百姓的氣息進來。

當時官員都講究排場，出行鳴鑼開道是官場必行的官儀。鄭板橋卻反其道行之，夜間出巡不用鳴鑼，不用「迴避」「肅靜」的牌子，只讓一衙役打著寫有「板橋」二字的燈籠為先導。他不喜歡在縣衙內辦公，常常跑到田間地頭和老農談農事，體察民情，許多官紳士人都看不慣，連好友也認為舉動實在和職位不相宜。

鄭板橋在范縣做了五年的父母官，廉潔愛民，關心百姓疾苦，深得范縣百姓敬重。五十四歲時，鄭板橋調往濰縣（今山東濰坊）當縣令。

鄭板橋上任之初，適逢濰縣災害連年，百姓窮困，不得不賣兒鬻女。

鄭板橋立即打開糧倉救濟災民，下屬私下提醒，按照制度必須得到上級的批准才能開倉放糧。鄭板橋勃然大怒說：「百姓飢餓難耐，等到公文下來，早就死人無數了。有責任我一人承擔！」

同時，鄭板橋下令縣中大戶人家開設粥廠救濟百姓，縣衙也出資僱傭百姓修建公共建築，以工代賑。他又走訪縣內商家，勸說存糧平價賣出。

在鄭板橋的一系列救災措施下，濰縣百姓得以度過危機。「衙齋臥聽蕭蕭竹，疑是民間疾苦聲；些小吾曹州縣吏，一枝一葉總關情」。當時吏治黑暗，有如此縣官實為濰縣百姓一大幸事。

災情暫時應付過了，但很多災民還是食不果腹。鄭板橋提議修建濰縣城內的文昌祠、狀元橋，既可以繼續為百姓提供收入來源，也可以加強濰縣的基礎設施建設，產生教化百姓的作用。他帶頭捐錢三百六十文，在父母官的帶動下，縣內士紳不得已也只好解囊相助。

鄭板橋當官十二載，兩袖清風，但終因性情孤直，未能深諳做官之道，在六十一歲時，「以請賑忤大吏」，撤職罷官。離任時，鄭板橋所有行李不過毛驢三頭，一頭自己乘坐，一頭馱著書籍，一頭是僕人乘的。濰縣百姓夾道挽留，鄭板橋自此遠離官場。

⊙賣畫終老

罷官之後的鄭板橋來到揚州這個人文之地，以賣畫為生度過晚年。鄭板橋名聲在外，求畫者絡繹不絕，他本來就是「八怪之一」，賣畫時更是奇怪，只將畫明碼標價，不許砍價，得錢就攜友遠遊四方，生活倒也逍遙自在。

乾隆三十年（一七六五年），鄭板橋去世，葬於江蘇興化。

歷史詞典

揚州八怪

「揚州八怪」是清代中葉揚州畫家中的八名佼佼者，分別是鄭燮、金農、高翔、黃慎、李方膺、羅聘、汪士慎、李鱓八人，雖不全是揚州人，但都長期生活在揚州，人生遭際有很多相同之處，有幾位曾當過小官。他們都有不滿現實，反對政治現實和禮教束縛的要求，雖然落魄卻極重風骨，因此藉書畫宣洩心中不滿。他們作畫不泥於古，不流於俗，勇於創新，追求自我，從而形成了一個獨特的書畫藝術流派，為當時的畫壇帶來一股清新之風，因此稱為「揚州八怪」。

「揚州八怪」最擅長花鳥，其次人物，書法也各臻其妙。八人中又以鄭燮為代表。鄭燮為清代著名詩人、書法家、畫家，世稱「三絕」，善畫墨竹，意境清遠，其「難得糊塗」的書法也為人所熟知。此外金農、李方膺、汪士慎、李鱓擅長松竹梅蘭，高翔擅山水，黃慎喜畫乞丐、和尚，羅聘擅畫鬼怪，皆獨成一家。

竹刻留青山水紋筆筒　清

吳敬梓和《儒林外史》

●時間：西元一七〇一～一七五四年
●人物：吳敬梓

繼明代《金瓶梅》之後，《儒林外史》堪稱又一部由文人獨立創作的廣泛描寫世態人情的最成功的作品。如果說《金瓶梅》把醜惡的世相如實暴露在讀者的面前，那麼《儒林外史》則是在如實揭露世態的同時，又給予深刻的諷刺和批判。

⊙固窮拒仕

吳敬梓（一七〇一～一七五四年），字敏軒，安徽全椒人，移居南京後自號秦淮寓客，晚年又署文木老人。吳敬梓出身書宦世家，「五十年間，家門鼎盛」，但到父親一代，家道開始衰落。

吳敬梓生性聰穎，好學不倦，「讀書才過目，輒能背誦」，二十三歲時考中秀才，父親於這年病故，從此生活發生了根本的變化。吳氏族人倚仗人多勢眾，提出分家，在爭奪遺產時，孤立無援的吳敬梓備受欺辱，留給他的資財寥寥無幾。不久，不甘族人欺凌的妻子也抱恨而死。

此後不到十年，從小「不習治生」的吳敬梓把家產全部用盡。同時，科舉路上也很不得意。雍正七年（一七二九年），吳敬梓參加滁州鄉試預考，主考官稱他「文章大好人大怪」，險被黜落，後雖得以破格錄取，但在接著的鄉試中卻名落孫山。

父親去世，家道艱難，科場失利，一連串的打擊迫使吳敬梓於三十三歲時離開家鄉，移居南京，開始了落魄的後半生。吳敬梓在南京賣文為生，窮困潦倒，常常處於無米下炊的困境。有時冬夜嚴寒，家裡沒有柴火禦寒，吳敬梓只好帶著家人繞著城牆散步，靠運動取暖。

即使這樣，吳敬梓卻不屑於投身污濁的官場。乾隆元年（一七三六年），朝廷第二次開博學鴻詞科，安徽巡撫趙國麟力薦吳敬梓赴京應試，但他卻稱病不去。

家世變遷，自身的經歷使吳敬梓深刻感受世態炎涼，更加看清了社會的腐敗和士大夫階層的真相。在交遊中結識的程廷祚、樊聖謨等具有前進思想的朋友也對他產生了很大影響，使他看到種種社會弊端，特別是科舉制度的危害。所有的一切，構成了創作《儒林外史》的生活基礎。

竹雕漁家樂擺件 清

百子嬰戲刺繡壁掛　清

⊙《儒林外史》

《儒林外史》是一面傳統社會的照妖鏡，通過對文人、官僚豪紳、市井無賴等各類人物無恥行為真實生動的描寫，深刻揭露了行將崩潰的帝王社會的腐朽性，強烈抨擊了罪惡的科舉制度，並涉及了政治制度、倫理道德、社會風氣等等，客觀上否定了整個制度。否定、鞭撻科舉制度，譴責官僚集團，揭露不當禮教，同情人民，這些內容使《儒林外史》成為一部具有進步的民主思想的名著。

《儒林外史》描寫了被科舉制度害得精神失常、心理變態的范進。本是貧寒青年，但在黑暗社會的薰染下逐漸腐蝕變質，拋棄糟糠之妻，成為忘恩負義的卑鄙小人的匡超人。掠奪他人土地，霸占寡婦財產，專靠欺詐哄騙飽食終日的嚴貢生等人物形象，是中國諷刺文學中最早出現、最具影響的藝術典型。

《儒林外史》描寫了以鄙視功名的王冕、真誠善良的伶人鮑文卿、淳樸的農村小生產者卜老爹和牛老爹等為代表的下層人民，頌讚他們正義、樸實的高貴品質和非凡的才能，表現了作者對他們深切的同情和熱愛。

《儒林外史》是中國諷刺文學中的精品，作者擅長運用典型情節深刻揭露社會問題，語言準確、精煉、形象，極具諷刺效果。全書由多個單元組成，每個單元既有聯繫，又可單獨存在，這種特殊的長篇結構，對後人頗有影響。

賒酒食粥著《紅樓》

●時間：西元一七一五～一七六三年
●人物：曹雪芹

曹雪芹家族曾煊赫一時，但敗亡也只是在一瞬之間。家道敗落之後，曹雪芹賒酒食粥困頓度日，也正是在如此磨礪之下，最終完成了宏篇鉅著《紅樓夢》，為世人留下了一部不朽的文學經典。

⊙曹家敗落

曹雪芹（約一七一五～一七六三年）名霑，字夢阮，號雪芹、芹圃、芹溪。祖籍遼陽，先世原是漢人，後來成為滿洲正白旗「包衣」。

「包衣」為滿語，漢語譯為家奴、奴隸、奴僕或奴才。包衣的主要來源是戰爭俘虜、罪犯、貧戶以及包衣的子女等。清朝統治全國後，部分包衣因戰功也獲得顯貴地位，但對其最初的主子仍然保有奴才身分。

畫琺琅提樑壺　清

曹雪芹的祖輩在努爾哈赤時代被滿族俘虜，成為當時正白旗的包衣，後來順治帝把正白旗納入掌控，連同原有的正黃旗、鑲黃旗並稱為上三旗，曹家也就成了皇帝的家奴。

康熙年間，從曹雪芹的曾祖父曹璽開始，曹家三代四人世襲江寧織造六十年，成為煊赫一時的貴族世家。康熙二十三年（一六八四年），曹璽去世後，子曹寅繼任江寧織造，後曾兼任兩淮巡鹽御史，深為康熙帝寵信。曹家經過如此經營，漸漸發展為東南巨宦。

康熙帝死後，曹家失去靠山，加上生活奢侈，除了自家日用，還要應酬送禮，尤其是接待康熙帝四次南巡時，使曹家經濟上出現的巨大虧空。

雍正帝即位後，清宮內部爭鬥激烈，曹家因騷擾驛站案、織造虧空案接連受到株連，獲罪革職，家產被抄，家道日漸衰微。

曹雪芹一生恰值家族盛極而衰的時期，雍正七年（一七二九年），在曹家抄家後的「刑部移會」中曾有記載說：「京城崇文門外蒜市口地方房十七間半，家僕三對，給與曹寅之妻孀婦度命。」可見曹家已經徹底敗落。

曹雪芹晚年移居北京西郊，生活更加貧困。在曹雪芹去世的前一年，其幼子不幸感染天花，家裡竟然請不起醫生，孩子最終因病去世，使他在精神上受到沉重打擊。此後，曹雪芹常常以酒澆愁，身體漸衰，最終一病不起，抑鬱故去。

⊙西山著書

傳說曹雪芹寫《紅樓夢》時，每

天都帶上裝著文具紙張的包袱，外出雲遊，興致所往，隨意寫作，並不刻意追求，有時寫得興起，直到天黑才想起回家。

然而，傳說總是充滿了浪漫主義色彩。其實，曹雪芹當時的生活十分窘迫。曹家自抄家後，日子相當艱辛，曹雪芹從城裡遷到郊外居住後，房屋窄小，終日人聲嘈雜，難得片刻安寧，實在不宜寫書，於是百般無奈之下外出寫作，等到夜黑人稀時才回家。

後來曹雪芹搬到西山腳下，在離家不到一里的地方有一家茶館，名喚「退翁亭」，說是茶館，實際上茶酒皆賣。曹雪芹很快成為退翁亭的座上客，說他「舉家食粥酒常賒」之語，大概就出自這個地方。曹雪芹好友敦敏曾寫過一副對聯，說「酒腸寬似海，詩膽大如天」。

就是在這樣困窘潦倒的生活中，曹雪芹著就了《紅樓夢》這一不朽的曠世奇作。

⊙古今第一奇書

《紅樓夢》以賈寶玉和林黛玉的愛情悲劇及賈寶玉與薛寶釵的婚姻悲劇為經線，縱向剖析了造成悲劇的深刻社會根源。同時以賈府的興衰為緯線，橫向展示了由眾多人物構成的廣闊社會生活環境，由此揭露了傳統社會後期的種種罪惡及其不可克服的內在問題，使讀者看到帝王社會行將崩潰的必然命運。

《紅樓夢》的藝術成就是輝煌的。首先，曹雪芹以精雕細琢的功夫，塑造了賈寶玉、林黛玉、薛寶釵、王熙鳳等大批栩栩如生的典型人物。其次，小說以賈、林、薛的愛情婚姻糾葛為主線，把眾多的人物、事件組織起來，情節縱橫交錯，形成了一個嚴密完整的網狀結構，既宏大又清晰，有條不紊將錯綜複雜的內容表現出來。

《紅樓夢》在繼承民族文化傳統的基礎上進行了巨大創造和發展，成為中國古典小說現實主義的高峰，為後代作家提供了豐富的藝術經驗，對《紅樓夢》的研究更發展成一種專門的學問——「紅學」。

金陵十二釵仕女圖　林黛玉　清　費丹旭

土爾扈特回歸

●時間：西元一七七一年
●人物：渥巴錫

土爾扈特部受到俄國高壓統治，部落首領渥巴錫決定率領土爾扈特部回歸中國。一路上擊退了俄國的追兵，戰勝了嚴寒，終於回到了中國的懷抱。

土爾扈特部是中國蒙古族的一個古老部落，以游牧為生。明朝末年，由於所居之處水草減少，土爾扈特部開始向西遠徙尋找新草場，越過哈薩克草原，渡過烏拉爾河，來到伏爾加河畔。那時伏爾加河尚未在沙俄領土之內，勤勞的土爾扈特人在這片土地上建立了政權——土爾扈特汗國。

蒙古盟長印

這方乾隆四十年（一七七五年）款「烏納恩殊朱克圖舊土爾扈特東部盟長之印」，是清代在蒙古地區以法律形式因俗而治的一個歷史見證。

⊙高壓與反抗

隨著沙俄勢力的擴張，土爾扈特部被迫臣服。沙俄採取高壓政策，干涉土爾扈特部的信仰自由，強迫放棄藏傳佛教，改信東正教。當時，沙俄與土耳其連年征戰，主要徵兵對象就是土爾扈特部青年，最多的一年招兵達八萬，而且人員傷亡極大。沙俄並允許哥薩克任意向東發展，侵占土爾扈特部領地。更為嚴重的是，沙俄居然無理要求土爾扈特部交出三百個貴族子弟，到彼得堡作為人質。

當時，以渥巴錫為首的土爾扈特部首領審時度勢，意識到部落必將消亡，祕密商議對策，決定東返祖國。

乾隆三十五年（一七七〇年）十月十一日，渥巴錫召集土爾扈特部各部首領祕會，決定動員部眾東歸。已經在伏爾加河畔生活了近百年，熟悉這裡的各部落民眾並不贊成，大家顧慮重重。

十一月十九日，渥巴錫集結全體人民，直接宣布東歸的決議：「俄國女皇下令把我們各部落首領的兒子送往彼得堡，又要從土爾扈特部徵兵一萬，我們還能忍受嗎？我們只有回歸祖國，才能『生活在古老的國教、國語的中國同胞那裡，和決定來世今生幸福的崇拜之地，盛滿宗教佛法神水的汪洋大海的中國，以及賜大福於萬民的活佛身邊』。讓我們回到太陽升起的祖國吧！」

全體人民跟著渥巴錫一起高呼：「我們的子孫永遠不做奴隸，讓我們回到太陽升起的祖國去吧！」

十一月二十日，土爾扈特部武裝

發動。渥巴錫首先派精銳部隊突襲沙俄駐地，然後分兵襲擊各處反抗部落和村鎮。他拿起火把，親手點燃了自己的宮殿，以示破釜沉舟，決不回頭。伏爾加河下游白雪皚皚，成千上萬的土爾扈特人趕著牛羊，捨棄鍋竈、糧食等所有不能帶走的物品，老幼婦孺相攜，士兵在外圍保護，離開了這個曾經視為天堂的地方，為了子孫的自由踏上了東歸之路。

⊙漫漫東歸路

沙俄迅速採取行動追擊和堵截，土爾扈特部東返途中險情不斷，時刻都可能受到來自俄軍的襲擊。當踏上哈薩克草原時，哈薩克騎兵突然出現，外圍的士兵還沒有來得及集中應戰，肉搏戰就開始了。鮮血染紅夕陽，九千多軍民壯烈犧牲，把生命永遠留在了哈薩克草原上。

此後，土爾扈特部進入東歸必經險隘——奧琴大峽谷。哈薩克騎兵已經搶先占據了山口，前有堵截，後有追兵，渥巴錫決定正面迎戰，親率五隊駱駝兵進攻敵人，另派一隊人馬從山後包抄，一舉全殲哈薩克騎兵，順利穿過峽谷，繼續東進。

當時除了追兵，還有許多難以預計的苦難，阻擋著他們的去路。常常清晨醒來，就已經有幾百人被嚴寒奪去生命。部分人開始情緒不穩，不想再前進。渥巴錫及時召集各部落首領，激動說：「如果回去，我們每退一步就會碰到親人和同伴的屍骨。俄國是奴隸的國家，而中國是我佛萬民的理想之邦，讓我們前進吧，向著東方，向著東方。」眾人一起宣誓：「同仇敵愾，繼續東進，回歸祖國，決不回頭。」

乾隆三十六年（一七七一年）五月二十六日，土爾扈特部終於踏上中國的土地，在伊犁和前來迎接的清軍相遇。東歸總共歷時六個月，行程一萬多里，土爾扈特部僅剩六萬多人，十萬人在途中喪生。乾隆皇帝在承德為渥巴錫及部族舉行盛大的歡迎儀式，賜予水草豐美之地作為牧場。東歸英雄的史詩將永載史冊。

土爾扈特部游牧圖

乾隆帝六下江南

●時間：西元一七五一～一七八四年
●人物：乾隆帝

乾隆帝在位六十年，先後六次下江南，政治上主要是為了籠絡人心，視察水利，但也不可否認其遊山玩水含有炫耀國勢的動機，至於沿途的奢華浪費，更是令人瞠目結舌。

「六度南巡止，他年夢寐遊。」乾隆帝第六次下江南後寫下的詩句，表達了他的無限眷戀之情，但六次巡遊耗資無數，給百姓帶來沉重負擔，也不斷受到後人指責。

⊙籠絡人心

乾隆帝第一次南巡是在乾隆十六年（一七五一年），第六次南巡是在乾隆四十九年（一七八四年），前後相距三十三年。

乾隆帝下江南最主要的目的是籠絡人心。每到一處，均下令根據當地實際情況減免賦稅，減輕人民負擔。對前來接駕的官員，乾隆帝一一接待，向他們瞭解當地情況。對老臣更是噓寒問暖，賞賜裘衣、貂皮等珍貴物品，以表揚對國家的貢獻。官員也都感激不盡，一再向乾隆帝表示為國盡忠之心。

乾隆帝瞭解江南一帶素來人傑地靈，讀書應試、考取功名的人非常多，於是下令增加江蘇、安徽、浙江三省生員名額，以便當地有更多的人考取功名。又開放《四庫全書》江南三閣，允許各地學子前來閱讀抄錄。這些舉措受到江南地區文人歡迎，推動了文化事業的發展。

⊙視察水利

乾隆帝六次下江南，除了政治目的外，主要是為了視察水利。曾說：「南巡之事，莫大於河工。」六次南巡中，乾隆帝四次巡視浙江海塘工程，五次視察黃河治理工程，為當地百姓解決了實際困難。

第一次南巡時，乾隆帝來到洪澤湖視察水利工程，聽到當地官員反映，高家堰與蔣家壩之間的黃河大堤只有三座大壩，排泄不暢，每到夏秋之交，雨量增加，大壩排水不暢，洪澤湖水位就會上漲，很容易發生水患。

視察結束後，乾隆帝多次與宮中水利專家商討，最後決定增加水壩，以緩解壓力。增加的兩座水壩與前三座一起，分別命名為「仁」「義」「禮」「智」「信」，以示皇恩浩蕩。此後再遇洪水，五座水壩可以同時排水，大大減少了洪水氾濫的可能性。

乾隆四十九年（一七八四年），乾隆帝最後一次南巡時，下令繼續修建浙江海寧州的范公塘石壩，有力保護了江南水鄉的農業發展。

南巡之中，乾隆帝並多次視察徐州附近的黃河大堤，先後在該段修築起全長約七十多里的防洪石堤大壩，解決了當地的水患問題。

視察水利是乾隆帝南巡中最成功的舉措之一，為百姓帶來益處的同時，也奠定了江南水鄉繁榮昌盛的堅實基礎。

⊙遊山玩水

乾隆帝南巡當然還有一個重要的目的，就是遊山玩水、飽覽山川美景，其出行奢華程度驚人，儘管沿路各地政府均為其準備好一切，但每次仍然要花費大量錢財。乾隆帝每次都率幾千人馬，浩浩蕩蕩從京師出發，到杭州後再返回。

因為當時交通不便，乾隆帝大部分行程都是坐船。乾隆皇帝所乘的龍船豪華無比，共有五艘，稱為安福艫、翔鳳艇等，製作工藝極其精美，後面隨行船隻大大小小足有一千多艘，首尾相連，旌旗飄揚，猶如水中長龍。陸路行進時，乾隆帝則坐在十六人抬的大轎上，大隊人馬追隨其後，蜿蜒幾里。整個水陸行程共計約六千里左右，每次歷時達三四個月之久。

乾隆帝前四次南巡，都帶著皇太后、皇后、嬪妃等人。這些人更是奢華無度，愛講排場，每到一地還要索取各種珍奇物品，耗資之大，難以計數。

沿途各地方官員更是極盡奉承之能事，竭力搜羅奇珍異寶進貢皇帝，以表「忠心」。又專門建造行宮、花園，供皇帝享用。僅從北京到杭州一段，沿途共建造行宮三十座，皆是金碧輝煌，雕樑畫棟，天上樓閣一般。其他吃的用的，更不用細說。儘管乾隆帝三令五申，嚴禁鋪張浪費，但官員為了博得歡心，依舊是絞盡腦汁，想盡辦法投其所好。

乾隆帝六次下江南，具有一定的積極意義，但其大肆鋪張奢華，造成國庫枯竭，地方財政緊缺，為百姓帶來深重災難，使國勢日益走向衰敗，這也是當政期間受人非議最多的一件事。

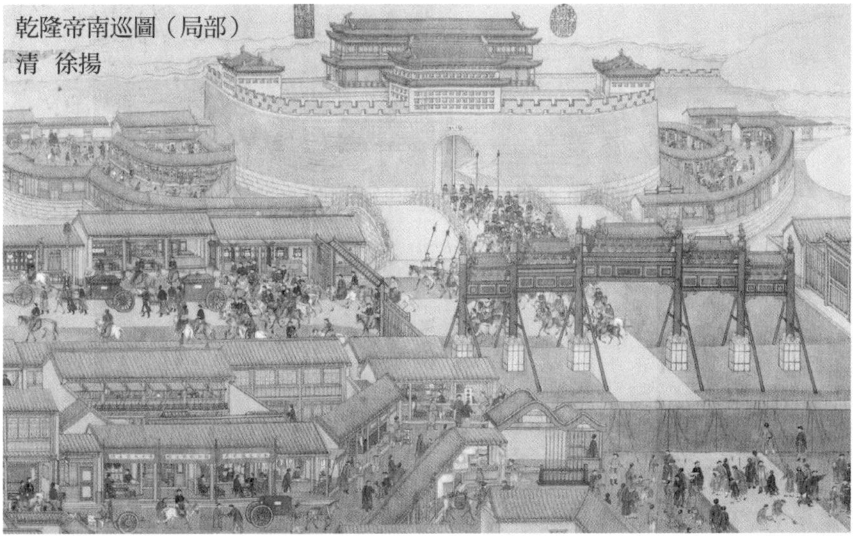

乾隆帝南巡圖（局部）
清　徐揚

編纂《四庫全書》

●時間：西元一七七三～一七九三年
●人物：乾隆帝　紀昀

乾隆年間《四庫全書》的編纂，貢獻於華夏文明的延續，為後人保留了許許多多珍貴的書籍和資料，但是在編纂的過程中，也免不了發生許多令人遺憾的事情。

⊙編纂背景

乾隆時期是中國歷史上國力最為昌盛的時代之一，乾隆帝也是中國歷史上少有的聖明君主。在其一生的統治思想上，乾隆帝處處追隨祖父康熙帝的足跡。康熙時期曾經編纂了一部《古今圖書集成》，到乾隆一朝時，乾隆帝也想編輯整理一部大型叢書，用以凸顯在文治方面的功績。

《四庫全書》書影　清

《四庫全書》是中國現存最大的一部官修叢書。

恰在此時，翰林院的翰林提出：明朝的《永樂大典》雖然保存了許多當時已經散失的古籍，但由於該書的類書性質，把許多珍貴的文獻拆散分類，以便按專題查閱，以致許多書籍的全貌無法看清，建議把這些書抄寫還原。

這一時期，清朝國庫充足，有足夠的財力支持這樣一部大型叢書的編纂。同時，對於乾隆帝還有三個好處：一來可以招攬天下文人，網羅文壇大儒效力。二來可以粉飾太平，宣揚文治武功，名留青史。三來可以藉機褒貶言論，規範天下人的言行。這樣一件盛事，很快便批准了。

乾隆三十七年（一七七二年）二月，乾隆帝發出上諭：為編纂《四庫全書》，全國開始徵集孤本、珍本藏書，包括前朝作品和本朝名著，同時任命大臣紀昀（字曉嵐）為《四庫全書》的總纂官。

⊙創舉中的浩劫

早在乾隆六年（一七四一年），乾隆帝就曾下旨訪求天下藏書，充實宮掖。編纂《四庫全書》的諭令一下，乾隆帝更以為珍本圖書會源源不斷蜂擁而至。沒有想到，經過一年的時間，收穫甚微。

各省官員沒有意識到乾隆帝對這件事的關注，以為皇帝只是一時心血來潮，所以沒有甚麼動作。乾隆帝龍顏大怒，下了一道措詞嚴厲的聖旨，限半年為期，各省督撫必須遵照旨意進獻圖書，又把紀曉嵐降職，親自擔任四庫全書的總纂官。

乾隆三十八年（一七七三年），《四庫全書》館在北京設立，正式開始編纂工作，參加工作的有五百多人，加上負責抄寫和打雜的，總計三千八百多人。

各級官員明白了皇帝的決心，終於開始行動。江南一帶文風鼎盛，民間不少文人學者家中都有大量藏書，甚至修建了私人的藏書樓，例如安徽歙縣鮑氏的「知不足齋」、寧波范氏的「天一閣」、嘉興朱氏的「曝書亭」等等。

為了鼓勵這些人向朝廷進獻圖書，清廷制定了獎勵措施：凡進獻書籍一百種以上者，獎《佩文韻府》一部，五百種以上獎勵《古今圖書集成》一部。如果圖書是特別珍貴的宋元珍本，那就僅僅是「借」而不是獻，乾隆帝還會親自在書上題詩，抄完之後歸還原主。

優厚的條件引起民間人士的進獻風潮，但問題也接踵而至，各省書籍愈聚愈多，許多不利於清政府統治的書籍也頻繁出現。

這些違禁書籍，尤其是明末清初的各類作品中，經常出現宣傳反清復明、記錄清軍入關後屠城和殺戮的內容。這類書籍，包括宋人談到遼、金、元，提倡民族大義的其他一些書籍，全被燒了個一乾二淨。有些書籍原本不涉及政治，如顧炎武的《音學五書》，也連版銷毀。甚至某些圖書掛上禁書之名，其原因僅僅是不合乾隆帝的胃口。

負責編纂的官員將違礙之處用黃籤逐條標明，送交乾隆帝親自翻閱，集中在故宮武英殿前燒毀，並將奏准銷毀的書單照知各省，再有私藏者一律治罪。

一時間，大量「違禁」書籍銷毀，據史料粗略統計，部分銷毀刪改的書籍達四百多種，全部查禁銷毀的

歷史詞典

《四庫全書總目提要》

《四庫全書總目提要》是紀昀等人編撰的中國古代規模最大的一部官修圖書目錄。紀昀在主持編纂《四庫全書》的十年間，每得到一部書，都有專人寫一篇簡單明瞭的提要，介紹作者的生平、學術流派，書籍的版本、內容、考據甄別及簡要的總體評論，後來把這些提要彙總，編成了《四庫全書總目提要》。因此，《四庫全書總目提要》實際上是《四庫全書》的總目錄，共二百卷，三百餘萬字，共收入《四庫全書》的入編書三四六一種，未入編的存目六七九三種，總計一〇二五四種，按經、史、子、集四部四十四類七十屬編排。

此書是一部有助於全面瞭解中國古代學術史發展情況的總彙性著作，為文史工作者查閱《四庫全書》相關典籍數據提供了便捷的線索，對文化典籍的參考和使用帶來了很大的便利。《四庫全書總目提要》以其內容之浩大，資料之豐富，已被學術界公認為是《四庫全書》中價值最高的部分。另外，此書總結了中國古代目錄學的方法和理論，促進了目錄學的發展。

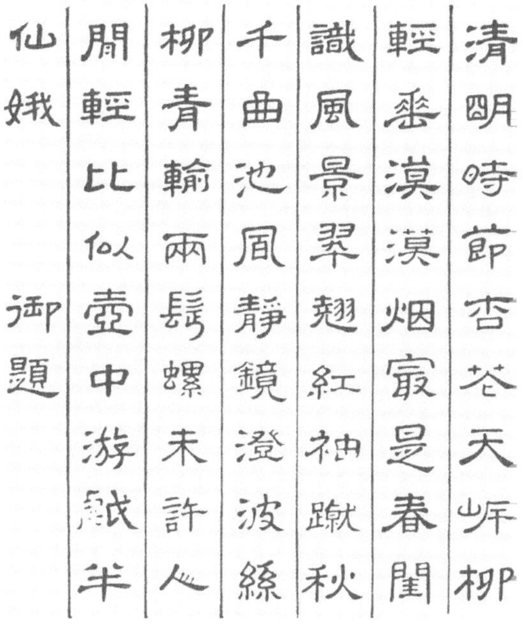

乾隆帝手跡《清明》　清

紀曉嵐故居閱微草堂遺址
閱微草堂門口的這棵紫藤蘿為紀曉嵐當年所栽，至今仍滿目蔥蘢。

書籍達二千四百餘種，總數在十萬部以上。

《四庫全書》的編輯，無形中成了對中國傳統文化的一場大浩劫。

⊙十年辛苦書始成

在浩如煙海的圖書典籍中，《四庫全書》館的大小官員、差役不分寒暑，一方面竭力搜求各種書籍，一方面細心抄寫、校對。從兩萬多卷的《永樂大典》中把零星材料一段一段抄出後拼湊，恢復了五百多部珍貴文獻，這類文獻稱為《永樂大典》本。

此外還有敕撰本（清朝建立後，歷代皇帝下令編寫的圖書）、內廷本（皇宮裡明朝以來的藏書）、採進本（各省先後買進的圖書）、私人進獻本（私人進獻的藏書）。

《四庫全書》館的官員把圖書按唐玄宗分四個書庫貯存經、史、子、集四類書的前例，進行分類整理。

《四庫全書》的編纂從乾隆三十八年（一七七三年）二月開始，到乾隆四十七年（一七八二年）編成，花了整整十年時間。乾隆五十二年（一七八七年）六月，將《四庫全書》按底本抄寫了七份，此後又對已經編寫完成的部分進行校對，並且補充一批之前未收集到的書籍。乾隆五十八年（一七九三年），編纂工作全部告竣。

《四庫全書》共收書三四六一種，七九三〇九卷、三六三〇四冊，是傳統社會官方修訂的最大型的叢書，卷數為《永樂大典》的三點五倍。

⊙《四庫全書》的編纂官

《四庫全書》的編纂陣容可謂豪華，總纂紀昀人稱一代才子，同時也是一位踏實肯做的學者。參加編修的還有戴震、姚鼐、王念孫等許多著名學者。

乾隆帝為了表彰紀昀等人的功勞，任命總纂紀昀、陸錫熊和總校陸費墀為翰林院侍讀學士，又授給紀昀禮部尚書、陸錫熊左副御史、陸費墀禮部侍郎的職位。

不久，乾隆帝檢查《四庫全書》，發現有很多抄錯的地方。乾隆帝大發雷霆，命令紀昀率人校正文淵閣藏書，陸錫熊則到瀋陽校正文溯閣藏書，抄寫的費用也由他們承擔。陸錫熊到瀋陽後連氣帶愁，不久就病死了。

總校陸費墀責任最重，也最倒霉。乾隆帝罰他出錢裝裱江浙三閣每一本書的封面，製作三處盛書的木匣，又削了他的職，陸費墀也活活氣死。乾隆帝仍不肯善罷甘休，又派人到陸費墀的原籍抄家，只留下一千兩銀子作為其妻子兒女的生活費。

為了整齊美觀，《四庫全書》編成後一律手抄，先後抄成正本七份，底本一份。該書每若干冊裝入一個樟木箱，稱為一函，樟木箱的一端可以開合，用於抽放書冊，裡面用楠木夾板固定圖書，內壁的夾層還放置有冰麝、樟腦等藥物，防潮防蛀。

《四庫全書》的七份正本分別收藏於文淵閣（宮中）、文源閣（圓明園）、文溯閣（瀋陽）、文津閣（避暑山莊）、文匯閣（揚州）、文宗閣（鎮江）、文瀾閣（杭州）七處藏書樓內，前四處稱內廷四閣，南方三處稱江浙三閣。乾隆帝下令開放江浙三閣，讓各地文人查閱抄寫。江浙三閣實際上有國家圖書館的作用，在當時可以說是一個可貴的創舉。

後來，經過清末民初的連年戰火，《四庫全書》大部分遺失。民國三十八年（一九四九年），文淵閣本被國民黨運往臺灣，現保存在故宮博物院中。文津閣、文溯閣、文瀾閣本留存大陸，分別保存在北京圖書館（今中國國家圖書館）、甘肅省圖書館和浙江省圖書館內，這部中國歷史上的恢弘鉅著從此得到妥善保護。

蓬萊仙境圖　清　袁耀

金瓶掣籤

●時間：西元一七九三年
●人物：乾隆帝　達賴　班禪

清政府為了防止蒙藏貴族操縱活佛轉世制度，制定了金瓶掣籤制度，加強了對西藏的統治。

藏語活佛叫「朱古」，意即「化身」，源自佛教靈魂不滅，佛以種種化身救度眾生的觀念。

藏傳佛教的活佛轉世制度從噶舉派（俗稱白教）的噶瑪巴希開始。噶瑪巴希自幼出家研習堆松欽巴創立的白教教義，造詣極深，信徒便認為他是堆松欽巴的轉世繼承人，噶瑪巴希於是成為藏傳佛教的第一個活佛，活佛轉世由此而來。後來，活佛轉世便成為藏傳佛教解決繼承者的制度，是藏傳佛教獨特的傳承方式。

活佛圓寂後，寺廟通過占卜或者「吹沖」降神等儀式，尋找在活佛圓寂後出生的、有靈異特徵的兒童，一般會有幾人，再從中選定活佛的繼承者。

十七世紀後，活佛轉世逐漸成為西藏蒙古特權階層爭奪利益的手段，他們賄賂「吹沖」，「降神」於自己家中，通過控制活佛的選定來擴張勢力。

金奔巴瓶

金瓶掣籤制度的具體做法是，把中央政府頒發的金奔巴瓶供奉在拉薩大昭寺，內裝象牙籤數枚，遇有呼畢勒罕（指達賴、班禪等大喇嘛的化身）出世，將報出靈童的出生年月日及名姓，各寫一簽，放入瓶內，焚香誦經七日，由駐藏大臣會同大喇嘛等在眾人面前抽籤決定。

⊙廓爾喀人入侵

作為尼泊爾王國的一個民族，廓爾喀不斷向外擴張。乾隆四十九年（一七八四年），噶瑪噶舉第十世活佛確朱嘉措逃到廓爾喀國，挑唆其入侵西藏。

乾隆五十三年（一七八八年），廓爾喀製造藉口，挑釁生事，大軍入侵西藏。震驚的清廷派兵援藏，由於大雪即將封山，廓爾喀早清軍一步撤回尼泊爾。

乾隆五十六年（一七九一年），廓

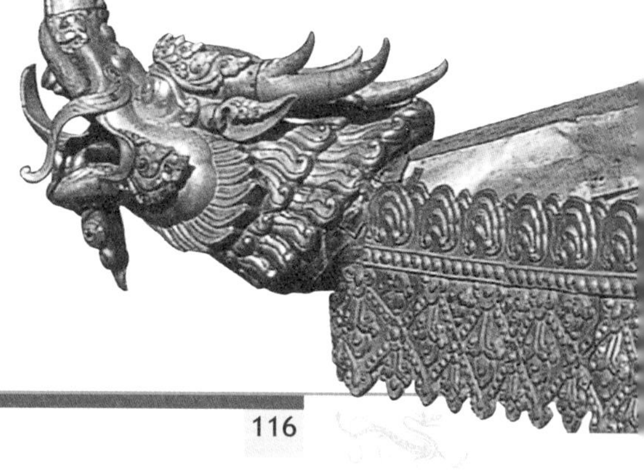

西藏拉薩布達拉宮寺廟飛簷上的怪獸

飛簷上的怪獸是由鱷魚的形象演化而來。佛教中，鱷魚是有靈性的動物，具有護院、防火的象徵意義。

爾喀兵分多路，再次侵藏。廓爾喀軍隊深入千里，洗劫扎什倫布寺，氣焰極為囂張。乾隆帝急調兩廣總督福康安統兵入藏。福康安率軍一路衝寒冒雪，日夜兼程，經過艱苦戰鬥，將廓爾喀軍全部逐出境外。接著，清軍深入敵後，一直攻到廓爾喀首都城下，廓爾喀國王投降。

鍍金銅佛龕　清

西藏文管會藏清代佛龕。龕內供佛三尊，整個佛龕造型嚴謹，金碧輝煌。

⊙確立金瓶掣籤制度

乾隆帝鑑於西藏地方弊端很多，以致強敵壓境而無力抵禦，下決心整頓西藏地區事務。乾隆五十八年（一七九三年），乾隆帝派人與達賴、班禪等僧俗要員商議，制定出《欽定藏內善後章程二十九條》，完善了清廷治理西藏的制度，得到藏民擁護。

《二十九條》的主要內容包括：明確規定駐藏大臣的地位與達賴喇嘛、班禪額爾德尼平等，監督辦理西藏事務（這是對駐藏大臣職責和地位的首次明確規定），噶倫、代本等高級僧俗官員由達賴喇嘛和駐藏大臣會同選擇，呈請中央政府任命，下級官員則由駐藏大臣與達賴喇嘛會同挑選。建立西藏地方常備軍，定額三千人，分駐前、後藏，拉薩、日喀則各駐一千，江孜、定日各駐五百，由駐藏大臣負責管理、訓練。

確定了著名的金瓶掣籤制度，即每世達賴、班禪的轉世靈童必須在駐藏大臣監督下，經由乾隆帝所賜的金瓶掣出，再報中央政府批准，其後坐床也須由駐藏大臣「看視」，報告皇帝。西藏的一切涉外事務均由駐藏大臣辦理，地方政府的收入統由駐藏大臣稽查，由駐藏大臣派員監督鑄造銀幣。

從此，駐藏大臣的政治權力更加鞏固，達賴喇嘛和班禪額爾德尼平等的宗教地位和政治地位進一步確立，清朝治理西藏的制度更加完善。

金瓶掣籤制度建立後，用該項制度認定的第一位達賴是九世達賴的轉世靈童，即十世達賴楚臣嘉措。第一位班禪則是七世班禪轉世靈童，即八世班禪丹白旺修。其後，自乾隆五十八年（一七九三年）至民國的二百多年間，西藏有七十餘名活佛通過金瓶掣籤認定。

一九九五年十一月，在拉薩的大昭寺用金瓶掣籤的方式選定了第十世班禪大師的轉世靈童，即第十一世班禪額爾德尼。

馬戛爾尼來華

●時間：西元一七九三年
●人物：乾隆帝　馬戛爾尼

馬戛爾尼來華，不同的文明之間交鋒，清朝以「天朝上國」自居，無視他國，錯過了這次進入世界的極好機會，由此帶來的是百年屈辱。

乾隆五十七年（一七九二年），在東印度公司及在華英商的鼓動下，英王喬治三世派勳爵馬戛爾尼帶領一支七百人的龐大使團，前來祝賀乾隆帝壽辰，期望與中國建立外交關係。

馬戛爾尼一行乘軍艦「獅子號」從樸資茅斯啟航，攜帶價值一千三百英鎊的禮品，於第二年抵達大沽，然後乘坐木船沿海河經天津到北京。當時，乾隆帝正在熱河避暑，馬戛爾尼乘坐馬車來到承德避暑山莊，得以謁見乾隆帝。

太上皇帝印璽

乾隆皇帝酷愛藝術，用印亦十分講究。「太上皇帝之寶」選用芙蓉凍雕琢，印紐為瑞獸，威嚴雄健，整體造型舒適凝重。

⊙禮節之爭

清政府向來以「天朝上國」自居，根本沒有把其他國家放在眼裡，對他們來說，馬戛爾尼來華不過是又多了一個朝貢國。事實上，當時英國工業革命正進行得如火如荼，殖民地遍佈各大洲，國力完全可以和大清抗衡。

雙方還未見面，就已經有了不和諧因素——覲見禮節問題。清政府要求馬戛爾尼行三跪九叩覲見禮，馬戛爾尼堅決不同意，雙方爭執不下，最終清政府讓步，馬戛爾尼以覲見英王的禮節——單腿下跪，吻皇帝手覲見乾隆帝。

這次會面並不愉快，乾隆帝對英國使節不守清朝禮節非常生氣，在上諭中說：「現在英吉利國使臣等前來熱河，於禮節多未諳悉，朕心深為不愜。」認為英國不過是海外蠻夷，朝貢國居然以本國禮儀朝覲宗主國，這不是破壞了祖制嗎？這樣一來，宗主國的顏面何在？大臣不知詳情，以至有傳言：英國人非我族類，膝蓋不能打彎，我們大清皇帝仁厚，免其下跪，特別允許用他們的禮儀覲見。

⊙「奇技淫巧」的貢品

為了向乾隆帝祝壽，馬戛爾尼攜帶了一些賀禮。由於瞭解清朝雖物品豐盈，但科技方面遠不及英國，為了彰顯國力，在馬戛爾尼帶來的禮品中，有十九件是當時世界領先的科技產品。

《掌故叢編》中列有禮品單：「紅毛英吉利國王謹進天朝大皇帝貢件清單：第一件西洋語布蠟尼大利翁大架一座，乃天上日月星宿及地球全圖，其上地球照依分量是極小的，所載日月星辰同地球之像俱自能行動，效法天地之運轉，十分相似，依天文地理規矩，何時應遇日食、月食及星辰俱著於架上，並有年月日時之指引及時辰鐘。」另外如天球儀、地球儀、氣壓儀等，也都足以代表英國工業革命的成就與近代文明的發展。

但在清朝官員看來，這些禮品都不過是「奇技淫巧」。乾隆帝說天朝「從不貴奇巧，並無更需爾國製辦物」，並稱「天朝物產豐盈，無所不有，原不藉外夷貨物以通有無」，拒絕了馬戛爾尼提出的開放天津等城市為口岸，實行自由貿易的建議。

這本來是古老的中國文明和西方現代科技文明的一次正面遭遇，可惜盲目自大的清政府並未用心，那些天文氣象儀器只是陳列在皇宮中，作為皇帝嬪妃的玩物。最具諷刺意義的是，馬戛爾尼送給乾隆帝一門加農大砲，在英法聯軍入侵北京、火燒圓明園時，英國人發現了這門還鎖在箱子裡的大砲，已經是銹跡斑斑。

雖然禮物沒有得到乾隆喜歡，但使團中最小的成員，年僅十一歲的史東，因為長得甚是乖巧，金髮碧眼，猶如神話中的小童子，得到乾隆帝的青睞。乾隆帝把史東叫上前來，抱在懷中仔細端詳，甚是稀罕。鴉片戰爭前，英國議會討論是否與中國開戰，史東毫不猶豫投下贊成票，理由是：以親身經歷，中國是不會主動進入世界貿易體系的，只有砲艦才能使之屈服。

歷史學家蔣廷黻曾有一句話「一八四〇年以前是我們對人家不公正，一八四〇年以後是人家對我們不公正」，言簡意賅，意味深遠。

弘曆雪景行樂圖
清　郎世寧

大貪官和珅

●時間：西元一七九九年
●人物：乾隆帝　嘉慶帝　和珅

和珅是乾隆帝最為寵信的大臣，利用這種寵信，瘋狂貪污弄權。乾隆帝死後，繼位的嘉慶帝迅速將和珅逮捕審訊，對文武百官產生了一定的震懾作用。但乾隆晚期，朝政腐敗，貪污成風，清朝由盛而衰的頹勢已經顯現。

⊙小侍衛受寵

和珅，字致齋，鈕祜祿氏，滿洲正紅旗人。史書上說和珅少時家中貧窮，但因祖上軍功，承襲了三等輕車都尉的爵位，這才有倖進入了咸安宮的官辦學校，受到良好教育。據說和珅通曉儒家經典和滿、漢、蒙、藏四種文字，天資聰穎，多才多藝，辦事幹練。

因為聰明機靈，和珅在二十五歲時被選為乾隆帝的侍衛，得到接近皇帝的機會。當時的文人筆記中有一則小故事敘說和珅發跡的緣由：

有一天，乾隆帝在書房內看奏章，說某省監獄逃脫了一名民間亂事的領頭要犯。乾隆帝很生氣，把奏章摔到地上，發怒道：「虎兕出於柙，龜玉毀於櫝中，是誰之過歟？」意思是說虎和犀牛從籠子裡跑出來，龜甲

乾隆皇帝大閱圖

清代節日集市

中國各地逢年過節，除平時集市外，並臨時組織集市，久而久之就形成了各地不同的習俗，北京人「逛廠甸」即屬此類。北京和平門外的廠甸，每年初一到十五商賈和小販雲集於此，組成交易市場。圖中擺攤設點，人來人往，車水馬龍，反映了清代集市的風貌。

和美玉毀壞在收藏的匣子裡，是誰的過失呢？

旁邊守衛的一干人等都不懂皇帝的意思，戰戰兢兢跪在地上叩頭，不敢說話。只有和珅大膽回答道：「典守者不得辭其過也。」乾隆帝的話出自《論語》，而和珅則用《論語集注》中的話回答：「看守的人一定要為此負責。」乾隆帝驚訝於這個小侍衛竟回答得如此得體，從此對和珅另眼相看。

故事未必真實，但和珅以才華博得乾隆帝的青睞，從而步步高陞，這卻是事實。

絳色紗雲龍海水紋袷袍
此袍可能為皇太后或皇后所穿。

歷史詞典

王亶望貪污大案

有清一代最奇特的貪污案，也稱「王亶望案」，或「甘肅通省官員折捐冒賑案」。乾隆中期，盛世之下吏治腐敗日益嚴重。以曾任甘肅布政使的浙江巡撫王亶望為首的甘肅通省官員，上至總督，下至州縣官員，通過「折捐冒賑」的手段，大肆貪污，震驚朝野。

所謂折捐冒賑，是指通過違例折收捐納監生所交的賑災糧、捏造災情、虛報賑濟銀的手段貪污國家財產。自乾隆三十九年（一七七四年）甘肅恢復捐監舊例到乾隆四十六年（一七八一年）案發，甘肅通省官員幾乎全部染指其間，貪污白銀多者達一百多萬兩，少則數千兩。外間有所傳聞，卻無一人告發，呈現出集團性貪污賄賂的特徵。

此案發後，乾隆帝大為震驚，稱之為「從來未有之奇貪異事」，下旨嚴查嚴辦。王亶望處斬，陝甘總督勒爾錦賜令自盡，另有被斬或賜令自盡者五十八人，發遣邊疆者五十七人，判處其他刑罰者多不勝數。

在查抄王亶望家產時，閩浙總督陳輝祖以銀換金，竊取入官贓物為己有，事發後亦賜令自盡，可稱得上是甘肅貪污大案的案中案。

⊙侍寵弄權斂財

乾隆帝年紀漸老，愈發覺得孤獨。對這個有著深厚文學功底的皇帝來說，身邊的太監、宮女，甚至後宮妃嬪，平時也說不上話，臣子又都只限於朝會上的奏對。和珅懂得迎合皇帝，乾隆帝喜歡作詩，便精研唐詩宋詞，乾隆帝通曉多種語言，就經常用滿、蒙語和皇帝聊天，以致乾隆帝對他的寵信愈來愈深。

和珅先擔任乾清門侍衛，不出幾年就拔擢為戶部侍郎、軍機大臣，兼內務府大臣、步軍統領、崇文門稅務監督、總理行營事務等職，從此飛黃騰達，官運亨通。

和珅利用乾隆帝的寵信，背地裡胡作非為。把弟弟和琳從一個為官員寫信的小書吏提拔為工部尚書、一等伯爵，而那些上奏彈劾的人，則一一貶斥或羅織罪名處死。原本聖明睿智的乾隆帝，晚年幾乎讓和珅玩弄於股掌之上。

和珅以崇文門稅務監督之職，對進京述職的各省官員收取稅金，又設立「議罪銀」制度，使貪官污吏可以用鉅額罰款來逃避罪責。盤剝來的款項，和珅大半用來討好乾隆帝，另外相當一部分則落入自己的腰包。

當時，各地進貢的珍寶細玩都要先經和珅檢查，好的先行取用，剩下的才送進皇宮。

有一次，兩廣總督孫士毅進京，在宮門口等待乾隆帝接見時，正巧碰到和珅。孫士毅拿著一個用一顆明珠做成的鼻煙壺，大如雀卵，雕琢精巧，晶瑩剔透。和珅一見之下，讚不絕口，問孫士毅能不能送給他，孫士毅大驚，只好說事先已經報告皇上，正待旨進獻，和珅便打哈哈說玩笑而已。沒過幾天，和珅拿著一個鼻煙壺在孫士毅面前炫耀，孫士毅一看，原來正是進獻的那個。

和珅專權、貪財，自然有人有意見。一位御史上奏說和珅的家奴劉全蓋的房子太大，不合清朝制度。和珅得知後，馬上叫劉全連夜把大房子拆掉。第二天，乾隆帝派人查時，並未見不合制度的建築，結果御史反而因為誣陷朝廷大臣被革職。

另有一位御史巡城時遇到和珅的小舅子，便藉口他乘高車行都市，橫行無忌，用鞭子將他痛打一頓，把車子燒掉，一時大快人心，這位御史也被人們稱為「燒車御史」。當然，這位「燒車御史」得罪了和珅，最後也不免丟官了事。

恭王府花園

恭王府原為和珅的宅第，和珅獲罪後，宅第入官。咸豐年間，咸豐帝將其賜給六弟恭親王奕訢。

⊙危機已存

和珅的這些行動，都被當時還是皇子的嘉慶帝看在眼裡。嘉慶元年

乾隆帝陵寢裕陵隆恩殿

（一七九六年），乾隆帝傳位給嘉慶帝，做了太上皇，但仍然掌握皇權。嘉慶帝雖然名義上是皇帝，卻不敢處置和珅。

和珅自知老皇帝一死，靠山就會消失，所以緊緊依靠太上皇的同時，緊鑼密鼓施展著限制嘉慶帝的種種手段，例如將門下吳省蘭派到嘉慶帝身邊，名義上是幫助整理詩稿，實際是監視嘉慶帝的言行，一旦有不對的舉動，就立即向乾隆帝告狀。

嘉慶帝看在眼裡，記在心上，但在臣子面前沒有絲毫表露。大臣在嘉慶帝面前批評和珅，嘉慶帝還故意說：「我準備讓和珅幫我治理國家，你們不要離間我們君臣的感情！」嘉慶帝並經常讓和珅向太上皇代奏、轉奏軍國大事以示信任，終於穩住和珅。

⊙扳倒和珅

嘉慶四年（一七九九年）正月初三，八十九歲的乾隆帝去世，和珅頓失靠山。嘉慶帝雷厲風行，首先命和珅與睿親王等人一起總理國喪大事，切斷與外界的聯絡。然後祕密指示官員上疏，彈劾和珅弄權舞弊，犯下大罪。接著突然宣布將和珅革職，逮捕入獄。

嘉慶帝命儀親王永璇、成親王永瑆等負責查抄和珅家產並會同審訊，最後裁定「賜自盡」，了斷了和珅這個權傾一時的大貪官。最後查抄的和珅家產有房屋五所，共二千七百九十間，當鋪七十五座，銀號四十二座，古玩鋪十三座，玉器庫兩間，此外還有大量金銀財寶。

和珅的財產到底有多少？這是清史研究者經常談到的一個饒有趣味的話題，有人估計總價約有八億兩白銀之多，相當於當時清政府十年的稅收總和。

這筆巨大的財產，除了部分賞給有關人員外，大部分都流到嘉慶皇帝私人的腰包，所以後來百姓提起這件事都說：「和珅跌倒，嘉慶吃飽！」

白蓮教事件

●時間：西元一七九六～一八〇四年
●人物：王聰兒

白蓮教事件是清中期聲勢最大的民間運動，歷時九年，沉重打擊了清王朝，清朝從此走向衰落。

四川、湖北、陝西三省交界處多為崇山峻嶺，政府統治比較薄弱，歷來是流民聚集之地。乾隆時，全國土地高度集中，官僚地主巧取豪奪，大量失去土地的流民來到這裡，開山種地，艱辛度日。

白蓮教是一個歷史悠久的民間祕密組織，教義提倡互助，「穿衣吃飯不分爾我」，因此在這裡受到歡迎，迅速發展。清朝將白蓮教等祕密教門視為邪教，一經發現即血腥制裁。

青玉童子葫蘆瓶　清

⊙發動白蓮教

乾隆末年，清政府大肆捕殺白蓮教徒，終於導致了大規模的白蓮教對抗。嘉慶元年（一七九六年），張正漠、聶人傑首先在湖北荊州地區舉起反旗，一呼百應，迅速波及四川、河南、甘肅等地。二月，王聰兒在襄陽暴動。十月，四川徐天德率眾起事，陝西馮得仕也發起。他們以「官逼民反」為口號，號召教徒反清，流民、貧民也加入，聲勢逐漸擴大。驚惶的嘉慶帝連忙命各地總督、巡撫大力剿掠，圍追堵截亂軍。

⊙女英雄王聰兒

襄陽暴動的首領王聰兒本是江湖藝人，和母親流落襄陽時加入白蓮教。丈夫齊林是白蓮教襄陽地區總教師，在起事前因風聲走漏遭清廷殺害。王聰兒繼承丈夫的遺志，召集白蓮教徒在襄陽發起。由於帶領的隊伍紀律嚴明，深得民心，隊伍很快發展到四五萬人，成為白蓮教對抗清軍的主要力量。

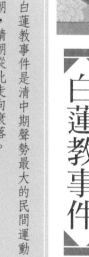

王聰兒帶領襄陽軍在漢水以東流動作戰，忽南忽北，忽東忽西，或數月沒有蹤影，或天天出沒於清軍陣地，有時化整為零，有時大隊人馬伏擊。幾次以後，清軍暈頭轉向，只能跟在後面追趕。

嘉慶二年（一七九七年），王聰兒兵分三路轉向四川，在東鄉與四川民軍會師。之後，大軍統一編號，設職分號。可惜的是，這次會師只是形式上的，各路隊伍沒有真正成為一體，

延伸知識

禁八旗女子纏足

作為游牧民族，滿族婦女有著天足的傳統，以方便從事騎馬、打獵等各項活動。但入關後，滿人在文化觀念、生活習俗等方面有逐漸漢化的傾向。滿族婦女甚至放棄原有的天足傳統，開始接受以纏足為美的審美觀，嘗試這一陋習。這種風氣與清朝統治政策相悖，清朝統治者一直強調要保持滿族世代淳樸、重國語（滿文）、重騎射的傳統，對滿族漢化的傾向極力制止，滿族婦女纏足的風習也在其列。

嘉慶九年（一八〇四年）二月挑選秀女時，查出鑲黃旗漢軍秀女中有十九人纏足。嘉慶帝嚴厲斥責這一作風，宣布服飾本有定制，旗女不准纏足，要嚴行禁止，務以黜奢華、崇節儉為要。但此後八旗女子纏足仍時有之。

道光帝在位時，也曾發布上諭，說近來有旗人婦女仿效漢人纏足，命八旗滿洲、蒙古、漢軍都統及副都統隨時詳查，對此種有違定制之事，一經查出，即將家長照違制例治罪。雖如此三令五申，八旗女子纏足終未能令行禁止。

仍然各自為戰。

王聰兒帶領襄陽軍轉戰陝西、湖北、河南等地。嘉慶三年（一七九八年）三月，王聰兒進入湖北，在山岔河被清軍包圍。她臨危不懼，沉著應戰，指揮大軍突圍。一路撤退到茅山山頂，清軍密密麻麻從山腳追上。

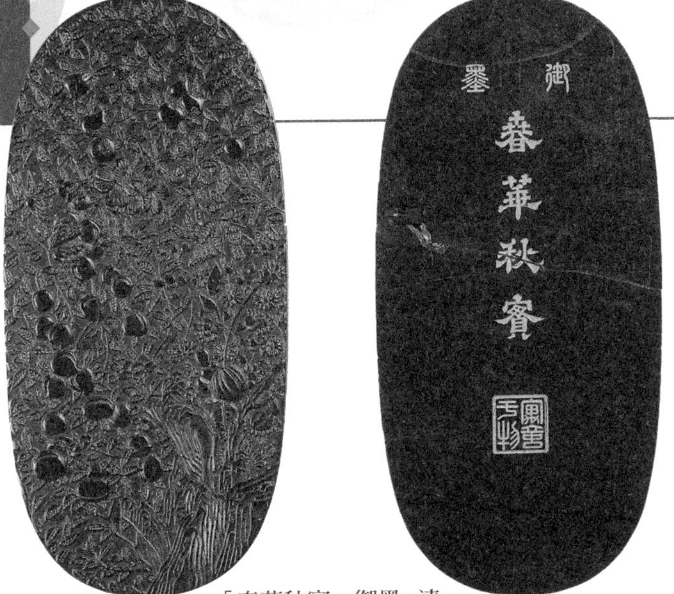

「春華秋實」御墨　清

前有清軍，後為懸崖，民軍只剩十幾個人，突圍無望，王聰兒和十幾位戰士毅然跳入深谷，當時年僅二十二歲。王聰兒死後，民軍其他各部仍堅持奮戰。

⊙剿撫鎮壓

嘉慶帝親政後，採取「堅壁清野」與「剿撫兼施」的策略，讓百姓修築碉堡，亂軍來了就把百姓趕進去，使亂軍找不到百姓，斷絕糧草供應。亂軍沒有糧草來源，流動作戰的優勢也無法發揮，人數驟減，又有數倍的清軍追截，形勢逐漸危急，不得不深入老林與清軍周旋。嘉慶九年（一八〇四年）九月，終告失敗。

白蓮教亂事歷時九年，波及四川、湖北、河南、陝西、甘肅，轉戰大半個中國。清政府為了鎮壓，耗費軍費白銀兩億兩（相當於清廷四年的財政收入），損失一二品大員二十餘人。白蓮教事件成為清朝由盛到衰的轉折點。

【林清事變】

●時間：西元一八一三年
●人物：林清　李文成

林清事變是清朝中葉眾多民間亂事中最為驚心動魄的一次。由於內應的協助，人民團體進入了紫禁城，給予清政府沉重的打擊。這次也標誌著清政府的統治從此進入了徹底衰敗的階段。

⊙天理教的傳播

康熙、雍正、乾隆三朝是中國歷史上少有的繁榮昌盛時期，由於和康乾兩朝共一百二十年相比，雍正朝只有相對較短的十三年時間，所以人們把這一時期稱為「康乾盛世」。

銅爐　清

俗語說：「物極必反，盛極必衰。」乾隆朝中葉以後，清朝逐漸呈現沒落跡象。由於土地擴張嚴重，很多農民失去了賴以生存的土地。以乾隆三十九年（一七七四年）山東臨清地區王倫事件為起點，一系列農民運動開始在神州大地蔓延。當時清政府仍然擁有相當的實力，亂事相繼平定，直到嘉慶十八年（一八一三年），清政府的統治基礎終於受到撼動。

這就是歷史上著名的「林清事變」，是由民間宗教團體「天理教」策劃和發動的。天理教是白蓮教的一個支派，又名八卦教。當時信徒眾多，遍佈河北、河南、山東、山西等省，主要首領是林清和李文成。

林清，北京宛平縣（今北京大興）人。小時候在藥鋪當過學徒，略懂醫術，由於行為不檢遭到開除。林清識得幾個字，也曾充當書吏，辭退後便和姐夫合夥做買賣。此後，由於賭錢讓姐夫嫌棄，流落到南方做了江湖郎中。

旭日東昇松花江石硯　清

林清經人介紹加入白蓮教榮華

會，他江湖閱歷豐富，能言善道，很快在教徒中受到擁護。幾年後，林清廢除原來的會首，做了教主，並把榮華會改名為天理教。

成為教主後，林清有感於社會問題之劇烈，想要根本解救農民的困苦，開始逐步擴大天理教的影響。他聲稱入教者可先繳納「種福錢」，等到成功，「凡是繳納一百錢的人，可以得地一頃」，渴望土地的農民紛紛加入。

⊙從來未有事，竟出大清朝

嘉慶十八年（一八一三年）七月，林清南下至河南滑縣，和李文成約定於九月十五日發動。後來遭人告發，李文成行動暴露，被滑縣知縣逮捕入獄。教眾只好提前發起，從大牢中救出李文成，很快占據滑縣縣城。李文成豎起大旗，自稱「大明天順李真主」。

林清方面因為保密工作完善，沒有被發現。當時，嘉慶帝正在承德避暑山莊圍獵，北京的清軍防衛鬆懈。林清按照預定的計畫，在京城南邊的黃村準備，二百餘人悄悄潛入城內，在入教的太監劉進亨引導下，分別由東華、西華門進入紫禁城。

正在皇宮內的皇子愛新覺羅・旻寧（即後來的道光皇帝）急調火器營、健銳營入宮，把亂軍阻擋在隆宗門外，並親自用火槍打死兩名。亂軍寡不敵眾，只好撤退。十天後，林清在黃村被捕，當場處決。

占據滑縣的李文成在沒有穩固根據地的情況下，貿然進攻並占領道口鎮。清將楊遇春、楊芳沒有正面迎擊，避開鋒芒，圍攻滑縣。李文成擔心後防空虛，回兵救援，受清軍包圍。

十一月，李文成在司寨（今河南輝縣）兵敗，自焚而死。滑縣亂軍堅守一個月後，城池被清軍攻破。李文成的妻子拒不投降，守著家門殺死數十名清兵後，在屋內自縊而亡。至此，經歷了三個月的天理教亂事被清政府平定。

這次震動宮廷，使嘉慶帝發出「從來未有事，竟出大清朝」、「釀成漢唐宋明未有之事」的哀歎。

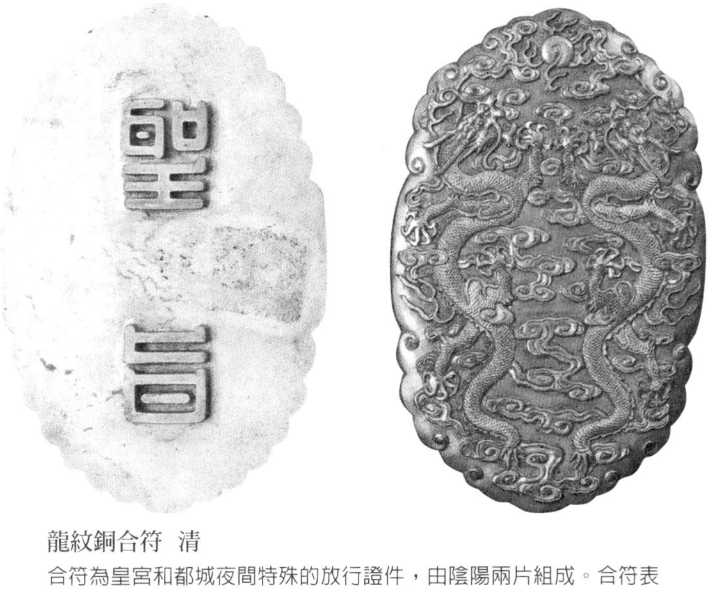

龍紋銅合符 清

合符為皇宮和都城夜間特殊的放行證件，由陰陽兩片組成。合符表面有二龍戲珠的圖案，周圍飾以祥雲。

「不拘一格降人才」

●時間：西元一七九二～一八四一年
●人物：龔自珍

清朝嘉慶、道光年間，朝政日益腐敗，社會問題日益加深，新舊思想的衝突也愈加激烈。富有遠見的知識分子開始對社會弊端和社會危機進行思考，龔自珍就是這些先進分子的代表之一。

⊙龔自珍其人

龔自珍（一七九二～一八四一年）出生於浙江仁和（今杭州）。七歲便跟著母親學詩，十二歲受外祖父，著名學者段玉裁指點，學習音韻訓詁之學。二十七歲中舉，但隨後五次會試均落選。道光元年（一八二一年），龔自珍任國史館校對官。

龔自珍塑像

道光九年（一八二九年），龔自珍中進士，官至禮部主事。任職期間，龔自珍提出改革政治的建議，沒有引起重視。他支持林則徐查禁鴉片，並建議林則徐加強軍事設施，做好抗擊英國侵略者的準備。

道光十九年（一八三九年），龔自珍棄官南歸杭州。路上寫成《己亥雜詩》三百一十五首，吟詠一生的經歷，成為別具一格的自傳體詩歌。道光二十一年（一八四一年），龔自珍在江蘇雲陽書院猝然離世。

⊙抨擊時政

龔自珍的思想在政治、學術、經濟、文學等方面都有振聾發聵、開一代風氣的作用。〈西域置行省議〉中指出清王朝自嘉慶以來，國勢陵夷，已是「日之將夕，悲風驟至」的「衰世」，如同行將凋零的花朵。「自乾隆末年以來，官吏士民，狼奸狽蹶，不士不農不工不商之人，十將五六」，遊民、閒民竟然占到社會總人口的一半以上。

他猛烈抨擊清朝吏治的黑暗和官僚制度的敗壞，「不論鹽鐵不籌河，獨倚東南涕淚多。國賦三升民一斗，屠牛哪不勝栽禾」，政府瘋狂搜刮東南地區的百姓，各層官吏公然加派賦稅，民不聊生，寧可把耕牛殺了吃肉也比老老實實種田要好。

目睹衰世頹敗，晚年的龔自珍悲憤道出心聲：「九州生氣恃風雷，萬馬齊喑究可哀。我勸天公重抖擻，不拘一格降人才。」大膽預言一場驚天動地的大變革為期不遠。果然在去世的前後幾年，鴉片戰爭的戰火和太平天國的風雷便無情摧毀著這個衰朽的王朝。

在抨擊衰世弊政的同時，龔自珍也有補救時弊的主張，大聲疾呼：「自古及今，法無不改。」進而提出淘汰冗員、改八股為策試、興修水利等一系列具體改革措施。由於時代所限，龔自珍仍然把改革的希望寄托在皇帝身上，企求能夠補救舊制度，其改革思想較之對舊制度的揭露和鞭笞頗為遜色。

面對「外夷」強陵，龔自珍和林則徐、黃爵滋一起主張嚴禁鴉片，並建議林則徐赴廣州禁煙。龔自珍對鴉片戰爭的發展態勢也有預見。

據記載，直隸總督認為天津水師無用，白白耗費軍費，上書道光帝請求裁撤並得到批准。龔自珍聞知後，急上萬言書，充分闡述不可裁撤的理由。兩年後，英國軍艦果然北上攻打天津，人們才紛紛慨歎龔自珍的遠見卓識。

此外，龔自珍並較早提出在新疆設省，移民開墾，以防止外國入侵。龔自珍的早逝，使得他抵禦外辱的愛國主義思想沒有得到進一步發展。

⊙文史成就

龔自珍的政論及學術論文思路開闊，議論切中時弊，同時又具有很強的感情色彩。龔自珍也寫了一些文學性較強的記述人物、旅行的作品，以及抒發種種人生感想的雜文，如〈吳之癯〉〈記王隱君〉〈杭大宗逸事狀〉〈王仲瞿墓表銘〉等。

〈病梅館記〉便是人們比較熟悉的一篇雜文，該文僅數百字，融敘述、議論、抒情於一體，借梅喻人，揭露病態的社會使人才不能自由生長，表達了掙脫枷鎖、追求自由發展的願望和救世之心，意味深長。

龔自珍重視治史，在史學理論方面也有卓越見解，尤其在人類社會發展及文化思想發展方面清晰而深刻的認識，是對清朝歷史學長期停滯在考據學階段的一項重大突破。龔自珍說：「出乎史，入乎道，欲知大道必先為史。」也就是說要懂得真理，一定要研究歷史。同時又說：「滅人之國，必先去其史。」從正反兩面說明了研究歷史和正確對待歷史的重要性。

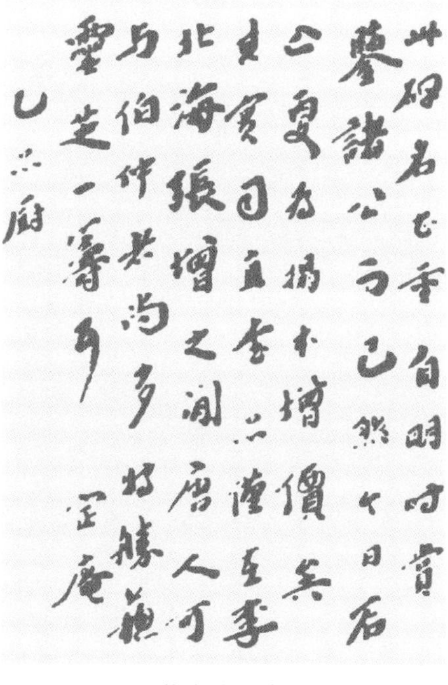

龔自珍墨跡

虎門銷煙驚中外

●時間：西元一八三九年
●人物：林則徐　鄧廷楨　怡良

道光年間，英國、法國等國的商人在廣州地區瘋狂販賣鴉片，毒害中國人民，攫取大量白銀。道光十九年（一八三九年）六月三日，林則徐在虎門海灘當眾銷毀鴉片。虎門銷煙是中國人民禁煙戰爭的偉大勝利，向全世界表明了中國人反侵略反壓迫的無畏鬥志。

⊙欽差上任

十九世紀初，為了獲得大量財富，英國開始向中國大批販賣鴉片，美國商人也有參與。據記載，嘉慶二十五年（一八二〇年），偷運鴉片五千一百四十七箱，道光元年（一八二一年），七千箱，道光四年（一八二四年），達到一萬兩千六百三十九箱，造成中國國內大量白銀外流。

道光帝多次發布上諭，命廣東和各省督撫查禁銀兩出口及鴉片進口，但沒有嚴格實施。朝臣也有不同的觀點，有大臣主張嚴厲查禁鴉片，對於吸食和販賣者嚴懲不貸，另一部分則認為為了不影響和外國的「友善邦交」，應對鴉片採取弛禁方針，逐步禁止。道光帝搖擺不定，一直沒有對鴉片徹底實施禁絕，直到林則徐的出現。

林則徐，福建侯官（今福州）人，嘉慶進士。道光十八年（一八三八年），林則徐從湖廣總督任上奉旨進京。為了聽取林則徐對禁煙的具體意見和措施，道光帝在八天內連續召見林則徐達八次之多，並賜林則徐在紫禁城內騎馬（對於大臣，這是一種莫大的殊榮）。隨後，道光帝任命林則徐為欽差大臣，節制廣東水師，前往廣東禁煙。

⊙收繳鴉片

林則徐到達廣州後，立即面會兩廣總督鄧廷楨，表示了朝廷禁煙的態度和決心。林則徐記取此前的經驗，沒有驚動外國煙販，一切調查取證都是祕密進行。

道光十九年（一八三九年）三月十六日，林則徐會同兩廣總督鄧廷楨、廣東巡撫怡良，在欽差行轅傳訊十三

鴉片煙具　清

行洋商，突然頒布收繳外商鴉片的命令。這時候，洋商還以為這位欽差和前任一樣，只是做做樣子而已，但林則徐當眾表示：「若鴉片一日未絕，本大臣一日不回。」

歷史詞典

《查禁鴉片煙章程》

鴉片大量輸入中國前，中國的對外貿易一直保持著順差，歐洲商人為了改變在對華貿易中的不利地位，不惜將鴉片販賣到中國。清政府對鴉片一直採取禁止吸食和進口的政策。

嘉慶二十年（一八一五年），根據兩廣總督蔣攸銛等人的上奏，清廷制定了《查禁鴉片煙章程》，主要內容如下：外洋商船到澳門後，要先開出貨單報送查驗，然後才准卸載，如帶有鴉片，則將所有貨物全數駁回，不准貿易，並將船隻驅逐。對拿獲鴉片販子及收繳鴉片者，給予獎賞，官員每獲二百斤給予記錄一次，每一千斤則加一級，如果積至五千斤以上者，進京覲見，由皇帝賞賜，軍民則可得賞銀。此外並規定，凡查出鴉片煙案，地方官員如係故意放縱，要嚴加查處，如僅是失察，則寬免處分，以示區別。

《章程》頒布後，仍未能令行禁止。到道光元年（一八二一年），鴉片的大量進口已使中國對外貿易成逆差，白銀大量外流。

林則徐將一紙命令交給行商總頭目伍紹榮，要求轉給外國煙販，限三天之內將各自船上的鴉片全部交出，如果到期不繳，則封船封港。林則徐並要求煙販出具保證書，「以後來中國的貿易船隻永遠不能夾帶鴉片，一經查出，貨物馬上沒收，夾帶者將按律處死」。在廣州飛揚跋扈慣了的洋商根本不理會林則徐，不僅不交出鴉片，更抵制和抗拒。英國商務監督義律（Charles Elliot）指使大鴉片販子顛地逃跑，並阻止英商呈繳鴉片、具結保證書。

看到林則徐的禁煙決心和魄力，廣州居民紛紛以行動支持。在外國商館外，不分晝夜都有群眾巡視。漁民也主動協助水師官兵，監視海上的鴉片躉船。

為了敦促煙販交出鴉片，林則徐下令停止中英貿易，派兵丁嚴守商館，斷絕與澳門的交通，並撤退商館中的中國雇員。廣州商館成為一座陸上孤島，商人沒吃沒喝，不能和外部聯絡。最後，終於迫使商人頭領義律同意繳煙。

四月十二日至五月二十一日，林則徐和鄧廷楨等一共收繳了兩萬多箱鴉片，共計二百三十七萬六千多斤，

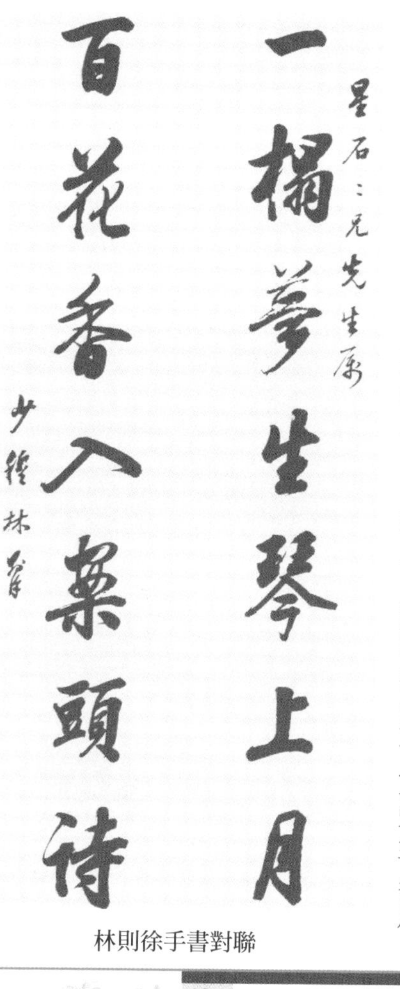

林則徐手書對聯

成為清代禁煙史上破天荒的第一次勝利。

⊙虎門銷煙

道光十九年（一八三九年）六月三日，林則徐在廣東巡撫怡良等人的陪同下，在虎門開始銷煙。清兵首先挖了兩個各十五丈見方的銷煙池，從後面把水引進池內，撒入食鹽，使池水成為鹽鹵。然後把鴉片運到池邊，打開箱蓋，將鴉片切開搗碎，投入池中，浸泡半日，再撒下生石灰。生石灰產生的熱量使池水沸騰，士兵站在池邊，手拿鐵鋤來回翻攪，使鴉片完全銷溶在水中。等到退潮時，再打開銷煙池前面的涵洞，銷溶後的鴉片便隨著浪花衝入大海。最後再用清水刷滌池底，不留一點煙灰。

為了震懾外國煙販，林則徐發出告示，准許中外人士到銷煙現場參觀。美國商人裨治文在其參觀記中寫道：「許多人曾斷言中國人不會焚毀一兩鴉片，到了此時，他們不得不佩服中國人辦事的認真負責……我們曾反覆考察過銷煙的每一個過程，他們在整個工作進行時細心和忠實的程度，遠出於我們的設想，我不能想像再有任何事情會比執行這一工作更忠實的了，在目擊了這一切以後，我不得不相信這是一個事實。」

六月三日到二十五日，除留下八箱作為樣品送往京城外，其餘兩萬多箱鴉片全部銷毀。

林則徐主持的震驚世界的虎門銷煙壯舉，向全世界表明了中國人民決心禁煙和反抗外國侵略的堅強意志，譜寫了中國近代史上反對外國侵略光輝篇章的第一頁。

雕刻在人民英雄紀念碑上的虎門銷煙場景

三元里抗英

●時間：西元一八四一年
●人物：韋紹光　何玉成

鴉片戰爭爆發後，英軍搶掠於廣州郊外，廣州三元里人民英勇抗擊了英國侵略者，史稱「三元里抗英」。三元里人民抗英戰爭的勝利，揭開了近代中國人民反侵略戰爭的序幕，在中國歷史上寫下了不朽的篇章。

⊙英軍挑起鴉片戰爭

道光二十年（一八四〇年），英軍艦隊從廣東沿海北上，抵達天津海口，威脅北京，鴉片戰爭爆發。懦弱的清政府向英國妥協，將林則徐、鄧廷楨革職，派琦善為欽差大臣，到廣州與以義律為全權代表的英國人談判。

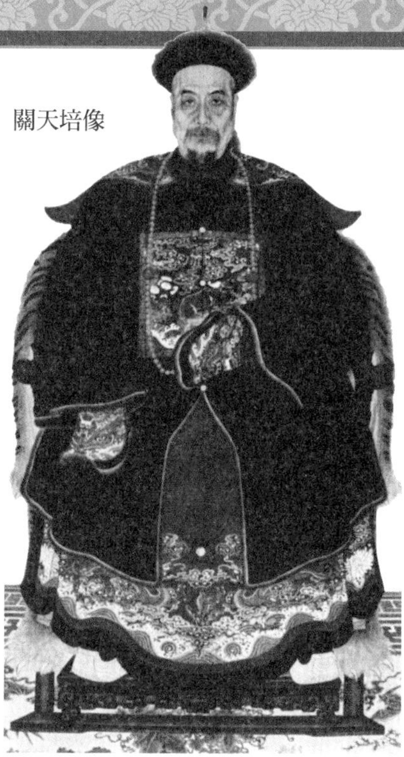

關天培像

道光二十一年（一八四一年）一月七日，不滿談判進展的英軍攻占虎門沙角、大角砲臺。道光帝聞訊，下令對英宣戰，命領侍衛內大臣奕山為靖逆將軍，發兵抗敵。奕山不會帶兵，清軍節節敗退。

二月二十六日，英軍攻破大虎山砲臺，沿珠江而上，直逼廣州，廣東水師提督關天培力戰殉國。

五月二十五日，英軍攻陷廣州城北諸砲臺，將司令部設在地勢最高的永康臺。永康臺位於越秀山，當地稱四方臺，距城僅五百公尺，大砲可直轟城內。

奕山眼見形勢不妙，不顧沒有談判資格，派廣州知府余保純向英軍求降。五月二十七日，奕山等人私自接受英方條件，簽訂了《廣州和約》，同意繳納白銀六百萬元為贖城費，賠償英國商館損失三十萬元，清軍退出廣州城六十英里外等，以換取英軍不進入廣州城。

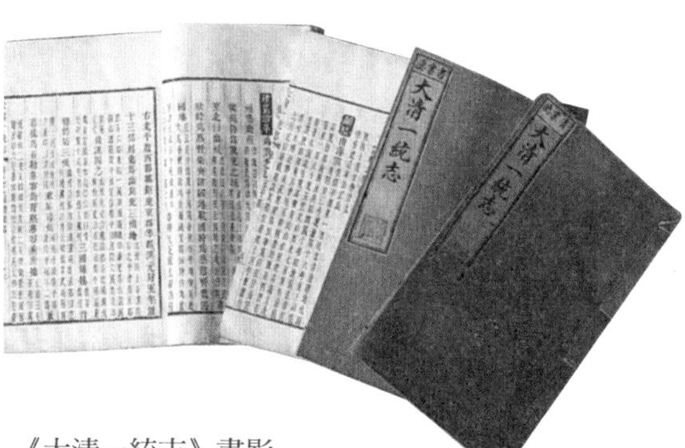

《大清一統志》書影

道光二十二年（一八四二年），清朝第三部《一統志》修竣，該書記載迄於嘉慶朝，故又稱《嘉慶一統志》。從這一年開始，中國的領土一再喪失，領土完整遭到破壞。

掐絲琺琅鳧尊 清

尊為銅胎鍍金。捲尾立式鳧背開一槽，裝邊橢圓尊。鳧身為掐絲羽紋填彩釉，尊以淺藍色為地，上飾勾蓮紋與盛開的花朵，兩側飾太極圖。其造型新穎，設計精巧，色彩絢麗，是揚州琺琅製品代表作之一。

⊙進鄉擾民，激起民憤

和約墨跡未乾，盤踞四方砲臺的英軍就不斷竄擾廣州城西北郊三元里及泥城、西村、蕭岡等村莊，燒殺搶掠。

五月二十九日，英軍闖入三元里一帶，見菜農韋紹光的妻子李氏貌美，便動手調戲。韋紹光以種菜為生，閒暇時也負責營建墳墓，妻子李氏略通醫術，平時常為村人診治，在當地頗有聲望。憤怒的鄉民和韋紹光當場打死幾名英軍，將屍體投入豬糞坑內。

鄉民預見逃走的英軍必定會來報復，在村北三元古廟集會，決定正面抗英。正在鄰鄉辦團練的舉人何玉成聞訊趕來，發出告示與附近各鄉聯絡，準備武力抗擊英軍。

義軍集結後，用古廟內的三星旗為標誌，宣誓：「旗進人進，旗退人退，頭頂青天，殺絕英夷！」商定第二天利用村東北牛欄崗的複雜地形，誘殲敵人。

⊙大刀長矛與火藥槍的對陣

五月三十日，廣東南海、番禺百餘村村民持戈矛犁鋤，群起圍困四方砲臺。相持近半日，英軍統帥臥烏古帶領六百餘名英軍出擊。義軍且戰且退，慢慢把敵人誘往牛欄崗。

英軍此前從未敗仗，認為清政府的正規軍都不是對手，這些民軍更是不在話下。這群手持火器的英軍沒有

鴉片戰爭後在廣州的英軍

廣州虎門砲臺遺址

虎門砲臺大砲

想到，最後竟然敗在了手持大刀、長矛、撓鉤、長棍以及鋤頭的鄉民手中。當時，參加戰鬥的還有附近採石場的打石工人、廣州城內的紡織工人等，就連村中的婦女和兒童也到戰場上吶喊助威。

中午時分，突然下起暴雨，英軍的火藥槍受潮不能開火。處於劣勢的英軍只得結成方隊，緩緩退卻。追擊的鄉民用撓鉤把敵人從隊伍中拖出，用鋤頭鋤死在田地的淤泥中。經此一戰，英軍損傷一百多人（一說五十餘人），擊斃一名少校。

剩餘的英軍退入四方砲臺的指揮部內，在中英戰爭中不可一世的義律率領士兵趕來救援，也被圍困其中。英軍只好突圍請求清政府出面平息事端，兩廣總督祁貢接到求援，命令廣州知府余保純親到現場鎮壓，村民被強迫解散。

三天後，英軍全部撤離廣州，退出虎門。義律不甘失敗，六月七日發布告示，威脅廣州附近的鄉民：「百姓此次刁抗，蒙大英官憲寬容，後毋再犯。」廣州鄉民也發布告回應：「倘再犯內河，我百姓若不雲集十萬眾，截爾首尾，焚爾船艦，殲爾丑類，我等即非大清國之子民。」

南海、番禺兩縣聚攏民兵三萬六千多人，晝夜演練，義律得知鄉民已有戒備，不敢再來報復。

此後，鄉民韋紹光一直以種菜、看墳為生。舉人何玉成則繼續辦團練，後來在四川任知縣，直到咸豐末年才回籍養老。

玉爐　清

魏源和《海國圖志》

●時間：西元一七九四～一八五七年
●人物：魏源

魏源受林則徐的囑託編著《海國圖志》，是一部世界地理、歷史知識的綜合性圖書，書中提出了「師夷長技以制夷」的重要思想。

⊙批判時弊

魏源（一七九四～一八五七年），原名遠達，字默深，湖南邵陽人。魏源是中國近代傑出愛國主義思想家、文學家、史學家、經學大師，後人評論「生前有學名，有政績」，「死後遺澤人間，博大精深」。

魏源自幼沉默寡言，常獨坐深思。十五歲開始潛心研習明代理學家王陽明的心學。嘉慶十九年（一八一四年），魏源隨父親進京，師從京師名士學習漢學、宋學。

道光二年（一八二二年），魏源考中順天鄉試舉人。數年後江蘇布政使賀長齡延為幕賓，編輯《皇朝經世文編》。入幕期間，魏源通過治民理案，對當時的社會危機和官場積弊有了較為深刻的認識，進而開始思索世道日衰的原因。

魏源在京求學時，正值清代今文經學興起，便拜在今文經學家劉逢祿門下，研習《公羊春秋》。這一時期，魏源結識了年長兩歲的劉門弟子龔自珍，兩人常在一起切磋古文，探討實學。

同龔自珍一樣，魏源不贊同乾嘉年間沉迷於訓詁考據、繁瑣無用的學風，認為上古三代與後世的天地人物都不同，法令和制度也隨之發生變化，不能泥守古法，必須變革，而且變革愈徹底，進步就愈顯著。

魏源並猛烈抨擊八股取士制度，認為這樣的考試結果是「專以無益之畫餅，無用之彫蟲」來遍任六官之職，治理四方之民。

⊙改革鹽務漕運治河

道光十一年（一八三一年），魏源以父喪居鄉三年。時任兩江總督的陶澍賞識魏源，延請入幕協助改革鹽政。此後十年中，魏源在鹽務、漕運、治河等方面提出了一系列改革主張，並進行了具體的嘗試。

清代的鹽業一直由官府壟斷，鹽官和官准的場商、運商相互勾結，層層盤剝，造成鹽價昂貴、產銷停滯的嚴重積弊，致使私販蠭起。

針對這種情況，魏源提出改行「鹽票」制度的建議：商人向官府繳納鹽稅，換取鹽票，憑鹽票可以自由買鹽、販賣，通過減少中間環節各級官吏的盤剝，私販就不禁自滅。

這一措施實行後頗有成效，此後歷任兩江總督陳鑾、林則徐、陸建瀛等也時常與魏源商討鹽政要務。

有清一代，「無一歲不虞河患，

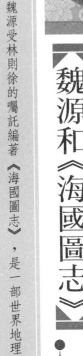

無一歲不籌河費」，但情況毫無改善，依然如故。魏源認為河患既是天災，也是人禍，即治河官吏貪污河工經費、地方豪強壟斷水利。主張改變治河方法，因勢利導，使黃河人工改道，北流入海。但人工改道工程浩大，財政上捉襟見肘的清政府也無力實行，魏源的主張始終沒能採用。

明清以來，南糧北運一直依靠運河，朝廷設有漕運總督等官員進行管理。至晚清，由於各級官吏把持盤剝，地方豪強敲詐勒索，漕運已是積重難返。

魏源主張改漕運為海運，由商人承辦，不再由官府壟斷。又進一步指出，商人辦海運將促進南北物資交流，使物價下降，繁榮國內商業。早在巡撫陶澍幕中時，魏源就曾親自參加海運籌劃活動。

⊙編撰《海國圖志》

道光二十年（一八四〇年），鴉片戰爭爆發，正在揚州治河的魏源趕往寧波前線。通過英軍俘虜的口供，魏源對西方的人文地理有了初步瞭解，撰成〈英吉利小記〉，後收入《海國圖志》。次年，魏源在兩江總督裕謙幕中參與籌劃浙東抗英戰爭。

道光二十二年（一八四二年）底，魏源根據林則徐所譯的《四洲志》及中外文獻資料，綜合各國歷史、地理及中國應採取的對外政策，編成《海國圖志》一書，初版五十卷，後增為一百卷。

《海國圖志》介紹了世界上近百個國家和地區的地理、歷史沿革、宗教、社會習俗、科學技術等。「師夷長技以制夷」是魏源編寫這部書的目的，即學習外國的長處，以對付外國的侵略。

外國有甚麼「長技」值得中國學習呢？魏源認為主要是軍事技術和一些先進的民用技術，列舉了四類：戰艦、兵器、養兵練兵之法、民用工業品。學習的方法主要有二：一是採取「先買後造」的辦法，聘請外國技師、工匠設計，中國人製造。二是培養懂得西人長技的新式人才，設立譯書館，翻譯外國書籍，以瞭解國外最新情況。

《海國圖志》是一部集古今中國人對外國研究之大成的鉅著，是當時中國最完備的世界百科著作，也是當時東方各國人民瞭解和抵抗西方侵略的重要典籍。

《海國圖志》刊行後，在中國社會產生了很大影響，康有為作為講述西學的藍本。咸豐四年（一八五四年），日本也翻譯出版《海國圖志》六十卷，許多迫切需要瞭解西方的日本思想家紛紛爭讀，以致此書在兩年多時間內出現了二十二個版本。

作為一個傳統知識分子，魏源在嚴酷的事實面前，能夠衝破中國專制文化的「夷狄」觀，大膽提出向西方學習以抵抗外國侵略，發出了近代中國進步人士「向西方學習」的先聲，引發了為抵抗侵略、拯救國家而尋找真理的先進社會思潮。

【金田民變】

●時間：西元一八五一年
●人物：洪秀全　馮雲山

洪秀全創立了拜上帝教，藉以組織群眾。咸豐元年（一八五一年），洪秀全率眾於金田誓師，建立太平天國，咸豐三年（一八五三年）建都南京。

⊙洪秀全創拜上帝教

洪秀全（一八一四～一八六四年），廣東花縣（今屬廣州）人。洪秀全從十六歲起連續三次應試不中。第二次去廣州應試時，洪秀全無意中得到一本基督教布道小冊子《勸世良言》。第三次名落孫山後，徹底斷絕功名心的洪秀全再次閱讀《勸世良言》，頓覺心中豁然，自謂昏迷中曾被上帝接見，命他下凡斬殺妖魔。洪秀全在村邊小河自行洗禮，開始信奉上帝，並積極向族弟洪仁玕和好友馮雲山傳教。

道光二十四年（一八四四年），洪秀全和馮雲山因信奉上帝被迫離開花縣，前往廣西傳教。不久，洪秀全回到花縣，撰寫《原道救世歌》和《原道醒世訓》宣傳上帝，並強調個人道德修行。

馮雲山則來到廣西桂平縣紫荊山區，深入群眾，宣傳拜上帝，號召信徒尊奉洪秀全為教主。在馮雲山的艱苦努力下，拜上帝教的信徒發展很快，到道光二十七年（一八四七年）下半年已達兩千多人。

這時，來到紫荊山區的洪秀全眼見如此局面，信心倍增，進一步堅定其反清思想。洪秀全又寫下《原道覺世訓》和《太平天日》，直接把清王朝比作閻羅妖，而自稱是上帝的次子，是奉上帝之命滅閻羅建立地上天國的太平天王，拜上帝教正式成為反清組織。

數年間，拜上帝教以桂平紫荊山區為中心，遍佈廣西各地，十家中就有八家信徒，引起了當地團練的敵視。

⊙金田誓師與永安建制

道光二十八到三十年間（一八四八～一八五〇年間），廣西災害頻繁，災民遍野。官吏仍舊勒索百姓，追討賦稅，以致民怨大沸。

洪秀全認為時機成熟，於道光三十年（一八五〇年）七月發布總動員令，命令各地信徒在十一月四日前到金田村「團營」。

咸豐元年（一八五一年）一月十一日，洪秀全率領兩萬多拜上帝教徒在金田村宣布誓師，建號「太平天國」。用紅布將長髮包起，以示要與清王朝對抗到底。洪秀全頒布《天命詔旨書》作為軍令約束士兵。

三月二十三日，洪秀全在東鄉稱天王，以本年為太平天國元年。

清廷這時發現有著堅強組織和嚴

明紀律的太平軍，其危險性遠超天地會等民間力量，決定集中全力先打擊太平軍。

九月二十五日，太平軍打敗清軍，奪取永安（今廣西蒙山），這是太平軍奪取的第一座城池。太平天國在永安封王建制：洪秀全封楊秀清為東王，蕭朝貴為西王，馮雲山為南王，韋昌輝為北王，石達開為翼王，各王聽令於東王，並頒布天曆。至此，太平天國的中央政權初具規模。

數萬清軍圍困永安，太平軍避實就虛，從清軍力量薄弱的古蘇衝突圍，向北開進。接著，太平軍在山谷設下埋伏，斬殺清軍四五千人，徹底擺脫圍困，開始長驅直入。

⊙建都南京

咸豐二年（一八五二年）四月，太平軍攻克全州，由桂入湘，相繼占領道州、江華、郴州等地。楊秀清和蕭朝貴發布《奉天討胡檄布四方諭》《奉天討胡救世安民諭》《救一切天生天養中國人民諭》，斥責清廷種種罪行，號召人民「上為天帝報瞞天之仇，下為中國解下首之苦，務期肅清胡氛，同享太平之樂」。沿途民眾紛紛響應，僅道州、江華、郴州一帶就有五萬人加入，太平軍隊伍迅速擴大。

十二月，太平軍相繼攻克漢陽、漢口，直逼武昌。清廷急忙增援，企圖將太平軍圍殲於武漢。

太平軍原本就以南京為目標，希望可以「踞為根本，徐圖進取」，所以放棄武漢，沿長江東下，水師戰船萬艘，陸軍步騎千軍萬馬，浩浩蕩蕩殺向南京。

咸豐三年（一八五三年）三月十九日，太平軍炸毀南京城牆，攻進城中，占領南京。太平天國正式建都南京，改南京為天京，建立起與清廷對抗的政權。隨後太平軍繼續東進，攻克鎮江、揚州，兩座城池與天京連為一體，成為保衛天京的防禦屏障。

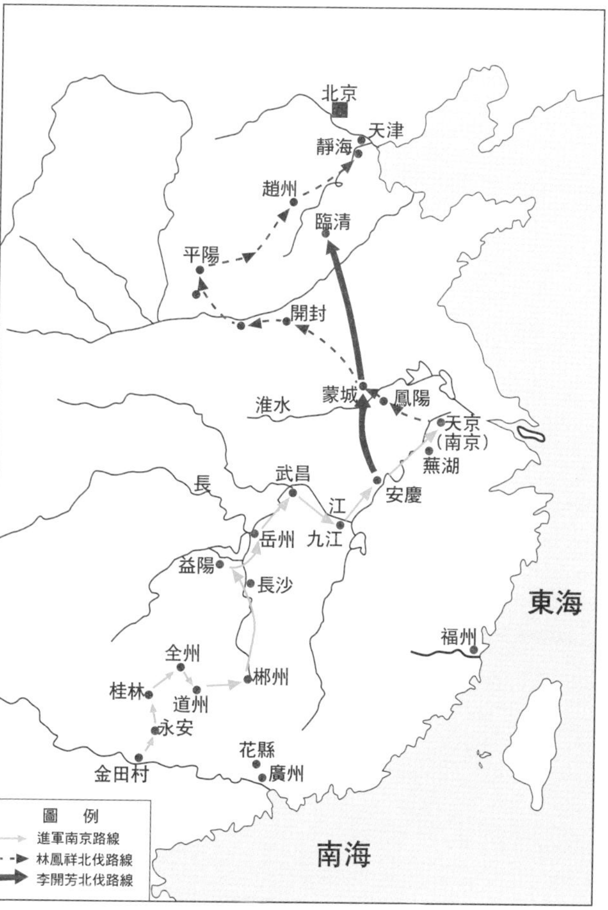

太平軍北伐路線示意圖

農民構想的理想國

●時間：西元一八五三年
●人物：洪秀全

太平天國制定的《天朝田畝制度》是農民的理想，但最終沒有能夠實行。就像是空想社會主義一樣，不是現實中能夠實現的，只是農民構想的理想國。

⊙土地問題

太平天國初起時期，中國傳統社會已經走上窮途。當時雖然社會分工和商品經濟有所發展，資本主義已經萌芽，但在廣大農村地區，男耕女織、自給自足的自然經濟仍占主要地位。然而，急劇的土地擴張和沉重的地租壓得人民喘不過氣，隨之出現的飢寒交迫的失業者和半失業者，如流民、遊民、水手、挑夫等，成為一個嚴重的社會問題。

太平天國通寶

直徑三·八公分。天國通寶當十錢，方孔闊緣，楷書。這是太平天國最早鑄造的錢幣，於咸豐三年（一八五三年）太平天國立國之初發行，今存世僅十八枚，極為珍貴。

咸豐三年（一八五三年），太平天國頒布《天朝田畝制度》，其中描繪：「有田同耕，有飯同食，有衣同穿，有錢同使，無處不均勻，無人不飽暖。」正是千百年來人民夢寐以求的理想社會。

土地問題是中國這個農業國家的中心問題，也是農民最關心的問題。《天朝田畝制度》的內容雖然是多方面的，但土地問題始終是核心問題，其基本原則就是：「凡天下田，天下人同耕。」將土地按畝產高低劃分為九等，好壞搭配，按人口平均分配，凡十六歲以上男女，每人皆可分得一份，十六歲以下則減半。

對農副產品的生產與分配，《天朝田畝制度》也規定各戶除耕種外，

天王洪秀全頒布的「減稅詔旨」

還要從事家庭副業。

⊙組織制度問題

《天朝田畝制度》依照太平軍制組織全體居民，太平軍制則完全仿照周禮軍制制定。《天朝田畝制度》中規定，五家為「伍」，五伍為「兩」，四「兩」為「卒」，五卒為「旅」，五旅為「師」，五師為「軍」，依次設立伍長、兩司馬、卒長、旅帥、師帥和軍帥。「兩」是社會組織的基層。

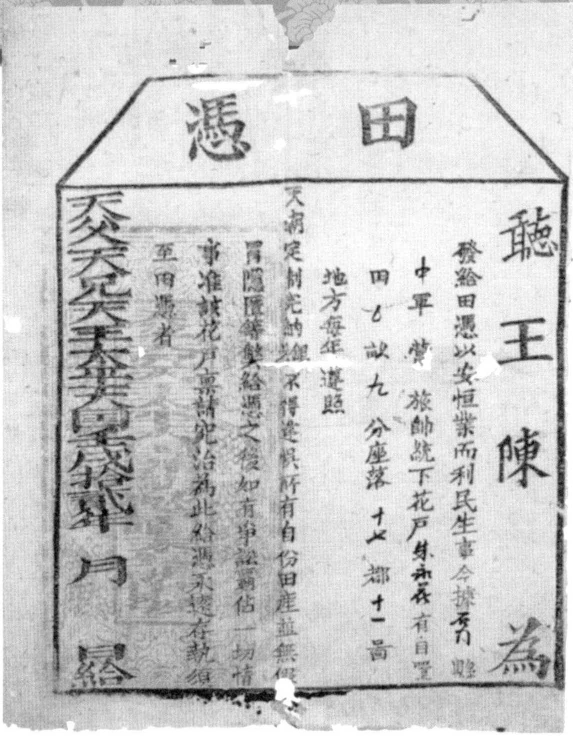

太平天國田憑

長二十六公分，寬二十二公分，為太平天國實行新的土地制度後發放的田憑。

《天朝田畝制度》對國家組織所談甚少，沒有詳細談到從中央至縣的各級政治組織，只是規定天王為最高首腦，凡事擁有最後的決定權，天王以下是軍師，下設丞相、檢點、指揮、侍衛、將軍等各級官員和六部掌等專職官員。太平天國實行世襲制，「功勳等臣，世食天祿」、「子孫承襲，世代不替」等內容也寫進了《天朝田畝制度》。

⊙透析《天朝田畝制度》

《天朝田畝制度》描繪出農民心中最美好的理想社會，符合廣大農民利益，特別是對土地均耕、財物公有和平均分配消費品的要求，反映了農民渴望擺脫貧困，實現溫飽、幸福的要求。在中國歷來戰爭史上，這種理想曾經多次表現出來，只不過這一次描述得最為清晰具體。《天朝田畝制度》中所描繪的平均主義理想，達到了前所未有的高峰。

傳統社會，農民小生產者遭受地方大族的殘酷壓迫，經濟地位和生活水準極端低下，他們憎恨貧富懸殊，具有改變這種不合理現象的強烈願望。但是，由於社會的局限，決定了他們只能按照小生產者的標準來認識並設計改造世界的藍圖。他們的眼光所及，就是平均社會上的一切財富，即「天下大家處處平均，人人飽暖」，在他們看來，社會財富平均了，大家也就平等了，生活就美好了，但這當然只能是一種幻想。《天朝田畝制度》所描繪的理想社會，具有不切實際的空想性質，因此沒有能夠實現。

曾國藩屢敗屢戰

●時間：西元一八五三～一八六四年
●人物：曾國藩

曾國藩創立湘軍，屢敗屢戰，鎮壓了太平天國大軍，穩定了清王朝的統治。

⊙編練湘軍

曾國藩（一八一一～一八七二年），字滌生，湖南湘鄉人。道光十八年（一八三八年）中進士，歷任內閣學士、禮部侍郎。咸豐二年（一八五二年），因母喪回家守孝。時逢太平軍聲勢日隆，清政府調動大批軍隊圍堵，同時飭令各地舉辦團練，曾國藩奉命幫辦湖南團練。咸豐三年（一八五三年）一月，曾國藩前往長沙就任幫辦湖南團練大臣一職，開始了創立湘軍的生涯。

曾國藩擯除清代八旗、綠營的舊制陋習，仿明代戚繼光營制，招募山鄉農民，編練成一支新型武裝——湘軍。

咸豐三年（一八五三年）六月，太平軍進攻南昌，率楚軍馳援南昌的安徽巡撫江忠源請求曾國藩增援。曾國藩與湖南巡撫駱秉章商議，派湘軍將領羅澤南領兵三千前來。

第一次與太平軍對壘，湘軍損失慘重。曾國藩體認太平軍遠非一般流寇可比，若想戰勝，必須有足夠的兵力和精良的武器裝備。他請求清政府批准編練更多湘軍，同時提出在陸軍之外再建立一支水軍。

咸豐三年（一八五三年）秋，計畫得到咸豐帝批准，湘軍改為編練水、陸軍各五千人。咸豐四年（一八五四年）初，湘軍練成水、陸師一萬七千人，會師湘潭。

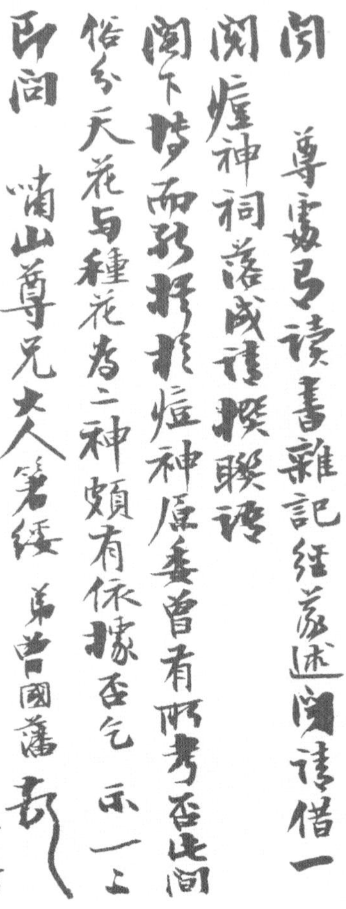
曾國藩手跡

⊙屢敗屢戰

咸豐四年（一八五四年）初，曾國藩撰檄文聲討太平天國，誓師出戰，向西征太平軍進攻，大敗於岳州、靖港。曾國藩痛不欲生，投水自殺，被左右救起。

隨後，曾國藩重整旗鼓，率湘軍在湘潭獲得勝利，開始轉入反攻。接著，湘軍北上攻陷岳州。同年秋，又攻占武昌、漢陽。

咸豐五年（一八五五年）初，曾國藩率水師進攻九江、湖口，太平軍翼王石達開率部來援。曾國藩的大部分陸軍屯紮在九江之南，只有水師在鄱陽湖的湖口附近。石達開施展誘敵之計，先讓湘軍水師獲得小勝。湘軍焚毀了太平軍幾十條船隻後，打算乘勝追擊，進入鄱陽湖，不料進入後，大船便被攔截在狹窄的湖口，轉動不靈，進退不得。

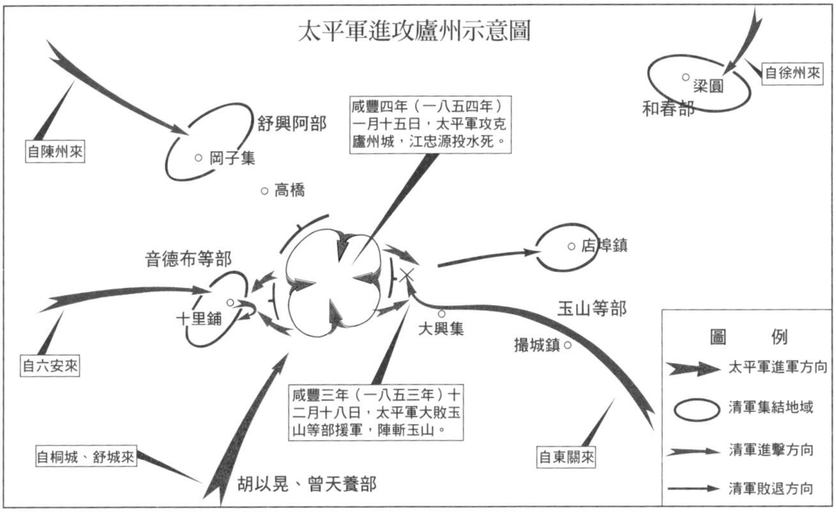

十二天後，湘軍遭遇太平軍攻擊，數十艘大船被毀，曾國藩率殘部退至九江以西的官牌夾，座船被太平軍圍困。曾國藩第二次投水自殺，被隨從撈起，只得退守南昌。

其間，曾國藩上奏戰況，本擬自稱「屢戰屢敗」，幕僚建議改為「屢敗屢戰」，形象大為提升。

咸豐八年（一八五八年），曾國藩辦理浙江軍務。這時太平天國傑出的軍事家石達開已出走進入福建，清廷命令曾國藩增援福建。後來，石達開進入湖南，圍攻寶慶，清廷又命曾國藩援助四川。曾國藩堅持先解決洪秀全部的主張，率兵攻克景德鎮後進軍安徽，圍攻安慶。

咸豐十年（一八六〇年），清廷任命曾國藩為兩江總督，從此取得軍政大權。

咸豐十一年（一八六一年），太平軍為解安慶之圍，由英王陳玉成和忠王李秀成各率一路西進。陳玉成克黃州，進逼武昌，李秀成攻克景德鎮，切斷曾國藩駐地祁門（今屬安徽）的糧道。

曾國藩決定進攻徽州，以解決糧食問題，卻在休寧被李秀成包圍，湘軍八個營遭擊潰。曾國藩寫好遺囑，又一次準備自殺，但好友左宗棠及時來援，又一次轉危為安。

咸豐十一年（一八六一年）秋，曾國藩督促弟曾國荃率軍攻克安慶。第二年，曾國藩以安慶為大本營，命曾國荃部順江東下，左宗棠部從江西攻浙江，李鴻章部從上海攻蘇南，以實現對天京的戰略包圍。同治三年（一八六四年），湘軍攻破天京。

大功未成，內亂先起

●時間：西元一八五六年
●人物：洪秀全　楊秀清
韋昌輝　石達開

咸豐六年（一八五六年），太平天國內部爆發天京事變。由於農民階層的局限性，在太平天國內部隱患早已存在，而天京事變則成為太平天國由盛逐漸轉衰的一個轉折點。

⊙首倡六王

金田起兵時有六個領袖人物，分別是洪秀全、楊秀清、馮雲山、蕭朝貴、韋昌輝、石達開。太平天國成立後，洪秀全作為拜上帝教教主和信徒的精神領袖，以天王身分，成為太平天國的政治領袖。

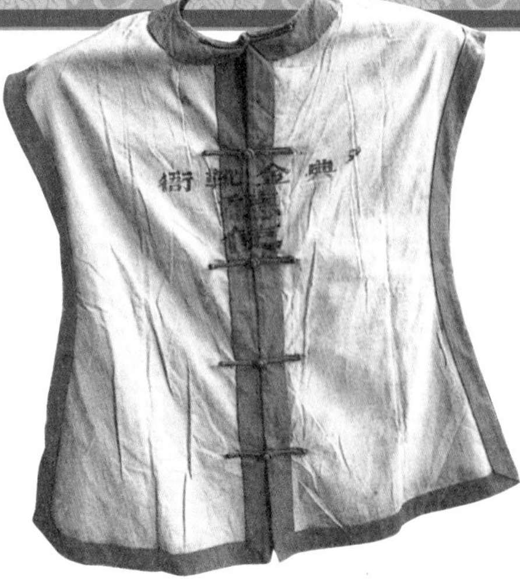

太平軍典金靴衙「聽使」號衣（復原件）

馮雲山是洪秀全最早的信徒，也是好友和最得力的助手。楊秀清與蕭朝貴都是紫荊山區以燒炭為業的貧民，是上帝會早期基本組成力量中的成員。楊、蕭兩人分別託稱天父、天兄下凡，從而成為拜上帝教的領導成員。

韋昌輝是桂平縣金田村人，家境富裕，也是上帝教的核心成員。在籌劃階段，韋昌輝出錢出力，貢獻很大，洪秀全正式宣布起兵的地點便是在韋家祠堂。

石達開是貴縣人，家境較好，練達老成，為人豪爽，富有韜略。金田事起時，石達開召集了一支約四千人的隊伍。

建國之初，洪秀全分封五軍主將，楊秀清為中軍主將，蕭朝貴為前軍主將，馮雲山為後軍主將，韋昌輝為右軍主將，石達開為左軍主將。永安時期，洪秀全又封楊秀清為東王，蕭朝貴為西王，馮雲山為南王，韋昌輝為北王，石達開為翼王，並明確宣布東王有權節制其他諸王，掌握太平天國的實際軍政大權。

洪秀全雖是太平天國的真命天子，但當楊、蕭託稱天父、天兄下凡時，作為天父次子、天兄胞弟的他又不得不俯首聽命，這種奇特的格局為日後的權力紛爭埋下了隱患。

咸豐二年（一八五二年）六月，馮雲山在攻打廣西全州時中砲犧牲。九月，蕭朝貴在攻打長沙時陣亡。

⊙楊秀清專權

定都天京後，洪秀全深居簡出，軍政事務完全由東王楊秀清負責處理。楊秀清知識較低，但才智過人，居功自傲，加上擁有天父下凡這塊金字招牌，個人野心膨脹，對洪秀全有時也以「天父」的名義責罰，對其他文武百官更是毫不客氣，動輒加以處罰。

北王韋昌輝、翼王石達開此時是朝中第三、四號人物，但兩人見了東王也需下跪。楊秀清尤其看不上韋昌輝，經常羞辱他。

處在上升階段的太平天國內部出現分裂，瀰漫著猜忌和殺氣，只是當局者迷的楊秀清眾叛親離尚不自知，還在做著自封「萬歲」的美夢。

楊秀清逼封萬歲是天京事變的導火線。咸豐六年（一八五六年）八月，楊秀清要求洪秀全封自己為萬歲，與洪秀全平起平坐。此時，韋昌輝、石達開、秦日綱都不在京城，分別在湖北、江西和丹陽督戰，楊秀清掌握著行政權力和天京地區的兵權。洪秀全孤立無援，只好答應，同時密令韋昌輝等回京勤王。

楊秀清雖然掌握著太平天國的軍政大權，但平時專橫跋扈、不得人心，逼封萬歲之舉更是令人震驚。因此，在楊秀清逼宮過程中，除了嫡系外，滿朝文武大都站在洪秀全一邊。八月十六日晨，楊秀清又宣布秦日綱、陳承瑢通敵，等於給兩人定下死罪，把他們逼上了絕路。

⊙天京之亂

一場誅殺楊秀清的行動開始了，其主要執行者便是北王韋昌輝。八月底，韋昌輝率三千親兵從江西前線返回天京。九月一日深夜，韋昌輝在陳承瑢的接應下潛入天京城，包圍東王府。與此同時，秦日綱也率親兵從丹陽前線祕密返京策應。

九月二日凌晨，韋昌輝率部突襲東王府，殺死楊秀清及全家。天明時分，楊秀清的首級懸出示眾。隨後，韋昌輝親兵在全城展開大搜捕，下令凡東王所屬必須自首，匿者連坐，在京外的東王親信將領也受株連。

對於韋昌輝大肆殺戮太平軍將士的做法，洪秀全很不贊同，表示誅殺楊秀清事出無奈，其部屬無辜，不應受到株連。韋昌輝認為洪秀全起初借

歷史詞典

聖庫制度

太平天國癸好三年，即清咸豐三年（一八五三年）二月，太平天國根據「凡物皆天父賜來，不須錢買」，和「天下農民米穀，商賈資本，皆天父所有，全應解歸聖庫」的思想，下令沒收商賈的私人資本貨物，廢除商業貿易，在天京水西門燈籠巷設立「天朝聖庫」，總管天朝公共財務。規定個人一切財產及戰利品皆應上繳聖庫，人們的日常生活所需由聖庫供給。凡私藏金一兩、銀五兩者，一經查出，金銀沒官，人即治罪。

聖庫制度早在金田事件之初就開始實行，各地會眾將所攜帶的財物繳納於聖庫，全體會眾的生活一律由聖庫供給，不得擁有私有財產，以後在行軍打仗時也一再重申不得私藏金銀寶貨。這項制度在天京實行以後，遇到種種困難，後逐漸廢棄。

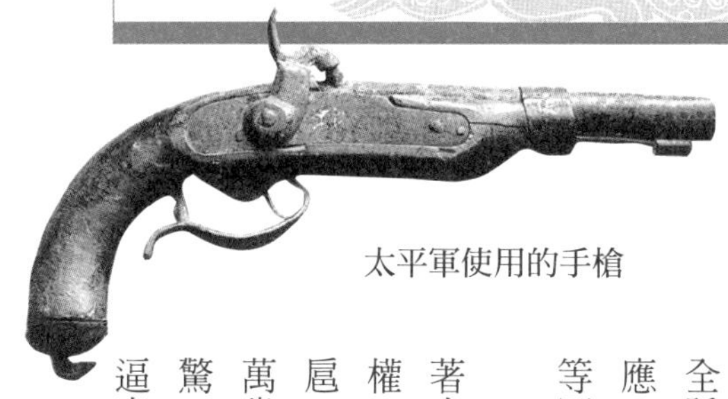

太平軍使用的手槍

太平軍使用的子母砲

刀殺人，如今又反過來埋怨，收買楊秀清餘黨，自己卻裡外不是人，於是下令無論男女老幼，將東王親屬舊部全部處死。慘絕人寰的大屠殺一連持續數日，共有兩萬多人被殺。

石達開聞變後，率親信數人從武昌匆匆趕回，指責韋昌輝濫殺無辜。韋昌輝認為石達開偏袒楊秀清一夥，對石達開也動了殺機。石達開為防不測，連夜縋城而走。韋昌輝竟將其滿門抄斬，同時命令部隊圍攻天王府，逼洪秀全懸賞誅殺石達開。

石達開逃到安慶後，率部進駐寧國、蕪湖一帶，討伐韋昌輝。此時韋昌輝已經完全失去人心，連部下也覺得他的舉動太過分了。洪秀全下令討伐韋昌輝，得到眾人支持。十一月二日，韋昌輝伏誅，妻小全部被殺，但部屬沒有受到株連，只有兩百多人被殺。

在這次事變後，石達開眾望所歸，滿朝文武一致推舉總管太平天國政務，並推為「義王」。十一月下旬，石達開入京。二十八日，追隨韋昌輝大肆殺戮無辜的秦日綱、陳承瑢二人伏誅。

天京事變後，石達開回京主理朝政，太平軍出現了一些轉機，但此時的洪秀全不再信任異姓，轉而提拔親兄弟為王，以牽制石達開。

第二年夏天，石達開負氣離開天京，率領十多萬精銳部隊另闢戰場，洪秀全、石達開分道揚鑣，太平天國再次分裂。

⊙天京事變的影響

在天京事變中，東王楊秀清、北王韋昌輝先後被殺，翼王石達開帶兵出走，太平天國首倡諸王僅剩下天王洪秀全一人，舊的領導集團解體。

在這次事變中，兩萬多太平天國

今南京的太平天國天王府遺址（內景）

將士死在自己兄弟的屠刀之下，十幾萬精銳跟隨石達開離開，太平軍實力銳減，出現了「朝中無將，國中無人」的局面。

經此事件，太平天國元氣大傷，在軍事上很快陷入被動，而屢戰屢敗的清軍由此獲得喘息之機，趁勢反擊，太平天國湖北、江西根據地全部淪陷，天京外圍的城池也相繼失守。到咸豐八年（一八五八年）初，天京再次陷入清軍江南、江北大營的圍困之中。

此次內亂影響巨大，號為兄弟的各王相互殘殺並牽涉無辜，代天父傳言的楊秀清身首異處，東王、北王、翼王一家老小魂歸西天，兩萬多無辜將士慘遭屠戮，使太平軍人人疑慮寒心。在江西，石達開部與洪秀全部發生火拚，民間遂有「江西賊殺賊，南京王殺王」一說。石達開部轉戰浙、閩、贛、湘、川、滇、黔等地，最後於同治二年（一八六三年）六月徹底敗亡於四川大渡河畔。

火燒圓明園

●時間：西元一八六〇年
●人物：額爾金　葛羅

有一天，兩個強盜闖進了圓明園，一個強盜大肆掠劫，另一個強盜縱火焚燒。從他們的行為來看，勝利者也可能是強盜。一場對圓明園的空前洗劫開始了，兩個征服者平分贓物。真是豐功偉績，天賜的橫財！

——雨果

咸豐六年（一八五六年），英國發動侵略中國的第二次鴉片戰爭。次年，英國聯合法國組成英法聯軍。咸豐八年（一八五八年），英法聯軍攻陷天津，清政府被迫簽訂《天津條約》。

咸豐九年（一八五九年）初，英法聯軍提出進京換約，並與清政府就如何進京產生分歧。隨後，英法聯軍突襲天津大沽砲臺，砲臺守軍奮起還擊，擊退來敵。

咸豐十年（一八六〇年），英法聯軍兩萬多人、艦船二百多艘捲土重來，向大沽砲臺發動猛攻，砲臺失守。英法聯軍一路殺向北京，咸豐帝攜后妃慌忙出逃。英法聯軍來到北京城下，俄國外交官伊格納提耶夫提供了北京的佈防情況，並告知清朝皇帝正在西北郊外的圓明園，英法聯軍便直撲圓明園而來。

⊙無恥洗劫

圓明園始建於明朝，康熙年間又重修擴建，歷經一百五十多年，吸取歷代宮殿特色，融會中西建築風格，園中有園，景中有景，美不勝收，被譽為萬園之園。園內更是聚集古今中外藝術珍品，收藏有大量珍寶古玩、圖書和歷史文物。

咸豐十年（一八六〇年）八月二十二日，英法聯軍來到圓明園，既驚訝於它的瑰麗，更垂涎園中珍藏。首先闖入的法軍士兵像發狂一樣，見到金銀珠寶就往口袋裡裝，溢出的珍寶四處散落。晚來一步的英軍把能裝走、帶走的統統收入囊中，一些不能帶走的，如瓷器等，就全部打爛。圓明園

被毀後的圓明園西洋樓

圓明園大水法遺址

大水法在圓明園西洋樓遠瀛觀南端，這是乾隆帝觀看噴水景觀之地。咸豐十年（一八六〇年）為英法聯軍焚毀。

內成了強盜的天下，士兵一隊隊來，無數珍寶一批批搬走。

到了十七日，聯軍頭目更是下令可以自由搶劫。一個參與搶劫的英國書記官寫道：「十月十七日，聯軍司令部正式下令可以自由劫掠，於是英法軍官與士兵瘋狂搶奪，每個人都是腰囊纍纍，滿載而歸。這時全園秩序大亂，法國兵駐紮園前，手持木棒，遇珍貴可攜者則攫而爭奪，遇珍貴不可攜的如銅器、瓷器、楠木等物則以棒擊毀，必致粉碎而後快。」

《泰晤士報》駐北京記者發回的通訊報導說：「據估計，被劫掠的和被破壞的財產總值超過六百萬鎊。在場的每一個軍人都掠奪很多。在進入皇帝的宮殿後，誰也不知該拿甚麼，為了金子而把銀子丟了，為了鑲有珠玉的時鐘和寶石又把金子丟了，無價的瓷器和琺琅瓶因太大不能運走，竟被打碎……」圓明園被洗劫一空。

⊙火燒圓明園

第一次大肆搶劫後，英國公使額爾金便下令英軍火燒圓明園，以掩蓋強盜罪行。大火三日不滅，圓明園成為斷壁殘垣。

十月十八日，英法聯軍再次火燒圓明園，要讓它成為一堆瓦礫灰燼。額爾金對法國公使葛羅說：「我們能帶走的只是一些寶貝，這座美麗的園子我們帶不走。我們英國有的東西，別的國家可以沒有；但是英國沒有的東西，別的國家也不能有。我們要在這個古老的東方民族身上留下我們征服的印記。」由於面積太大，圓明園中少許偏僻之處及水中景點得以逃過劫難。

同治十二年（一八七三年）勘查時，園內還有建築十三處。光緒二十六年（一九〇〇年），八國聯軍入侵北京，再度火燒圓明園，殘存的十三處建築再遭焚劫。

如今的圓明園只有大水法等幾處殘壁頹垣，滿身傷痕豎立在一片廢墟之中，向過往的行人講述著這個民族曾經的恥辱。

圓明園西洋樓僅存的斷壁殘垣

皇宮與皇家園林

清朝的皇宮主要為入關前的盛京皇宮和入關後的北京紫禁城。皇宮之外，清代並建有許多皇家園林。其中北京城內最著名為「三山五園」（香山、玉泉山、萬壽山和靜宜園、靜明園、清漪園、暢春園、圓明園）。京城之外最著名的皇家園林便是避暑山莊了。

紫禁城

李自成在撤出北京前焚毀了紫禁城大部分建築。清朝入關後，順治、康熙兩朝修復重建了被毀建築。

紫禁城的大門為南面的午門。進入午門即為紫禁城的「外朝」部分，

主體建築為太和殿、中和殿和保和殿組成的三大殿，是皇帝舉行大典的主要場所。外朝之後是由乾清門、乾清宮、交泰殿、坤寧宮、御花園及東西若干組建築院落組成的「內廷」。這裡是皇帝處理日常政務和提供皇帝、皇后、皇太后、妃子、皇子等生活、遊樂的地方。

盛京皇宮

盛京（今遼寧瀋陽）皇宮始建於後金天命十年（天啓五年，一六二五年），建成於清崇德元年（崇禎九年，一六三六年），是清太祖努爾哈赤和清太宗皇太極營造和使用過的宮殿，清世祖福臨在這裡即皇位，並於當年入關。入關後，盛京定為陪都，皇宮又稱「盛京宮闕」或「陪都宮殿」。

盛京皇宮內有房屋三百多間，共組成二十多個院落，可分為東路、中路和西路三大部分。作為主體的中路上，由南至北依次建有大清門、崇政殿、鳳凰樓、清寧宮，其他主要建築有大政殿和十王亭等。

頤和園

頤和園座落於北京西郊，明代為皇室好山園，清乾隆時改建為清漪園，咸豐十年（一八六〇年）遭英法聯軍焚毀。光緒十四年（一八八八年），慈禧太后挪用海軍經費重建，改名頤和園，二十一年（一八九五年）工程基本結束。二十六年（一九〇〇年）又遭八國聯軍破壞，二十九年（一九〇三年）進行修復，三十一年（一九〇五年）全面竣工。

頤和園由萬壽山和昆明湖組成。建築形式多模擬江南名勝古蹟，因地制宜創建了眾多廊、橋、亭、榭、殿、宇、樓、臺，結構精巧，別具風格。作為大型皇家園林，頤和園是中國目前保存得最完整的一座行宮御苑，集中呈現了中國古代園林建築藝術的卓越成就，列為世界文化遺產。

避暑山莊

避暑山莊位於熱河承德（今屬河北）。清初為了撫綏蒙古各部，舉行木蘭秋獮大典（即通過狩獵的形式進行軍事演習，並對蒙古王公予以接見和賞賜的活動），決定在熱河建造一處行宮。康熙四十二年（一七〇三年）開始動工，四十七年（一七〇八年）初步建成，稱「熱河行宮」。五十年（一七一一年），康熙帝親筆題名為「避暑山莊」。到乾隆五十七年（一七九二年），山莊的主要建築全部完成。

山莊占地面積為五百六十萬平方公尺，相當於兩個頤和園面積總和。四周由長達十公里的虎皮宮牆圍繞。宮牆內主要由山區、平原、湖區、宮殿區四個部分組成。按其功能則分為宮殿區和苑景區兩大部分。宮殿區包括正宮、東宮、松鶴齋和萬壑松風四組建築，是皇帝日常起居、處理政務、宴饗娛樂和舉行重大慶典的場所。苑景區包括山區、湖區和平原區，是皇帝漁獵遊玩之地。

嘉慶以後，清帝基本不再舉行木蘭秋獮，前往山莊避暑的次數減少，這座曾繁華一時的皇家園林也迅速衰敗。

叔嫂合議謀政變

●時間：西元一八六一年
●人物：慈禧太后　奕訢

咸豐帝去世後，肅順等八大臣輔政。慈禧太后和恭親王奕訢合謀發動政變，推翻了八大臣，控制了朝政。

咸豐十年（一八六〇年），英法聯軍入侵北京，咸豐帝攜后妃慌忙逃往熱河，諭令皇六弟恭親王奕訢留守北京，負責與聯軍議和。奕訢通過簽訂《北京條約》和處理善後事宜，得到侵略者的歡心，樹立起威信，籠絡了大批在京官員。

咸豐十一年（一八六一年），咸豐帝在熱河病逝，年僅六歲的皇子載淳繼位，改年號「祺祥」。咸豐帝遺命肅順、端華、景壽、載垣等八人為「贊襄政務王大臣」，即顧命大臣，總攝朝政。咸豐帝向來不喜弟弟奕訢，完全排斥在權力體系之外，加之奕訢與肅順等人本就政見不同，肅順得權，給奕訢帶來很大威脅。

皇帝朝袍　清

為了防止八大臣專權，咸豐帝臨終前分別將「御賞」「同道堂」兩顆印章交給皇后（即後來的慈安太后）和懿貴妃（即後來的慈禧太后），作為日後頒布詔令的符信，以此節制八大臣，意味著兩位太后對八大臣做出決斷持有否決權。

載淳的生母慈禧太后權慾極強，咸豐帝在世時，她就常常代為批閱奏章。咸豐帝去世後，載淳年幼，慈禧太后想以生母的身分攬權，在說服東宮慈安太后後，就只有肅順等幾個絆腳石。為了對付共同的敵人，慈禧太后和奕訢勾結，密謀推翻八大輔臣。

水晶內畫肖像鼻煙壺　清

⊙叔嫂密謀

咸豐十一年（一八六一年）八月十日，御史董元醇奏請皇太后垂簾聽政，並派近支親王輔政，被肅順、載垣等以「本朝無太后垂簾故事」為由否決。慈禧和奕訢很是惱怒，但時機並不成熟，兩人尚無力與肅順等人抗衡，為了平息風波，只好將董元醇治罪了事。

為了增加己方籌碼，奕訢派人在京中拜訪英法等外國公使，爭取支持。肅順等主戰派向來是外國侵略中國的阻礙，而奕訢在簽訂《北京條約》中的表現深得英法歡心，英法等國決定扶持奕訢對抗肅順，明確表示支持他的奪權計畫。

奕訢取得外國勢力支持後，以奔喪為名前往熱河，肅順心有所忌，以各種藉口阻撓，但沒有成功。奕訢到達熱河後，肅順等又以「太后無理召見外臣」，「叔嫂避嫌」為由，阻止面見慈禧和慈安。狡猾的慈禧鼓動慈安出面，以敘說親情為由與肅順交涉，終於得以會見奕訢。雙方密謀良久，達成協議，便分頭行動。

奕訢回到北京後嚴密部署，準備政變，多方游說，先後爭取到刑部尚書、戶部尚書和大學士等部院大臣的支持，又通過族親關係，得到蒙古親王的首肯。奕訢深知軍隊對政變的成功至關重要，費盡心思，終於收買了掌握重兵的兵部侍郎勝保，把兵力佈置在密雲，隨時待命。終於一切就緒，只待肅順等自投羅網。

肅順等人起初遲遲不肯回京，在兩宮太后不斷催促，在京大臣每日奏請太后回京的壓力下，最後才不得已同意迴鑾北京。

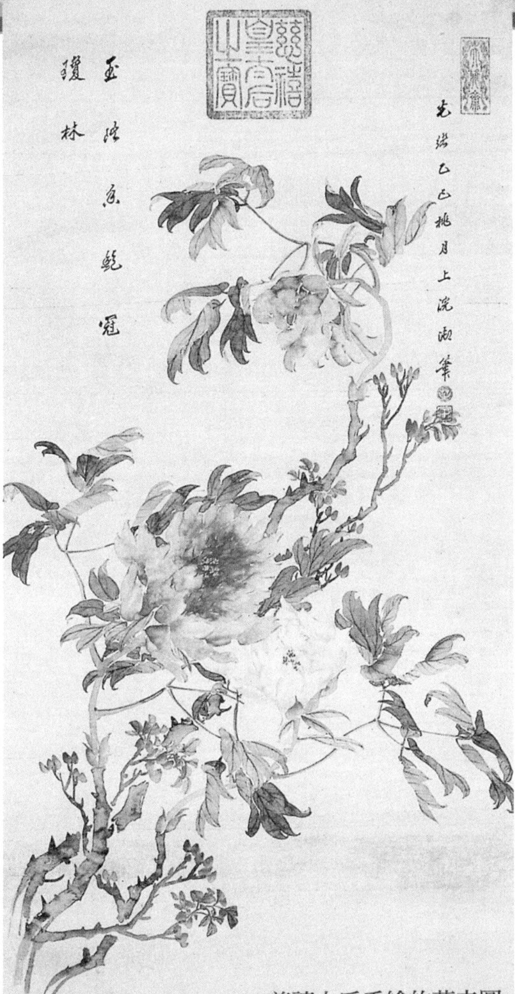

慈禧太后手繪的花卉圖

⊙辛酉政變

十月二十六日，兩宮太后攜載淳以及端華、載垣等人啟程先行回京，肅順護送咸豐帝靈柩在後。到京當日，慈禧立即召奕訢密商。

次日清晨早朝時分，政變發動，奕訢迅速出擊，宣布奉旨解除肅順等八大臣職務，當場捉拿端華、載垣等人，隨後派兵到密雲捉拿尚在回京路上的肅順。

慈禧發布上諭，宣布八大臣的罪狀，包括「不能盡心和議」等，否認咸豐帝遺詔，下令將肅順斬首，賜端華、載垣自盡，其餘五大臣或革職、或充軍。同時廢除八大臣為載淳啟用的年號「祺祥」，取兩宮太后和皇帝同時治理天下之意，改年號「同治」，以一八六二年為同治元年。時值農曆辛酉年，所以此次政變稱為「辛酉政變」，也稱「祺祥政變」、「北京政變」。

垂簾聽政

●時間：西元一八六一年
●人物：慈禧太后

慈禧太后垂簾聽政，掌握了最高權力，對外以議和為主，盡力滿足各國需求，對內重用漢族官僚，聯合平定太平天國運動。

成功發動北京政變後，慈禧太后和奕訢宣布「兩太后垂簾聽政」，八位顧命大臣或殺或免職或發配充軍，黨羽也多被貶黜。

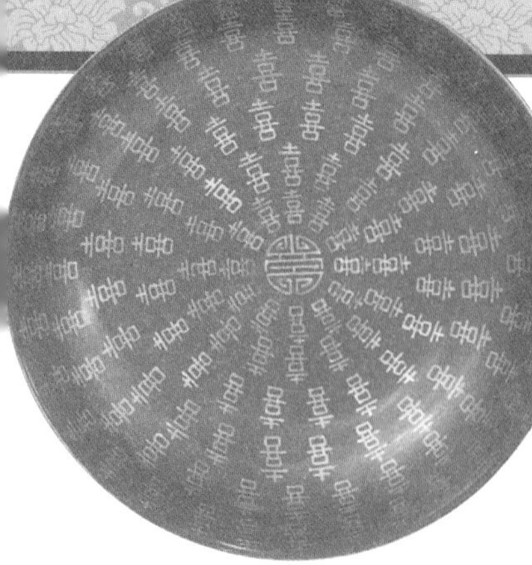

紅釉描金喜字盤

此盤是同治七年（一八六八年）皇帝大婚時燒製的，盤心飾描金喜字共六圈一百三十二字。

⊙垂簾聽政

咸豐十一年（一八六一年）十一月初一，垂簾大典在紫禁城養心殿舉行，兩宮皇太后正式垂簾聽政，同時任命奕訢攝政王、軍機處領班大臣、總理衙門大臣等多項職務。慈禧太后賜奕訢在紫禁城騎馬行走的特權，又授予奕訢長女向來只有皇帝嫡女才能享有的「固倫公主」封號，奕訢的權力達到登峰造極的地步。慈禧太后用心良苦，雖然已經垂簾聽政，但政權尚未穩固，必須依靠奕訢輔助。

從兩宮皇太后正式垂簾聽政這天起，同治帝發布的諭旨前都要加上「朕奉母后皇太后、聖母皇太后懿旨」字樣，兩宮太后走到了權力的幕前。實際上，慈安太后軟弱無能，權力都掌握在慈禧太后一人手中。

帝王時代講究男女有別，內外不同，皇室更要以身作則，文武百官並不能面見皇后、皇太后或其他後宮嬪妃。如今皇帝年幼，皇太后要聽政，

紫禁城儲秀宮

儲秀宮內正間，慈禧太后曾居此宮。

慈禧太后在頤和園樂壽堂與外國公使夫人合影

古制又不能破壞，於是就在皇太后和臣子之間垂簾，在皇帝寶座之後設立兩太后的寶座，中間用八扇黃屏風隔開，早朝稟事、宣讀諭旨都要隔著簾子進行。

如果要召見大臣，就請他們前往養心殿東暖閣面聖，在牆前的欄杆掛上一幅黃幔，簾前正中是同治帝的御榻，慈禧太后和大臣隔著簾子對話，年幼的小皇帝在御榻上玩耍，有時候聽著聽著就睡著了。

奕訢本來以為孤兒寡母成不了大氣候，國家大事還是自己主持。但沒有想到，慈禧雖為婦人卻生性狠毒，手段毒辣，權力慾極強，根本不能容忍有人在她之上。到頭來，奕訢不得不臣服於慈禧，並終身受制。慈禧掌握中國最高統治權力長達四十七年，給中華民族帶來了無窮的災難。

「中外友好」

北京政變後，清朝的實權掌握在以慈禧為首的「中外友好」派手中。他們向外國侵略勢力示好，實行以和為主、保持中外和局的政策。英國公使甚至向國內報告說：「這次危機之決定轉向有利於我們在華利益的方向，實受我們所執行的路線的極大影響。」

英法等國相繼表示願意幫助清廷鎮壓太平天國，慈禧宣布借師助剿，借外國武裝力量對付太平天國，實現了「中外友好」的第一次合作——「聯合剿匪」。「剿匪」成功後，雙方更進一步合作，慈禧盡全力結「與國之歡心」。

倚重漢官

為了維護清朝統治，鞏固地位，慈禧太后不得不重用漢族官僚，讓他們放手絞殺太平天國運動。垂簾聽政的當日，慈禧太后就授權曾國藩統轄蘇皖浙贛四省軍務，督撫以下的文武官員都歸節制，在清王朝是史無前例的。李鴻章率領淮軍到達上海後，清廷任命為江蘇巡撫。漢族官僚勢力不斷擴大，地方政務逐漸為其控制。

洋務運動興起後，朝中權力多為洋務派漢官所有，李鴻章更成為權傾朝野的「中堂大人」。晚清政局正在發生著前所未有的變動。

京劇

京劇的前身是徽劇，通稱皮黃戲。皮黃戲演變成京劇，大致經歷了兩次合流，即秦徽合流與徽漢合流。乾隆年間，「四大徽班」進京，以唱二黃調為主，兼唱崑腔、吹腔等各個腔調，很快壓倒秦腔。秦腔班的演員部分加入徽班，形成徽、秦兩腔合作的局面。

道光年間，湖北演員入京，使湖北的西皮調與安徽的二黃調交融，形成第二次匯流。

光緒、宣統年間，北京皮黃班到上海演出，以悅耳動聽的京調取勝安徽皮黃班，人稱「京戲」，「京戲」一名遂由上海傳至北京。京劇形成之初便進入宮廷，在皇室的提倡下得到迅速發展，並在歷代名家的努力下更臻完美，成為中國影響最大、最有代表性的戲曲劇種。

▼關羽臉譜

《水淹七軍》中關羽臉譜像，勾「紅色整臉」，顯出其形象莊重威嚴。

▼《打龍袍》中包拯的扮相

◀故宮大戲臺

戲劇在清代宮廷文化中占有一席之地。

▶四大徽班進京

徽班，是以安徽籍（特別是安慶地區）藝人為主，兼唱二黃、崑曲、梆子等腔的戲曲班社。乾隆五十五年（一七九○年），揚州三慶徽班被徵調進京為乾隆帝祝壽。此後，四喜、啓秀、霓翠、和春、春臺等徽班相繼進京。六徽班後來逐漸合併成三慶、四喜、春臺、和春四大徽班。四大徽班在適應北京觀衆多方面的需求和發揮各班演員的特長的同時，逐漸形成了各自不同的風格：三慶擅長連演整本大戲，四喜擅長演唱崑曲，和春擅長於演武戲，春臺以童伶見長。嘉慶、道光年間，漢調（楚調）藝人進京參加徽班演出，徽班又兼習楚調之長，奠定了匯合二黃、西皮、崑、秦諸腔向京劇衍變的基礎。四大徽班進京被視為京劇誕生的前奏。

◀京劇臉譜的色彩與人物性格

京劇臉譜有紅、紫、黑、白、藍、綠、黃、老紅、瓦灰、金、銀等色，為性格象徵的寓意用色。一般說來，紅色表現人物的赤膽忠心，紫色象徵智勇剛毅，黑色呈現人物富有忠正耿直的高貴品格，水白色暗寓人物生性奸詐、手段狠毒，油白色則表現自負跋扈的性格，藍色寓意剛強勇猛，綠色勾畫出人物的俠骨義腸，黃色意示殘暴，老紅色多表現德高望重的忠勇老將，瓦灰色寓示老年梟雄，金、銀二色多用於神、佛、鬼怪，以示其金面金身。京劇臉譜用色雖分類型，但也不是絕對的，仍有很大的靈活性。

▼同光十三絕

「同光十三絕」皆為同治至光緒初期活躍在舞臺上和觀衆心目中的各行名角，是徽班進京後，徽調、崑腔等諸腔逐漸衍變為京劇的十三位奠基人。

洪仁玕與《資政新篇》

●時間：西元一八五九～一八六四年
●人物：洪仁玕

洪仁玕的《資政新篇》反映了時代特點，符合歷史前進的方向。儘管《資政新篇》提出的方案還不完善，且當時也不完全具備實現的社會條件，實踐上也未付諸實施，卻為近代中國探索國家出路提供了可貴的思路。

洪仁玕（一八二二～一八六四年），廣東花縣（今屬廣州）人。洪仁玕是洪秀全的族弟，也是拜上帝教的早期信徒。金田起兵時，洪仁玕在廣東，後來為躲避官方追捕到了香港。

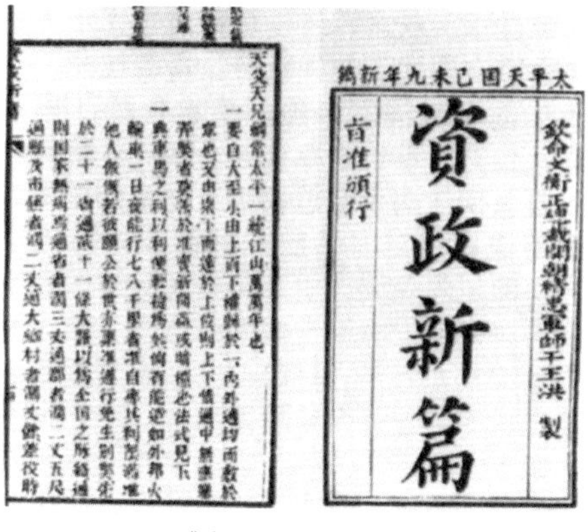

《資政新篇》書影

期間洪仁玕對西方資本主義國家的政治、文化和宗教有了較多認識和研究。

⊙資本主義色彩的施政綱領

咸豐九年（一八五九年），洪仁玕到達太平天國首都天京。當時太平天國內外交困，內有東王楊秀清、北王韋昌輝先後被殺，翼王石達開率部出走，外則面臨清軍江南和江北大營的圍攻。

值此用人之際，洪仁玕的到來讓洪秀全喜出望外。洪仁玕是洪秀全的族弟，更易為其信任，又具備西方先進的政治思想，因此到天京不過二十多天就被洪秀全封為干王，讓他總理朝政。洪仁玕就任不久，就向洪秀全提出帶有資本主義色彩的施政綱領——《資政新篇》。

《資政新篇》的主要內容有：政治上，主張「設法用人」，反對「結黨聯盟」，強調「權歸於一」。經濟上，主張效仿西方資本主義，發展近代交通運輸事業、金融事業、資本主

太平天國與清軍作戰圖

義工商業。文化習俗上，主張興辦教育、醫院、慈善事業，禁止舊的風俗習慣。外交上，主張與外國平等交往，自由通商，進行文化交流，但不允許外國人干涉太平天國內政。

《資政新篇》作為太平天國後期的政治綱領，基本上是要按照西方資本主義模式來改造中國，希望通過發展資本主義工商業，達到「兵強國富，俗厚風淳」。

歷史詞典

墨海書館

墨海書館由英國傳教士麥都思創辦。道光二十三年（一八四三年），他將設在巴達維亞（今印度尼西亞的雅加達）的印刷所遷至上海，改名為墨海書館，這是上海第一家有鉛印機器設備的印刷所。印刷機採用鉛活字排版，由牛驅動。

墨海書館在當時不僅以先進的設備聞名，並且彙集了許多知名人士如李善蘭、王韜等，成為中外學人合作譯書、切磋學術的重要場所。書館在翻譯西方科技書籍方面成績斐然。這時期社會上流傳的重要西學著作，如《幾何原本》（後九卷）、《談天》、《重天》、《代微積拾級》等，多是由該書館翻譯出版的。在道咸年間，墨海書館是最重要的譯書機構。十九世紀六〇年代以後，墨海書館漸衰，江南製造局翻譯館、美華書館取代了它的地位。

⊙《資政新篇》的深遠影響

由於洪仁玕更多接觸到西方科學文化，又處於與清王朝根本對立的地位，所以他的改革思想更為鮮明。在《資政新篇》中，洪仁玕對舊式教育進行猛烈批判，認為在科舉制度的限制下，學校教授、士人學習的都是空洞無物的文言，對國家和黎民沒有絲毫實際意義，反而使得頭腦禁錮，還不如不讀書的人思想開闊。

洪仁玕所認為的「正道」，首先是太平天國的教義，其次是西方的先進制度和科學技術。他認為輪船、火車、鐘錶、溫度計、望遠鏡、連發槍這些國外先進事物都是有用的東西，並不是被傳統守舊派所貶斥的「奇技淫巧」，主張讓外國人來中國傳授新科技、新知識，鼓勵國人力學求新。

洪秀全將《資政新篇》幾乎逐條加以批示，對其中的絕大部分條款都表示贊同，下令刊印頒行。但《資政新篇》不是戰爭實踐的產物，也不反映當時農民最迫切的利益和要求，加上太平天國已處於衰落時期，缺乏物質基礎的《資政新篇》並沒有得到實際推行。

雖然只是形諸文字，《資政新篇》的意義卻不能忽視，畢竟是中國近代史上第一次提出從經濟、政治、教育等各方面向西方先進國家學習的政治主張，對後來的維新運動乃至辛亥革命都有著很大影響。

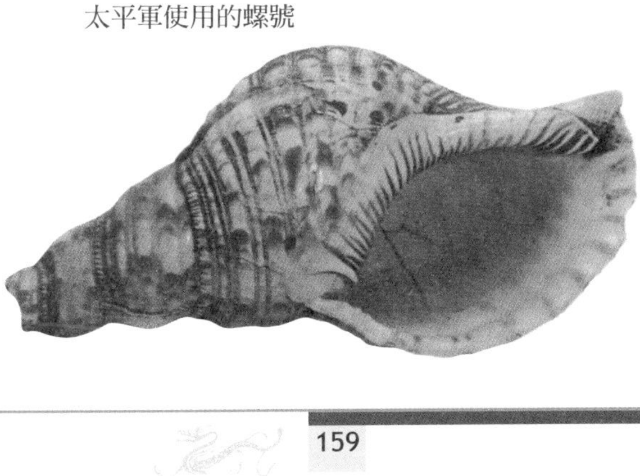

太平軍使用的螺號

天國末路

●時間：西元一八六四年
●人物：李秀成　陳玉成　洪仁玕　洪天貴福

天京事變後，太平天國的勢力大為削弱，天王洪秀全提升了陳玉成、李秀成等一批青年將領。他們帶領太平軍浴血奮戰，力挽危局。但太平天國衰敗的趨勢已無法根本逆轉，在中外各方勢力的聯合進攻下，終於失敗。

⊙忠王、英王撐危局

天京事變後，太平天國宿將喪失殆盡，洪秀全便提升了一批年輕將領統軍作戰，其中最出色的是李秀成和陳玉成。

陳玉成是廣西藤縣人，十四歲隨叔父加入太平軍，成為一名童子軍，參加過金田起兵，並在隨後的幾年內屢立軍功，二十三歲便封為英王。

李秀成也是廣西籐縣人，咸豐元年（一八五一年），二十九歲的李秀成加入太平軍，在此後的戎馬生涯中因戰功顯赫不斷升遷，直至封為忠王，在軍中的地位僅次於英王陳玉成。

天京事變後，此前一直處於守勢的清軍陸續奪回皖北、淮南、江西等地，天京重新被圍。太平天國的較大據點除了天京外，只剩下安慶、蕪湖、九江幾處。不久，九江失陷。

為了解天京之圍，李秀成進軍皖北，雖然取得一連串的勝利，但效果並不顯著。李秀成又生一計，率領三千精兵奔襲杭州，驚慌失措的清軍從包圍天京的軍隊中分兵馳援，李秀成則突然撤回天京，與城內的太平軍將士裡應外合，大敗清軍江南大營，解了天京之圍。隨後，李秀成又擊潰從杭州返回的清軍，占領常州、無錫、蘇州等地。

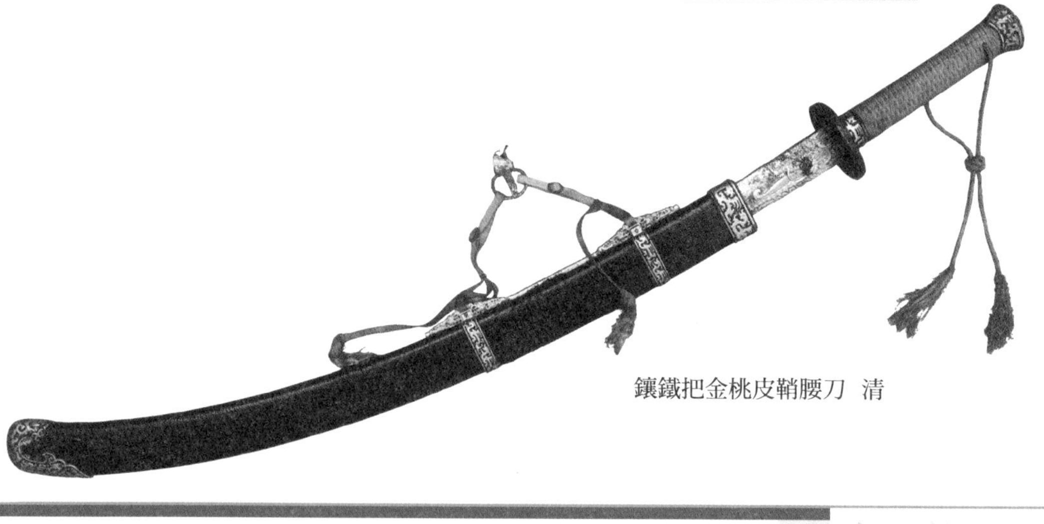

鑲鐵把金桃皮鞘腰刀　清

儘管太平軍在蘇南、浙江取得一系列戰果，但天京西部卻出現了危局。咸豐十一年（一八六一年）八月一日，在經過長達一年多的拉鋸戰後，安慶淪陷，陳玉成主力折損殆盡，天京上游門戶洞開。同治元年四月（一八六二年五月），陳玉成在壽州被捕，六月在河南延津被殺，年僅二十六歲。

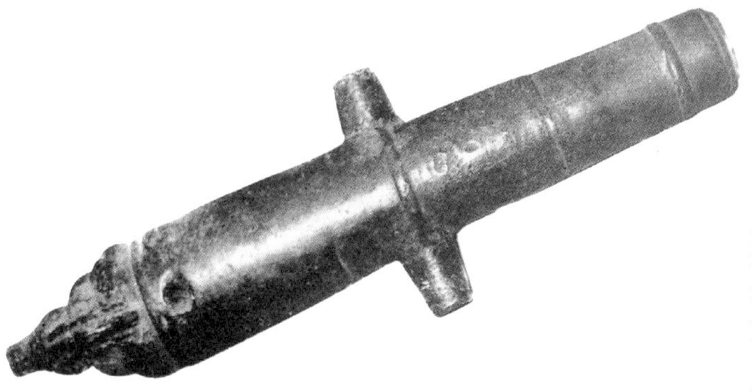

太平軍的具銘大砲

咸丰七年（一八五七年），石達開率軍進入江西，轉戰近半年之久，終不敵湘軍追剿，只得放棄江西，進軍浙閩。此砲即為石達開遠征部隊留在江西的，砲身鑄有銘文。

接著，曾國荃率湘軍主力順流而下，直逼天京，李鴻章部淮軍會同英、法軍隊進攻上海外圍，左宗棠部湘軍從江西進逼浙江，曾國藩坐鎮安慶指揮全局。同治元年（一八六二年）五月底，曾國荃一路兵臨天京城下。

十月中旬，天京告急，李秀成從上海附近回師救援。太平軍與湘軍在天京城外惡戰四十六天，未能突破清軍營壘。李秀成移兵皖北、鄂北，以調動圍攻天京的南岸湘軍增援。

李秀成在皖北作戰並不順利。同治二年四月二十七日（一八六三年六月十三日），天京城南等要塞失守，李秀成奉詔急返，在渡江時遭到湘軍襲擊，損失慘重。二十八日，李鴻章、左宗棠大舉進攻蘇、浙，李秀成又火速趕往蘇州。八月，李秀成回到天京，部署太平軍反擊。九月，又往蘇州指揮作戰。

十二月一日，再次返回天京。李秀成感到天京城再難守住，勸洪秀全撤離，洪秀全不肯離開，並訓斥李秀成。無奈之下，李秀成只得勉力守衛天京。

⊙忠王殉難

同治三年（一八六四年）春，湘軍正式合圍，封鎖所有道路，天京成為孤城。雙方攻防異常慘烈，城內將士只能靠野草充飢，圍城湘軍增至五萬餘人，太平天國危在旦夕。

六月一日，洪秀全病逝，終年五十一歲。李秀成扶立洪秀全的兒子洪天貴福繼位。洪天貴福是洪秀全的長子，金田起兵後冊立為「幼主」，太平天國定都時，洪天貴福年僅五歲，自入住天王府後從未出過宮門，對世事毫無所知。

七月十九日午後，湘軍轟塌太平門城牆二十餘丈，蜂擁而入。洪天貴福在宮樓上望見湘軍入城，趕緊往下跑，想離開天朝宮殿，卻被守護朝門的女官擋住。不久，李秀成和侍衛黃享乾趕到，保護洪天貴福突圍。李秀

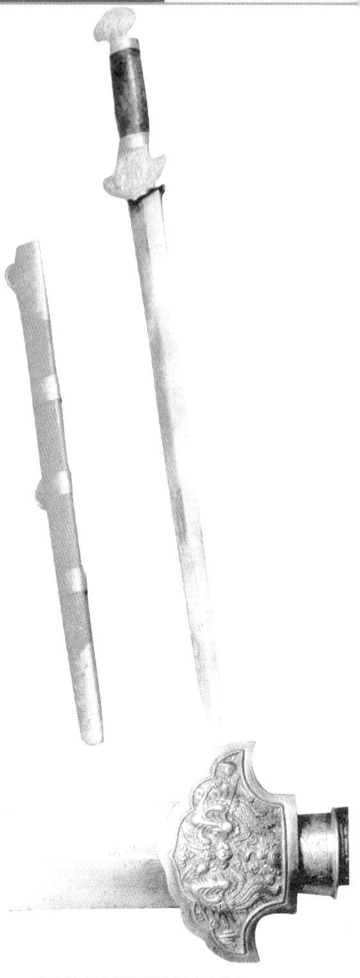

李秀成使用過的佩劍

成率兵保護著洪天貴福左突右衝，始終出不了城，只得回轉城內指揮抵抗。

入夜，李秀成等千餘名太平軍將士換上清軍裝束，藉著夜色掩護，護衛洪天貴福從太平門缺口處突圍而出。李秀成將好馬讓給洪天貴福，自己騎了一匹劣馬，結果洪天貴福逃脫，李秀成卻被清軍追上捉住。

曾國藩親自審問李秀成，又叫屬下訊問。李秀成從被俘到被殺，前後僅有十六天，期間在囚籠中寫下數萬字供詞，結合親身經歷，詳細敘述了太平天國的興亡始末。

⊙洪天貴福逃亡

洪天貴福在尊王劉慶漢等人護衛下突出重圍，逃到皖南廣德。

干王洪仁玕在浙江湖州得知天京失陷、洪天貴福脫逃，連忙趕到廣德。洪仁玕與太平軍將領商議後，決定到江西與侍王李世賢、康王汪海洋等部會合，然後取道湖北進軍陝西，再圖大業。為了統一號令，幼天王封洪仁玕為正軍師，尊王劉慶漢為副軍師，建立了新的領導核心。

八月末，太平軍約十二三萬人馬向江西進發。在清軍的圍追堵截下，太平軍一路傷亡慘重，並時常有人叛逃。

十月九日夜，已不足萬人的太平軍餘部行至江西石城境內楊家牌村落休息。三更月落時分，大批清軍趕到，趁太平軍人困馬乏發動突然襲擊。太平軍人不及甲，馬不及鞍，紛紛奪路而走。洪仁玕試圖喝令士兵阻擊清軍，讓洪天貴福先走，但軍無鬥志，局面已經失控。洪天貴福被亂軍衝散，慌不擇路騎馬逃走，竟躲過了此劫。

洪天貴福獨自躲進山中，一連藏匿了四天，飢餓難忍，便想下山。好心的路人給了他一點乾糧充飢，洪天

玻璃內畫風雨歸舟鼻煙壺　清

清軍圍攻太平軍圖
在這幅由清政府繪製的戰爭圖中，揮舞著巨大的紅色旗幟的朝廷大軍，正在包圍被洪水所淹的太平軍陣地。

貴福又在山上藏了兩天，最後實在支撐不住，才躡手躡腳下了山。

下山後，洪天貴福來到一戶唐姓人家，謊稱是湖北難民，請求對方收留。做了四天短工後，主人打發他回家。洪天貴福根本不認識路，胡亂向北而行，走到廣昌縣白水鎮，打聽才知道此路通往建昌。洪天貴福怕建昌有清軍把守，便返身往回走，在高田一帶撞見正在四處搜捕潰散的太平軍的清軍，又幸運矇混過關。走到瑞金地界後，有兵勇逼迫洪天貴福挑擔，十月二十五日，洪天貴福在石城荒谷被清軍押入兵營。

⊙曲終人散

清軍此前一直在搜捕洪天貴福，但始終不知下落。由於不瞭解洪天貴福的情況，清軍將領非常著急，生怕逃脫後會掀起風浪。偷襲楊家牌得手後，清軍特意於十月十六日移駐石城縣城，派所部會同石城的清軍搜山。

洪天貴福被清軍游擊周家良拘捕後，其年齡、口音和相貌引起對方注意。不諳世事的洪天貴福並不知道，一旦承認身分，就會被送上斷頭臺，由於害怕，再加上抱有僥倖心理，終於招供。

十一月三日，洪天貴福押解到江西首府南昌。十一月十八日，綁赴市曹凌遲處死，時年十六歲。

捻軍反清

●時間：西元一八五二～一八六八年
●人物：張樂行　張宗禹　賴文光
僧格林沁　李鴻章

捻軍是在太平天國運動失敗後最主要的反清力量。十九世紀五六〇年代，捻軍以皖北為中心，轉戰豫東南、魯西北、蘇北、鄂北、華北地區，展開了轟轟烈烈的反清戰爭。

「捻」是淮北方言，從捻繩而來，意即一股一夥，團結就是力量。捻軍最早是由捻黨發展的，早在嘉慶年間，中國北方就有捻軍活動。捻軍分為小捻大捻，小捻不過幾人，大捻可達百人，多為販賣私鹽為生的鹽販，又稱「捻子」。

李鴻章像

⊙捻軍揭竿而起

咸豐二年（一八五二年），淮北亳縣等地大旱，民不聊生，人民紛紛入捻。十一月，著名捻軍首領張樂行率領捻眾劫獄，營救被捕的捻子，自此威名大振，各地捻子紛紛來投，捻軍聲勢日益壯大。

咸豐五年（一八五五年），張樂行揭竿而起，召集各地捻子達十萬眾在雉河集會盟，眾人一致推舉張樂行為盟主，稱為「大漢明命王」，建立黃、紅、藍、白、黑旗軍制，宣布信條，捻軍從此成為北方反清武裝主力。

咸豐七年（一八五七年），張樂行接受太平天國印信，洪秀全封為沃王，隊伍從此改用太平天國的旗幟，蓄長髮。捻軍以雉河集為根據地，四處出擊，牽制清軍。運用打圈圈的戰術，使敵人的馬隊疲於奔命、焦頭爛額。

⊙僧格林沁剿捻

第二次鴉片戰爭後，清軍加緊追剿捻軍，派出蒙古親王大將僧格林沁指揮剿捻。僧格林沁上任後，開始全力進攻捻軍根據地。

同治二年（一八六三年），僧格林沁集中十萬多人進攻雉河集，展開激烈的爭奪戰。由於人數懸殊，且僧格林沁所部訓練有素，非一般清軍可比，雉河集失守，兩萬餘捻軍將士犧牲。

張樂行帶領五千餘人突圍，向宿州方向撤退。途中，由於叛徒出賣，張樂行被俘，隨後慘遭殺害。接替張樂行的張宗禹繼續高舉反清大旗，堅持轉戰河南、湖北、山東各地，捻軍隊伍不斷壯大。

同治四年（一八六五年），捻軍在山東菏澤西北的高樓寨痛擊僧格林沁部，擊斃僧格林沁，殲滅蒙古馬隊七千餘人，清廷震驚，同治皇帝驚憤三日未上早朝。

⊙東捻西捻

清軍任命曾國藩為欽差大臣，督辦剿捻事宜，並加大兵力追剿捻軍。曾國藩先採取重點設防，以靜制動，後又改用「聚兵防河」的方針。捻軍靈活機動，多次重創湘軍，曾國藩的計畫失敗。

清廷任命李鴻章為剿捻統帥，接替曾國藩。李鴻章的剿捻方針是：扼地圍剿，重點防守黃河、運河。為了躲避清軍的追剿，捻軍不得不兵分兩路，東捻軍馳騁山東、河南、湖北等地，西捻軍在張宗禹的帶領下轉戰陝西各地。

同治六年（一八六七年），東捻軍在山東壽光遭淮軍包圍，受到重創。東捻軍殘部雖然在賴文光帶領下奮力突圍，衝破了兩道防線，但李鴻章老奸巨猾，道道防線，環環相扣，東捻軍終究沒能衝出最後的包圍圈，賴文光在揚州附近被俘。得知東捻軍危急，張宗禹急忙率部回師增援，渡過黃河後，才知道東捻軍已經失敗，只得在冀中堅持反清。

同治七年（一八六八年），李鴻章率十萬大軍追擊西捻軍，西捻軍被堵在山東黃河、運河之間的狹隘地帶，全軍覆沒。長達十六年的捻軍之亂終告失敗，但沉重打擊了清王朝統治，在歷經了太平天國和捻軍的衝擊後，清王朝已經搖搖欲墜。

歷史詞典

洋槍隊

在鎮壓太平天國、捻軍的過程中，清政府感到力不從心，因此決定「借師助剿」，聯合外國組成武裝共同鎮壓亂事。因統領和軍官由外國人擔任，用西法訓練，使用洋槍洋砲，所以這些武力統稱為洋槍隊。士兵最初由外國人組成，後以中國人為主。

主要有三支：一支是清咸豐十年（一八六〇年）在上海組建的由美國人華爾統帥的洋槍隊，配合李鴻章淮軍進攻太平天國蘇南地區。同治元年（一八六二年）清廷授稱「常勝軍」。華爾被太平軍擊斃後，由英國軍官戈登統率。

另一支是同治元年（一八六二年）浙江巡撫左宗棠聯合英國駐寧波海軍司令樂德克、法國駐寧波海軍司令勒伯勒東建立的洋槍隊，前者稱「常安軍」，也稱「中英混合軍」，後者名「常捷軍」，也稱「中法混合軍」，主要配合左宗棠進攻太平天國浙江地區。

還有一支是同治元年（一八六二年）在天津組織的洋槍隊，由英國軍官勃朗統領，主要鎮壓捻軍和直隸各地人民的反抗武力。

洋槍隊既是清政府借師助剿的產物，也是外國侵略者武裝干涉中國的產物。

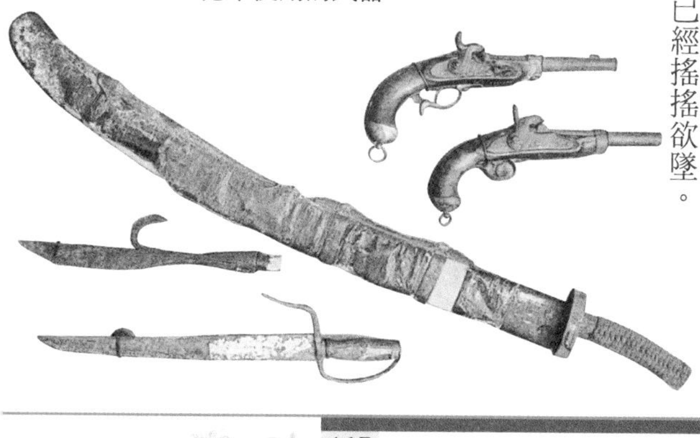

捻軍使用的武器

李鴻章創辦兵工廠

●時間：西元一八六三～一八七九年
●人物：李鴻章

在洋務運動中，李鴻章創辦兵工廠，以維護清政府的統治。儘管洋務運動最後失敗，但李鴻章創辦兵工廠的意義卻是不容忽視的。

十九世紀六〇年代，為了挽救統治危機，清政府推行了一場自上而下的，以引進西方軍事裝備、機器生產和科學技術為主要內容的自救運動，史稱洋務運動。洋務運動前期的重點和基本內容為仿照西方設廠，製造新式槍砲和兵艦，由此開創了近代軍事工業。代表人物中，以李鴻章所辦洋務事業最多。

後膛鋼砲

江南製造局生產的後膛鋼砲。砲上銘文是「光緒二十四年江南製造局造」。

同治元年（一八六二年），李鴻章率淮軍到上海後，目睹西洋船堅砲利，慨歎「中國文物制度，事事遠出西人之上，獨火器不能及」，認為要想自強，「以練兵為要，練兵又以製器為先」。

洋務派所創辦的軍事工業中，最早的一家是曾國藩的安慶軍械所。幾個月後，李鴻章在上海創辦洋砲局，但規模很小。同治二年（一八六三年），李鴻章攻下蘇州後，成立蘇州洋砲局，並安裝使用近代機器。

⊙江南製造總局

同治二年（一八六三年），容閎回國向曾國藩建議購買機器，曾國藩便派他到美國選購。李鴻章主張「就近取材」，認為不僅方便，而且「進取之權，既仍在我，轉移之間，即資應用」。

同治四年（一八六五年），李鴻章調往上海督辦火器製造的丁日昌得知美商旗記鐵廠出售，在徵得李鴻章的同意後，以六萬兩白銀購入該廠，包括所存的銅、鐵、木料。李鴻章將蘇州洋砲局的部分機器和上海洋砲局以及容閎從美國購買的機器併入鐵廠，創辦江南製造總局，其創辦經費達五十四萬餘兩白銀。為了保障江南製造

南京金陵製造局製造的線膛銅砲

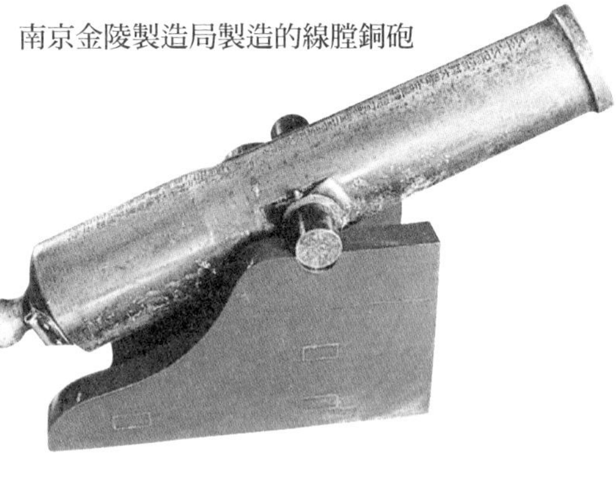

總局的經費，清政府指撥上海海關關稅的兩成作為其常年經費。

同治六年（一八六七年），考慮到虹口地方狹小，眾多洋商在此設廠，為了防止引起爭端，江南製造總局遷往上海城南高昌廟，並補充設備，擴大規模，穩步發展。江南製造總局出產很多，以槍支彈藥為主，修造船艦為輔。由於洋商趁機哄抬生產所需鋼鐵的價格，於是李鴻章又從英國購買工具，自建錬鋼廠。

江南製造總局是地方政府的機構，官僚衙門的官場惡習也搬到這裡，腐敗現象在所難免，其生產能力低下，產品品質差。在仿造外國槍砲的同時，李鴻章仍然要購買洋槍洋砲。

⊙金陵製造局

同治四年（一八六五年），李鴻章把蘇州洋砲局遷至南京，創辦金陵製造局，由英國幕僚馬格里主持。該局以生產大砲和彈藥為主，是淮軍的軍火供應基地。中法戰爭和中日戰爭期間，金陵製造局負責供應前方所需。

光緒元年（一八七五年），金陵製造局試製大砲時出現問題，三門大砲爆炸，當場炸死士兵五人，其餘大砲成為廢鐵。

有說事故發生後，馬格里引咎辭職，李鴻章對此十分惋惜。也有說馬格里平日氣焰囂張，不把中國人放在眼裡，公然對抗李鴻章的決定，事故發生後，李鴻章便撤銷了他的職務，不再錄用洋人。不論事情真相如何，都反映出李鴻章對於洋人「用還是不用」的矛盾態度。

同治九年（一八七〇年），李鴻章調任直隸總督，奉命接辦天津機器局。從江南製造總局調來沈葆靖總理局務，同時還有不少技術工人，經過十餘年苦心經營，天津機器局成為中國北方最大的軍火工廠。

李鴻章創辦兵工廠，雖未實現其自強之目的，但卻奠定了近代國防建設和機器製造、造船、鋼鐵等近代工業的發展基礎。

江南製造總局造砲廠圖

紅頂商人胡雪巖

●時間：西元一八二三～一八八五年
●人物：胡雪巖

清代紅頂商人胡雪巖白手起家，在短短的幾十年裡，由一個錢莊的夥計發展成為聞名朝野的紅頂商人。隨後，又在更短的時間內破產倒閉。

⊙攀上高官

胡光墉（一八二三～一八八五年），字雪巖，浙江仁和（今杭州）人。幼時家境貧寒，身為長子，為了養家餬口，經親戚推薦到杭州錢莊做學徒。胡雪巖從雜役做起，三年師滿後，因勤勞、踏實成為正式夥計。

在此期間，胡雪巖認識了王有齡。王有齡是福建侯官人，早就捐了浙江鹽運使的職位，但苦於無錢進京。胡雪巖認定王有齡大有前途，自作主張將錢莊的五百兩銀子借給他，卻因此被逐出錢莊。

王有齡在天津遇到故交侍郎何桂清，經推薦在浙江巡撫門下得到糧臺總辦的肥差，他不忘知遇之恩，資助胡雪巖開辦阜康錢莊。此後，王有齡不斷升遷，官至浙江巡撫。胡雪巖因此生意愈做愈大，除錢莊外又開了許多店鋪。

御製白玉瑞獸紐大印　清

此印刻「孝穆溫厚莊肅端誠恪惠寬欽孚天裕聖成皇后之寶」滿漢款。

同治元年（一八六二年），太平軍破仁和，王有齡自縊身亡。繼任浙江巡撫的左宗棠正為部隊後勤供給不足而苦惱，胡雪巖雪中送炭，在三天內籌齊十萬石糧食。左宗棠對胡雪巖極其賞識，委以糧臺轉運、接濟軍需物資的重任。胡雪巖聯絡外國軍官，為左宗棠訓練了千餘名全部用洋槍洋砲裝備的「常捷軍」，用於與太平軍作戰。過程中，胡雪巖又賺了大把銀子。

胡雪巖一手掌握江浙商業，專營絲、茶出口，操縱市場，壟斷金融。同治十一年（一八七二年），胡雪巖的資產達兩千餘萬兩，另有田地萬畝，阜康錢莊支店達二十多處，遍佈大江南北。

胡雪巖並協助左宗棠創辦福州船政局、甘肅織呢總局，幫助引進機器，並用西洋新機器開鑿徑河。又為左宗棠的西征舉借洋款，為成功收復新疆、結束阿古柏在當地十多年的野蠻統治立下汗馬功勞。

⊙胡慶餘堂和胡大善人

作為一代「紅頂商人」，胡雪巖樂善好施，義舉不斷，贏得「胡大善人」美名、黃馬褂加身榮耀的同時，也積聚起更多財富。其中胡慶餘堂藥號的開辦，尤為人們稱道。

胡雪巖邀請江浙一帶名醫研製出「諸葛行軍散」「八寶紅靈丹」等藥品，贈給曾國藩、左宗棠等部及災區民眾，並在事業全盛時期開創胡慶餘堂，將救死扶傷的範圍擴大到全天下所有百姓。在他的主持下，胡慶餘堂推出十四大類成藥，免費贈送辟瘟丹、痧藥等民家必備的「太平藥」。同時在《申報》上大做廣告，使胡慶餘堂尚未開業就已聲名遠播。

光緒六年（一八八〇年），胡慶餘堂資本達到二百八十萬兩白銀，與北京的同仁堂南北輝映，有「北有同仁堂，南有慶餘堂」之說。胡雪巖親書「戒欺」字匾，告誡職工「藥業關係性命，尤為萬不可欺」，「採辦務真，修製務精」，其所用藥材直接向產地選購，並自設養鹿園。作為國內規模較大的全面配製中成藥的國藥號，胡慶餘堂飲譽中外，推動了中國醫藥事業的發展。

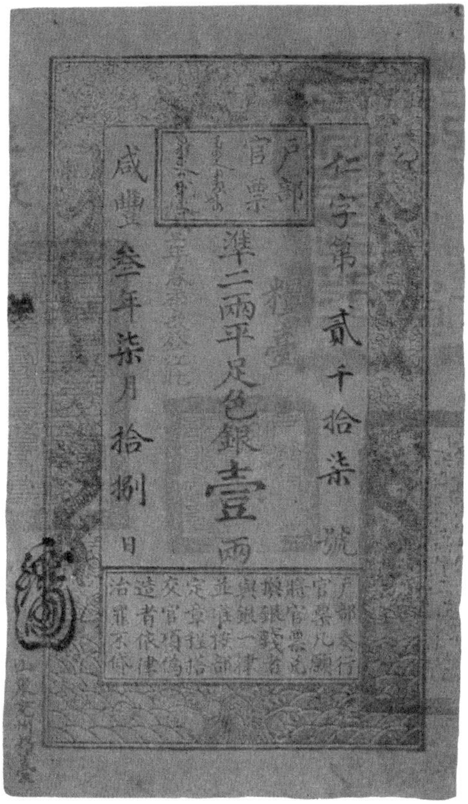

大清戶部官票

戶部官票又稱銀票，是以銀兩為單位的紙幣，面值有一兩、三兩、五兩、十兩、五十兩之分。

胡雪巖在杭州也有許多義舉。譬如開設錢塘江義渡，方便「上八府」與「下三府」的聯絡。

胡雪巖極其熱心慈善事業，多次向直隸、陝西、河南、山西等地捐款賑災。此外，兩赴日本，高價購回流失在外的中國文物。

光緒八年（一八八二年），胡雪巖在上海開辦蠶絲廠，耗銀兩千萬兩，高價盡收國內新絲數百萬擔，企圖壟斷絲業貿易。卻因惹怒外商，聯合拒購華絲，又由於海關、海運操於外國人之手，不能直接外運。第二年夏，其所購生絲被迫賤賣，虧耗一千萬兩，家資去半，周轉不靈。風聲四起，各地官僚競提存款，群起敲詐勒索。

十一月，各地商號倒閉，家產變賣，胡慶餘堂易主，胡雪巖宣告破產。接著，清廷下令革職查抄，嚴追治罪。胡雪巖遣散姬妾僕從，於光緒十一年（一八八五年）十一月鬱鬱而終。

徽州明清建築

在徽州一帶，山多地少，「無可耕之田」，於是從很早開始，這裡的小孩小小年紀就被親戚帶到千百里之外學做生意，以至於人們說「前世不修，生在徽州」。但正是這樣的民風造就了徽商的傳奇。

明成化、弘治年間，徽州商幫集團形成。到明嘉靖至清乾隆、嘉慶時期，徽商經營則達到極盛。徽商活躍於全國各地，甚至日本、暹羅、東南亞各國和葡萄牙等國都有他們的足跡。清末民初，徽商漸趨衰落。

在徽商輝煌的數百年間，他們有足夠的經濟實力來精心營建家園。如今，徽州的古代建築遺存在秀麗的山水之間，成為徽派古文化的積澱和展示。

▲徽州古民居木雕

▼西遞村口的膠州刺史牌坊

▼承志堂

宏村清代民居「承志堂」有「民間故宮」之佳譽，內有巧奪天工的「百子鬧元宵」、「唐肅宗宴官」等木雕群及鏤窗石雕《四喜圖》，圖案層次分明，奇美絕倫。

▶西遞

西遞位於黟縣境內，始建於北宋，因地處徽州府西部，設驛站「鋪遞所」而得名。它是皖南清代中期的民居建築及百戶連片的古村落的典範。村內現有清代民居二百二十四幢、清代祠堂三幢、明代牌坊一座。以青石板街、用青石雕鑿成的千姿百態的門罩和花樣繁多的花窗裝飾為特色。建築物白牆青瓦，莊嚴氣派。整個村落實牆高高、曲巷深深、富氣中透出威嚴。二〇〇〇年，西遞清代民居村落被聯合國教科文組織列入《世界遺產名錄》。

◀▼宏村

宏村是最具代表性的徽派民居村落之一，更因其奇特的佈局堪稱「中華一絶」。宏村位於黟縣西北十一公里處，為佈局別出心裁的牛形水系村落。環繞全村的山溪清泉流進各家庭院，稱為牛腸，與此相連的一個半月形池塘被看作是牛胃，一渠清水由牛胃注入南湖，好像進入宏大的牛肚。宏村形成於南宋紹興年間，現存明清民居一百五十八幢，保存較完整的有一百三十七幢。這些民居臨圳而築，錯落有致，家家臨流，戶戶環水。二〇〇一年，宏村被聯合國教科文組織列入《世界遺產名錄》。

福州船政局

●時間：西元一八六六～一九〇七年
●人物：沈葆楨

兩次鴉片戰爭之後，由於近代中國的海防虛弱，國門洞開已成為不爭的事實。因此舉國上下都認識到，必須效仿西方，建立一支擁有新式艦船的海軍。

同治元年（一八六二年），清政府決定由中國海關第一任總稅務司英人李泰國經辦，向英國購買艦船。次年，李泰國聘請英海軍上校阿思本為總司令，簽訂了中國政府不能實際管理指揮阿思本艦隊的條款。最後，清政府未能爭取到指揮權，只得將剛買來的艦船駛回英國變賣。第一次建立近代艦隊的嘗試，損失數十萬兩白銀。

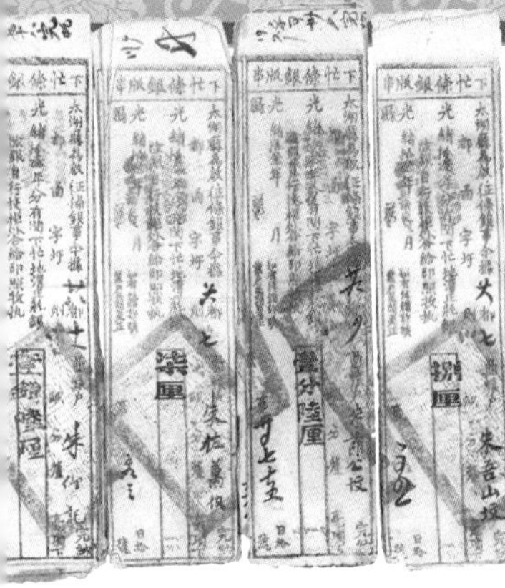

下忙條銀版串

版串是清政府徵收賦稅的一種文據。該版串發放的年份為光緒十三年（一八八七年）。

⊙自行造艦

關於如何獲得新式艦船和武器，以建立一支近代海軍，洋務派內部出現了「購艦」和「造艦」兩種主張。購艦派主張直接從西方國家購置艦船，但「阿思本艦隊」事件的發生證明，完全依靠西方國家建立艦隊，將使本國主權受到嚴重削弱。

占據上風的造艦派則主張向西方學習先進技術，建立自己的海軍工廠製造艦船，並自主培養海軍人才。這種獨立自主的做法不但可以建立先進的海軍，而且還能排除外國干擾，維護國家主權。

閩浙總督左宗棠是造艦派的代表人物。同治五年（一八六六年）春，左宗棠上疏朝廷：如果要鞏固海防，必須先整頓海軍；如果要整頓海軍，必須自行建造艦船。

⊙第一個海軍船廠

清政府批准造船奏議，由福建海關撥出船政經費，左宗棠立即著手在福州馬尾籌備建廠事宜。福州船政局開工不久，左宗棠因西北軍情緊急調往陝甘，主持鎮壓捻軍和回變，林則徐的女婿沈葆楨經推薦接管船政局，任總理船政大臣。

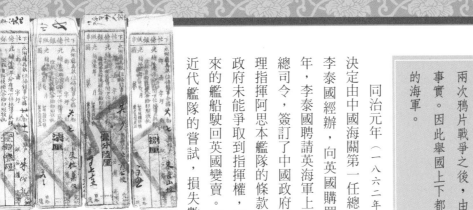

同治七年（一八六八年）夏，船政局在沈葆楨的主持下基本建成。船政局占地約六百畝，擁有各種車間數十處，以及四座船臺和一座鐵製浮船塢，員工達三千多人，譽為當時亞洲第一船廠。

同治八年五月一日（一八六九年六月十日），福州船政局自行製造的第一艘輪船「萬年青」號完工下水，該船屬木殼蒸汽輪船，船身長二百三十八尺，寬二十七點八尺，吃水十四點二尺，排水量一千三百七十噸，載重四百五十噸，螺旋槳推進，備有風帆助力，航速十節。九月二十五日，沈葆楨登船試航試砲成功，標誌著歷經艱辛的中國近代海防工業開始起步。

早期的洋務派人士對海軍建設的認識不足，如左宗棠就提出：船政局建造的軍艦應當同時具備運輸和作戰的功能，平時用來航運盈利，戰時作為軍艦作戰，使得福州船政局早期建造的軍艦大多屬於不倫不類的武裝運輸艦。

光緒十年（一八八四年），中法戰爭爆發。八月二十三日，以福州船政局建造的軍艦為主的福建水師在馬江海戰中幾乎全軍覆沒。儘管造成被動的根本原因是清政府避戰求和，但不可否認，艦船作戰效能低下也是原因之一。

無論如何，作為中國歷史上第一個近代海軍船廠，福州船政局在同治五年（一八六六年）至光緒三十三年（一九〇七年）間共製造各種船舶四十艘。從同治十三年（一八七四年）起，造船業務更是從由西方人擔任技術總監，改為由中國自己培養的技術人員主持。到光緒二十一年（一八九五年），造成船隻十九艘，其中包括鐵肋兵船和鐵肋巡海快船（即巡洋艦），並可自行建造複式蒸汽輪機。甲午戰爭之後到光緒三十三年（一九〇七年）間，又先後造成七艘。

「揚武號」兵船（模型）

福州船政局造，同治十一年（一八七二年）下水，排水量為一千五百六十噸，馬力一千一百三十匹，航速十三節，載砲十二門。

延伸知識

中國最早的鐵路

同治四年（一八六五年），英人杜蘭德在北京宣武門外修築了一條長僅五百公尺的鐵路，試行小火車，意在勸說清政府同意外國人修築鐵路的要求和計畫。不料清朝大臣「詫所未聞」，「駭為妖物」，以至於「舉國若狂，幾致大變」，清政府趕緊令步軍衙門飭令拆除。這是鐵路和火車最早在中國出現。

光緒二年（一八七六年），英商在上海建成淞滬鐵路，全長約十五公里，投入運營。不久軋死行人，引起輿論嘩然，清政府即以二十八萬兩白銀高價購回，拆毀了事。

光緒三年（一八七七年），洋務派官員丁日昌任福建巡撫期間，在臺灣基隆煤礦的老寮坑礦地至濱海泊船處，修築鐵路用於運煤。

為了獲得最高統治者的支持，順利推行修築鐵路計畫，光緒四年（一八七八年），李鴻章為首的洋務派在北京西苑中南海和北海之間修建了一條鐵路，讓從未見過火車的慈禧太后試乘，這是北京城裡修建的第一條鐵路。

洋務派開辦開平煤礦後，採用馬車運煤，速度慢，載量少，運費高，李鴻章為了降低運費，增加利潤，奏請政府修築唐胥鐵路。唐胥鐵路從光緒六年（一八八〇年）起興築，到光緒七年（一八八一年）六月建成，全長十一公里。其後不斷展築，到光緒二十年（一八九四年）已延伸至山海關，全長近二百公里。

左宗棠收復新疆

●時間：西元一八七六～一八八一年
●人物：左宗棠

新疆的收復是闇弱無能的晚清歷史中，最令中國人揚眉吐氣的一件大事。在加強海防還是收復新疆的討論上，左宗棠堅持收復新疆，並為維護國家主權建立了卓越功勳。

⊙楚地狂生

左宗棠（一八一二～一八八五年），字季高，湖南湘陰人。道光十二年（一八三二年），左宗棠中舉。此後三次進京趕考都名落孫山，便打消仕進之心，轉而研究兵法。

兩江總督陶澍病故後，左宗棠受友人之託，到安化陶府當了陶澍之子陶桄的私塾老師。一做八年，教書之餘飽讀陶家藏書和陶澍所寫的奏稿，學問和見識都大有增進。

林則徐任雲貴總督時，相當賞識左宗棠，曾邀請幫忙。左宗棠捨不得離開陶桄，未能成行。念念不忘的林則徐返鄉路過長沙時，特意約請左宗棠在舟中相見，兩人通宵抵足而談，時人譽為「湘舟夜話」。

左宗棠未做官時曾自比諸葛亮，人稱為「狂生」，但陶澍的女婿胡林翼特別推崇左宗棠，稱為「近日楚才第一」。

咸豐元年（一八五一年），太平天國帶給三十九歲的左宗棠一個難得的機遇。次年在胡林翼的勸說下，左宗棠成為湖南巡撫張亮基的幕僚，逐漸表現出他的軍事才能。幾年中，左宗棠屢立大功，清政府任命為兵部郎中。

咸豐十年（一八六〇年），石達開進入湘南，直逼衡陽、寶慶，左宗棠奉命召集民團，在寶慶擊敗太平軍。

第二年，左宗棠又協助曾國藩辦理軍務，在湖南招募五千人組成楚軍，開赴江西、安徽作戰。

咸豐十一年十二月（一八六二年一月），左宗棠任浙江巡撫，後又升至浙閩總督，封一等恪靖伯。

⊙收復新疆

同治五年（一八六六年），左宗棠調任陝甘總督，主持鎮壓西捻軍和陝甘回變。同治六年（一八六七年），侵入新疆地區的浩罕國高級軍官阿古柏在天山南路悍然宣布脫離清政府統治，成立哲德沙爾汗國（意為「七城之

左宗棠西征中使用過的大清銀幣和餉銀

國」），並向天山以北擴張。早就虎視眈眈的沙俄乘機占據伊犁，英國也意圖染指西北，東南沿海的日本則時刻窺伺著臺灣。

清廷內部出現海防、塞防之爭，以李鴻章為代表的海防派認為二者不能兼顧，主張放棄新疆，用西北邊境餉銀加強海防。左宗棠堅決反對，認為在西北「自撤藩籬，則我退寸而寇進尺」，尤其會招致英、俄等國滲透。垂簾聽政的兩宮太后採納了左宗棠的建議。

光緒元年（一八七五年），清政府任命時年六十歲的左宗棠為欽差大臣，督辦新疆軍務。

光緒年間生產的轉輪砲

自康熙帝時起，西北軍事一直是「打糧草」，即後勤做得好，獲勝的可能性就大。左宗棠無視朝廷催促進軍的壓力，本著「緩進速戰」的方針，按部就班做好後勤工作。

光緒二年（一八七六年），進駐肅州（今甘肅酒泉）的左宗棠根據新疆地形特點，提出「先北後南」的方針，命令部將劉錦棠率大軍前進。攻下烏魯木齊後，左宗棠兵分兩路，南下越過天山，收復吐魯番，打開了通往南疆的門戶要害。阿古柏逃至庫爾勒，不久服毒自殺。

英駐華公使威妥瑪向李鴻章提出代阿古柏乞降為「屬國」，左宗棠聞言大怒，斷然拒絕，並指出英國人「代為請降」是為一己私利。

左宗棠再接再厲，率部進軍南疆，於光緒四年（一八七八年）攻克喀什、和闐等城，收復新疆除伊犁地區以外的全部領土，緊接著部署軍力，準備收復沙皇俄國占據的伊犁等地。

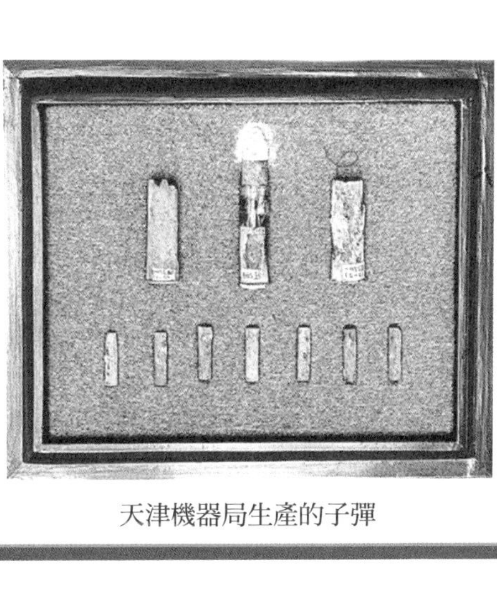
天津機器局生產的子彈

由於阿古柏的殘餘勢力已經徹底失敗，沙俄獨力難支，同意與清政府談判。

光緒七年（一八八一年），中俄兩國經過長時間反覆交涉，最終簽訂《伊犁條約》，清政府收回伊犁和特克斯河上游領土，但由於種種原因，北面齋桑湖以東和霍爾果斯河以西地區仍然遭沙俄強行占據。

後來的美國副總統華萊士評論說：「左宗棠是近百年歷史上世界偉大人物之一，他將中國人的視線擴展到俄羅斯，甚至是整個世界。」

安德海出京喪命

●時間：西元一八六九年
●人物：安德海　丁寶楨

太監制度是一種畸形的存在。為了能夠更好享受生活，而且不讓獨處深宮的后妃做出苟且之事，皇帝使用閹割的男人負責粗重的工作。這些男人的心理受到了相當的扭曲，大多是變態的人，也是一群可憐的人。

⊙寵信太監

明朝統治數百年間，太監的權勢極大，甚至可以說明朝敗落的很大一部分原因，就是太監干政。前車之鑑，清朝從順治年間就嚴格規定，「內監有不奉旨出京者斬」，「後宮人等，干預朝政者殺無赦」。但到了清朝末年，這個規矩已經逐漸消失。

安德海是慈禧太后身邊最為受寵的太監。這個伶俐的太監因為有一副好嗓子，很得喜歡聽戲的慈禧太后歡心。加上當年咸豐帝暴死時，安德海冒死逃出避暑山莊向恭親王奕訢報信，換來密捕顧命大臣和兩宮垂簾的成功，由此更加跋扈。

清代冰箱

冰箱箱體兩側設提環，頂上有蓋板，上開雙錢孔，既是摳手，又是冷氣散發口。為了使冰箱處於一定高度便於取放冰塊和食物，配有箱座。

傳說有一次，恭親王福晉的遠房姪子阿布喀匆匆上殿，與安德海擦肩而過，忘了道一聲「安公公好」，竟被安德海藉機害死。但安德海也因此種下禍根。

⊙太監出京

同治八年（一八六九年），同治皇帝大婚在即，安德海想藉機出宮，便向慈禧太后密請親往江南督製龍衣。慈禧太后雖然寵愛安德海，無奈祖制規定內監不得出宮。安德海知道慈禧太后向來喜好裝扮，進言說：「江南織造進呈的衣服多不合適，現在皇上將要大婚，龍衣總要講究，不能由他隨便了事。而且太后常用的衣服也多是不合用的，所以奴才想親自督辦。這樣一來，太后您也風光不是？」慈禧太后聞言，同意安德海出京，但也告誡路上不要招搖。

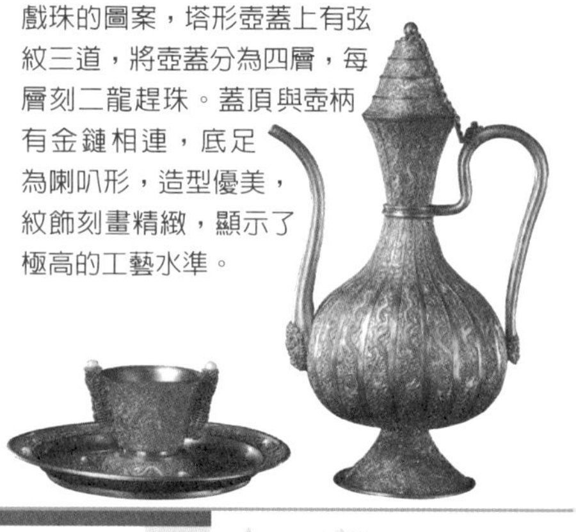

金鏨雲龍紋執壺和金盅　清

壺以純金錘打而成。壺身刻龍戲珠的圖案，塔形壺蓋上有弦紋三道，將壺蓋分為四層，每層刻二龍趕珠。蓋頂與壺柄有金鏈相連，底足為喇叭形，造型優美，紋飾刻畫精緻，顯示了極高的工藝水準。

安德海一出京就把太后拋到腦後，一路坐著大船，上插「奉旨欽差採辦龍袍」的大旗招搖過市。沿途官員難得遇上天子腳下的大紅人，爭相逢迎巴結，百般討好。

⊙命喪濟南府

安德海一路來到山東德州境內。山東巡撫丁寶楨是著名的清官，早就看不慣安德海在京城的做派，得到消息，知道正是除掉此人的好機會。丁寶楨不敢公然和慈禧太后作對，便將安德海沿路的行為細細寫了一封信，連夜派人進京送到恭親王奕訢府上。

奕訢早就有心除掉依靠慈禧太后干政的安德海，接到丁寶楨的密信後大喜，立即瞞著兩宮太后私下聯絡專管太監的內務府，以內務府的名義下了一道密令：「著直隸、山東、江蘇各督撫速派幹員，嚴密拿捕，拿到即就地正法。」丁寶楨接到密諭，立即派兵追捕，在泰安縣內將安德海抓捕，押回濟南府。

丁寶楨在府衙大堂上喝問：「安德海就是你嗎？」安德海氣焰囂張說：「丁寶楨，你連安老爺都不認得，還做甚麼混賬撫臺？」

丁寶楨也不辯駁，離了坐位，宣讀密令。安德海聽到「就地正法」四字，才開始害怕，伏地哭道：「我是奉太后懿旨出來督辦龍衣的，丁撫臺，看在太后面上，望你饒我一命！」丁寶楨道：「你說是奉旨出京，聖旨何在？」安德海奉太后口諭，哪裡有甚麼聖旨，只是無言以對。丁寶楨揮手命人將安德海帶出，一聲號令，安德海的頭顱應刃而落，隨從太監也一併絞決。

慈禧太后知道此事為時已晚，又不能公然違反順治皇帝訂立的祖制，事情也就不了了之。丁寶楨作為一名漢官，敢將慈禧太后的親信太監就地正法，反映出清代後期皇權削弱，朝廷倚重漢官，漢人督撫權力增長這樣一個現實。

歷史詞典

清代晚期的生活器用

所謂器用包括關係到人們日常生活的家具、文具在內的各種日用品。

清代的生活器用，初期基本沿襲明式，乾隆時宮廷器用比較有特色，多種工藝綜合運用，造型繁複，裝飾華麗。

進入晚清，人們的生活器用發生了很大變化。室內用具如床、桌、椅、櫃、案、几、凳等器具，仍是中國傳統家庭所必備的器具，而外來西式家具也產生了深刻影響。晚清不少達官貴人，建西式花園洋房，按西式佈置家具。慈禧太后、光緒帝的居室也有鋼琴、沙發等西式家具器皿。

照明器具仍普遍使用油燈和蠟燭，新式煤油燈、煤氣燈、電燈也相繼出現，主要在城市中應用。

計時器方面，在西方鐘錶傳入前，中國主要使用日晷、漏壺等計時器計時。明末西方鐘錶傳入，但數量稀少。晚清以來，西方鐘錶進口日益增多，掛鐘、座鐘、懷錶、手錶等陸續出現在中國的城市、鄉村教堂和地方鄉紳家中。

中國傳統縫補衣服歷來依靠手工，十九世紀六七十年代，縫紉機傳入中國，出現在一些官商士紳的家庭中。

文化器具除沿用傳統的「文房四寶」（筆、墨、紙、硯）外，晚清以來，西式文具如鉛筆、鋼筆、墨水、西式紙張等也開始流行。

天津教案

●時間：西元一八七〇年
●人物：謝福音　豐大業　劉傑　曾國藩　李鴻章

第二次鴉片戰爭後，各地民眾和教堂的衝突頻發，天津教案是其中影響較大的事件之一。固然有清政府與列強簽訂的不平等條約賦予傳教士的特權過多，部分傳教士依仗特權，為非作惡的原因，但是也不能迴避有東西方文明衝突的緣故。

⊙拐騙兒童案

同治元年（一八六二年），法國在天津望海樓一帶強買有「永久租用權」的土地十五畝。同治八年（一八六九年），法國傳教士謝福音在望海樓舊址上蓋起一座天主教堂，當地人稱「望海樓教堂」。不遠處一座收養中國孤兒的「仁慈堂」也是法國傳教士所建。

天津望海樓大教堂

同治九年（一八七〇年）五月，仁慈堂發生瘟疫，數十名死亡的孤兒草草埋在郊外。這些埋得很淺的棺木被野狗扒出，屍體多吃去臟腑，其狀慘不忍睹，引起了中國群眾極大不滿，人們傳說洋人會把小孩「剖心剜目」，取其雙睛，以睛為餌……混以中國鉛百斤，可煎銀八斤！」

幾乎同時，天津發生了多起拐騙兒童案，嫌疑人被官府抓獲後，都供認是受望海樓教堂教民的指使。兩相印證，在天津市民中掀起軒然大波，士紳在孔廟集會，學生罷課，反洋教的「揭帖」貼滿大街小巷，要求官府懲辦洋教，拆除教堂。

現在看來，教堂頂多只有拐賣兒童的行為，不會傷害人命。但人們對傳教士的誤解使事態擴大，而教會後來的處置方式則直接導致了教案的發生。

⊙教案發生的過程

六月二十一日，天津知縣劉傑將拐賣兒童的犯人押往教堂對質，意圖搜查出埋在教堂內的「一罈子小孩兒眼睛」。大批看熱鬧的群眾聚集在教堂周圍，傳教士謝福音見狀慌了手腳，放出教堂內豢養的惡犬，又指揮教民手持棍棒驅趕四周的人。群眾奮起反擊，將教堂的門窗砸毀。

法國駐天津總領事豐大業聽聞此事，和祕書前去找三口通商大臣崇厚，要求出兵彈壓，沒有得到滿意答覆。豐大業掏出火槍對著崇厚連開兩槍，但都沒擊中，便和祕書兩人把通商衙門的家具器物砸毀，揚長而去。

在回領事館的途中，兩人遇上天

津知縣劉傑，雙方一語不合，豐大業持槍擊中劉傑的隨從高升。憤怒的群眾一擁而上，當場打死豐大業，又蠭擁到教堂，打死傳教士謝福音、修女、洋商、洋職員等二十多人，焚燒望海樓教堂、仁慈堂、法國領事署及英美教堂數所。

這一舉動給列強以口實，法、英、俄、德、比利時、西班牙等七國艦隊集結天津、煙臺，要求嚴懲鬧事之人。

延伸知識

《萬國公報》

同治七年（一八六八年），美國傳教士林樂知在上海自費創辦《中國教會新報》。這是一份教會刊物，為週刊。後更名為《教會新報》，變更體例，刊登內容分為政事、教務、中外、雜事、格致五類。從同治十三年（一八七四年）九月五日起，改名為《萬國公報》，從教會刊物變成面向社會、以時政為主的綜合性刊物。出到第七五〇期，因林樂知忙於其他事務而停刊。

光緒十三年（一八八七年）基督教在華最大的出版機構同文會（光緒二十年改爲廣學會）在上海成立，決定恢復出版此刊。光緒十五年（一八八九年）初復刊，改為月刊，仍由林樂知任主編。該報大量發表涉及中國政治、經濟、軍事等方面的新聞和評論，宣傳西學，鼓吹改革，很快為中國官員和知識分子所重視，在中國政學界產生廣泛影響，對維新運動影響很大。

光緒三十三年（一九〇七年）三月二十一日，林樂知病逝，該刊於同年終刊。在中國，《萬國公報》是最早提及馬克思的中文報刊。

⊙卑躬屈膝結案

清政府迫於壓力，立刻命直隸總督曾國藩趕到天津善後。經過調查，曾國藩認定雙方都有過錯，「教民欺負百姓，教士庇護教民，領事庇護教士」，而「挖眼剖心，全係謠傳，毫無實據」。

但民眾並不認同，京津兩地謠傳：「燒毀教堂的時候從裡面挖出了人眼、人心等東西，並且都交給了崇厚收藏。曾國藩一來，這些東西就都不見了。」

謠言愈傳愈廣，以至於曾國藩貼出的說明情況的告示一到晚上便遭人撕毀。更有甚者還在告示所署「曾國藩」處掛上一縷白麻，表示曾國藩為洋人披麻戴孝，賣國求榮。

抱恙而來的曾國藩心力交瘁，一病不起，清政府只好派李鴻章接任直隸總督。為了趕緊結束與列強的爭執，李鴻章草草結案，處死燒毀教堂的馬宏亮等群眾二十人，充軍二十五人，把天津知府、知縣發配黑龍江，派崇厚去法國「謝罪」，並賠付法國白銀四十六萬兩，天津教案中國又一次向列強屈服。

這一事件對在天津的法國傳教士震撼極大，從此不敢到租界以外傳教。不久，直隸、江西、福建等省也爆發了各種形式的針對教堂和教民的糾紛，全國形成反教混亂的高潮。

清代送報圖

在京城送報者，多是山東人。他們在京城開設報房，所有外省奏摺及諭旨，均由內閣送至其報房印刷，送往各官宅鋪戶之家，每日一換，按月付錢。這是北京最早的送報方式。

慈禧太后選帝

●時間：西元一八七四年
●人物：慈禧太后　光緒帝

同治帝死後無嗣，慈禧太后選定四歲的載湉（即光緒帝）繼承皇位，開始了第二次垂簾聽政。之所以選擇載湉，慈禧太后的目的只有一個，就是獨掌大權。

⊙第一次垂簾

咸豐十一年（一八六一年），咸豐帝在承德熱河行宮去世，臨死前立只有六歲的載淳為皇太子，這就是同治帝。同治帝即位的第二天，就封原皇后為「母后皇太后」，加「慈安」徽號，生母懿貴妃為「聖母皇太后」，加「慈禧」徽號。隨後，慈禧、慈安太后與恭親王奕訢發動政變，除掉八位贊襄政務大臣，這就是歷史上有名的辛酉政變。辛酉政變後，慈禧和慈安兩宮皇太后垂簾聽政，這也是慈禧太后垂簾聽政的開始。

同治十二年（一八七三年），同治帝正式親政，但凡事仍舊必先奏與慈禧太后，遵守懿旨，實際上還是慈禧太后掌握大權。親政第二年，同治帝便患病去世，年僅十九歲。

慈禧太后大壽時賜「八仙壽字」刺繡給泰山

⊙選擇光緒

同治帝身後無子，皇位應該由誰繼承？依候選人來看，應該是道光帝的曾長孫、載治的兒子溥倫，但慈禧太后以溥倫宗支太遠為由不肯同意。

慈禧清楚知道，溥倫小兩輩，並且當時已經十七歲，到了可以親自主政的年齡，如果繼承皇位，自己便大權旁落，再也不能垂簾聽政，對她來說是萬萬不行的。

據說，同治帝去世前曾對李鴻藻口授遺詔，傳位給孚郡王（道光帝的第九個兒子）的過房子。同治帝死後，李鴻藻將遺囑交給慈禧太后，慈禧太后二話沒說，把遺囑撕得粉碎。

其實慈禧太后心中早有打算，想要繼續垂簾聽政，皇帝的人選必須具備兩個條件：一是應為同治的平輩，即比她只小一輩。二是必須是小孩，不能是成人。當然還有一個條件最好

皇后寶座　清

也具備，就是血緣上和她不要太疏遠，否則不好管理。

最後，慈禧太后選中了醇親王奕譞的次子載湉。醇親王奕譞是慈禧太后的親妹夫，載湉是慈禧的親姪子，與同治帝平輩，當年只有四歲。慈禧太后下懿旨迎載湉進宮入繼大統，這就是後來的光緒帝。

慈禧太后像

⊙大權獨握

光緒二年（一八七六年）四月二十一日，光緒帝開始在毓慶宮讀書。光緒帝非常用功，慈禧太后曾誇讚：「實在好學，坐、立、臥皆誦書及詩。」光緒帝曾作〈圍爐〉詩：「西北明積雪，萬戶凜寒飛；唯有深宮裡，金爐獸炭紅。」從中可以看出少年皇帝牽念邊塞、掛念庶民的心情。

光緒帝愈是聰明好學，慈禧太后愈是嚴加控制和防範。曾派太監寇連材監視光緒帝，不料寇連材為其言行感動，竟然冒死進諫，極言皇上英明仁孝，請求慈禧太后寬容相待，慈禧太后震怒，將寇連材杖刑後斬首。

寇連材生前記有筆記，其中一段表明了慈禧太后和光緒帝相處的情景：「西后待皇上無不疾聲厲色，少年時每日呵斥之聲不絕，稍不如意，常加鞭撻，或罰令長跪。故積威日久，皇上見西后如對獅虎，戰戰兢兢，膽為之破。」可見慈禧太后是如何處心積慮控制操縱光緒帝。

光緒十三年（一八八七年）正月十五日，光緒帝開始親政，五十三歲的慈禧太后表面上退居頤和園頤養天年，實際仍把持著國家政務。慈禧太后規定，光緒帝每隔一日必須親自向她奏報政務，聽候訓示，遇有重大事情，更得隨時請旨。光緒帝名為皇帝，實則傀儡。

慈禧太后一方面處處限制光緒帝的權力，國家大事都要秉承她的懿旨辦理。另一方面又通過姪女隆裕皇后及親信太監李蓮英等人，暗中監視光緒帝。光緒帝在位三十四年，實際上做了慈禧太后三十四年的傀儡。

光緒二十四年（一八九八年）八月初六日，慈禧太后發動政變，將光緒帝囚禁於中南海瀛臺，捕殺維新黨人，將譚嗣同等六人斬於北京菜市口。慈禧太后重新出面訓政，多方凌辱折磨光緒帝，並欲廢掉光緒帝。光緒帝深知慈禧太后的險惡用心，日夜提心吊膽，對天長歎道：「我連漢獻帝都不如啊！」此後，慈禧太后重新垂簾聽政。

鎮南關大捷

●時間：西元一八八五年
●人物：馮子材　王德榜

中法戰爭中，老將馮子材率清軍英勇作戰，取得了鎮南關大捷，扭轉了戰爭的形勢。清政府卻乘勝求和，簽訂了喪權辱國的《中法新約》。

光緒九年（一八八三年），法國發動侵略越南和中國的戰爭。次年，法軍再次增兵越南。一月底，法軍七千多人分別由波里也和尼格里指揮，由河內反撲，清軍統帥潘鼎新畏敵如虎，不戰而退，放棄戰略要地諒山。法軍攻占鎮南關（今友誼關），直逼中國邊境。

由於戰線過長，法軍撤回越南進行補給，臨走前炸毀鎮南關關門和清軍的防守工事，並在關前豎起牌子，囂張宣稱：「廣西的門戶已不再存在。」

清廷命令七十歲的老將馮子材重出幫辦廣西軍務，任前線主帥。已經告老還鄉的馮子材臨危受命，毅然率部開往前線。他收編潰散的清軍，整飭隊伍，嚴明軍紀，又召集各部將領，號召以團結為重。

一系列整頓後，廣西軍民信心倍增，在法軍豎立牌子的地方也豎起木牌，針鋒相對寫著：「我們將用法國人的頭顱重建我們的門戶。」

「番鬼托樑」木雕

中法戰爭後，廣西民眾建房時將過去習慣鎮壓於房樑之下的中國傳統妖魔鬼怪改為法國人，表現出廣西民眾對法國侵略者的仇根。

⊙嚴密部署

馮子材經過實地勘察，選定鎮南關內八里處的關前隘為誘敵聚殲的戰場。關前隘東西山嶺對峙，中間只有一條寬約兩里的關道，地勢險要，易守難攻。馮子材決定在此構築堅固的防禦陣地，親自率領軍民用土石修建起一道橫跨東西嶺的長牆，牆外挖有深達四尺的溝塹，切斷關道。同時為了控制制高點，又在東西兩側的山嶺趕築很多堡壘，架設大砲，掩護主陣地。

前線兵力總計六十餘營，三萬餘人，馮子材決定率主力正面迎敵，王德榜駐守距鎮南關東北三十餘里的油

清軍在中法戰爭中繳獲的法軍軍服和護腿

隘，負責切斷法軍供給線。一切準備就緒，只等法軍自投羅網。

⊙先發制人

三月中旬，得到法軍要入關攻打龍州的密報後，馮子材決定先發制人，主動突襲文淵，引誘法軍前線指揮尼格里來攻。清軍的主動出擊打亂了法軍的進犯計畫，尼格里決定不等援軍，即刻向鎮南關發動進攻。

二十三日，大霧，法軍千餘人乘機偷襲鎮南關。大霧開始消散，法軍在猛烈的砲火掩護下大舉進攻，很快攻至長牆下。馮子材率軍頑強抵抗，下令「有退者，無論何將遇何軍，皆誅之」，誓與長牆共存亡。法軍的進攻愈來愈猛，馮子材不顧年老，手持大刀帶領兩個兒子從長牆躍下，高聲叫喊著衝入法軍陣中。全軍受到鼓舞，紛紛出擊，與法軍展開白刃戰。

戰鬥異常慘烈，一直持續到中午，清軍後援軍趕到，展開反攻。這時，王德榜擊潰法軍的增援部隊後也趕到，法軍三面受敵，傷亡慘重，又得不到及時補充，彈盡糧絕，尼格里只得撤退，率殘部狼狽逃回文淵。

此次戰役擊斃法軍精銳千餘人，馮子材乘勝追擊，擴大戰果，隨即占領文淵、諒山、谷松、北黎，根本上改變了中法戰爭的形勢。

⊙不敗而敗，不勝而勝

消息傳來，法國國內茹費里內閣倒臺。李鴻章卻把鎮南關大捷作為談判的資本，主張「借諒山一勝之威，與締和約，則法人必不再妄求」，下令停戰撤軍，妥協求和，簽訂了喪權辱國的《中法新約》。

戰敗的法國依然實現了發動這場戰爭的目的，奪取越南，打開中國西南門戶，並取得在中國修築鐵路的特權。法國不勝而勝，中國不敗而敗，其軟弱無能進一步刺激了西方列強侵略中國的野心，中國成為列強瓜分的目標。

歷史詞典

傅蘭雅與《格致彙編》

傅蘭雅（一八三九～一九二八年），科技翻譯家，英格蘭人。二十二歲受聘到香港任聖保羅書院院長，同治二年（一八六三年）到京師同文館任英文教習，同治七年（一八六八年）到江南製造局翻譯館任編譯並主持館務，光緒元年（一八七五年）主編《格致彙編》，後創辦格致書院。在中國學者徐壽、華蘅芳等人配合下，譯有西方科技書籍一百二十種以上，是近代中國翻譯西方科技書籍最多的來華外國人。

在翻譯過程中，傅蘭雅力主統一科技名詞，並提出釐定科技中譯名詞的具體原則與方法，與中國學者合編了《化學材料中西名目表》等四種科技名詞彙編，開中國近代科技名詞彙編之先河。

為表彰他的貢獻，清廷曾賞賜三品頂戴。傅蘭雅於光緒二十二年（一八九六年）離華赴美，宣統三年（一九一一年）上海盲童學堂創辦時他還曾贊助。

《格致彙編》前身為《中西見聞錄》，同治十一年（一八七二年）由北京教會醫院京都施醫院編輯出版。四年後遷至上海，更名為《格致彙編》，由格致書院出版，傅蘭雅任主編，組稿與編輯工作由徐壽具體操持。

《格致彙編》專載自然科學知識和有關動態，是中國最早的自然科學刊物之一。光緒十六年（一八九〇年）停刊。

臺灣首任巡撫劉銘傳

●時間：西元一八三六～一八九六年
●人物：劉銘傳

康熙年間，清廷從鄭氏手中收復臺灣後，在臺灣設立一府三縣，隸屬福建省。之後，臺灣建省的建議屢有提出。但直到中法戰爭後，清政府認識到「臺灣為南洋門戶，關係緊要，自應因時變通，以資控制」，才下旨在臺灣建省，並任命劉銘傳為首任巡撫。

劉銘傳（一八三六～一八九六年），字省三，號大潛山人，安徽合肥人。劉銘傳是李鴻章的同鄉，早年在家鄉組織團練。

同治元年（一八六二年），李鴻章招募淮軍支援江蘇，劉銘傳率練勇在上海周邊與太平軍作戰，升任副將。同治二年（一八六三年），他率軍進攻蘇南常熟、江陰、無錫等地，以提督記名，加頭品頂戴。次年，補授直隸提督。

⊙保衛臺灣

光緒十年（一八八四年），中法戰爭爆發，法軍首先侵略越南北方，又派海軍中將孤拔率領遠東艦隊侵入中國東南沿海，企圖侵占臺灣，迫使清政府屈服。四月，清廷急召劉銘傳進京，授以巡撫銜督辦臺灣軍務。七月十六日，劉銘傳抵達雞籠（今基隆），著手改建砲臺，籌建海軍，積極備戰。

八月初，四艘法艦在司令利士比率領下進攻基隆，劉銘傳指揮守軍開砲還擊。不久，砲臺被法艦猛烈的砲火擊毀，劉銘傳將守軍轉移至後山，待法軍登陸後，指揮守軍分路出擊，殺死打傷法軍百餘人。中國軍隊首戰告捷，軍威大振。

法艦在基隆受輾後，轉而進攻福建馬尾，福建水師幾乎全軍覆沒。

十月初，法艦兵分兩路猛攻臺灣基隆和淡水。在基隆與敵人激戰的劉銘傳接到淡水守軍告急，分析局勢後，將基隆守軍撤至後山嚴守，並把基隆煤礦設備拆卸轉移，然後親率主力馳援淡水。

十月八日，法艦猛轟淡水砲臺，砲臺在猛烈還擊後多被擊毀。由於河口事先被守軍用巨石堵死，法艦不能沿淡水河深入，只得派遣軍隊上岸，分路進攻。劉銘傳指揮守軍伏擊，待敵軍接近，突然分五路殺出，斃傷法軍三百多人，法軍大敗逃回，中國軍隊大勝。

裝飾有花紋的舢板船（模型）

法軍司令孤拔親自從越南戰場增兵臺灣，猛攻基隆河及後山一線守軍陣地。劉銘傳指揮守軍與敵軍展開激烈的陣地戰。聶士成等率兩千援軍從臺東登陸，增援基隆前線。

到光緒十一年（一八八五年）初，死傷近千人的法軍始終只能占領基隆一地，無法攻克後山陣地。三月下旬，法軍在鎮南關、諒山大敗，中法停戰。不久，法軍退出臺灣，劉銘傳領導了十個月的抗法保臺戰爭取得最後勝利。

⊙出任巡撫

中法戰爭結束後，劉銘傳任福建巡撫，繼續留在臺灣。

光緒十一年（一八八五年）九月，在左宗棠、李鴻章等人的極力倡導下，臺灣建省，劉銘傳任臺灣巡撫。劉銘傳首先推行「辦防，清賦，撫番」三項。訂購新式大砲三十一門，在基隆、淡水、澎湖、臺南等地興築鋼筋水泥砲臺。將臺灣守軍統編為三十五個營，實行新式操練，提高戰鬥能力。在臺北設立軍械機器局，創辦臺灣第一家機器廠，除生產槍砲彈藥外，並生產民用機械，增強臺灣的防衛力量。

劉銘傳著重清查地主瞞報的田產及洋商的漏稅，使臺灣的財政收入由每年數十萬兩白銀增至三百萬兩。對原住民等少數民族採取安撫政策，先後將十五萬少數民族從高山遷至平原地區，穩定了臺灣的社會基礎。

劉銘傳在任臺灣巡撫期間，特別注意開發臺灣資源，進行經濟建設。抗法戰爭一結束，立即派軍修築集集到水尾的公路，該公路長達一百八十二里，橫貫臺灣中央山脈，使東西海岸直接相連。修建在臺東、花蓮、蘇澳至宜蘭之間的山區公路，則改善了山區的交通條件。

光緒二十一年（一八九五年），中日甲午戰爭後，臺灣割讓給日本。劉銘傳悲憤至極，身心交瘁，臥床不起，於二十一年十一月二十八日（一八九六年一月十二日）病逝。

臺灣億載金城

位於臺南安平區。始建於同治十三年（一八七四年），光緒二年（一八七六年）竣工，時稱安平大砲臺。當時日本藉口琉球漁民被殺之事而出兵侵犯臺灣，清政府派欽差大臣沈葆楨赴臺辦理防務及交涉。沈到達臺灣後，在安平建造了這座仿西洋式三合土砲臺，並安放西洋大砲。砲臺建成後，沈葆楨題寫門額為「億載金城」。

鄭觀應「盛世」發危言

●時間：西元一八九四年
●人物：鄭觀應

鄭觀應在《盛世危言》中提出了對中國社會進行改造的方案，即在經濟上開展「商戰」，軍事上練兵造械，政治上設立議院，文化上推廣西學，在當時的社會產生了很大的反響。

⊙上海經商

鄭觀應（一八四二～一九二二年），原名官應，字正翔，號陶齋，別號羅浮鶴山人、杞憂生等，廣東香山（今中山）人。鄭觀應的父親鄭文瑞在鄉中設館授徒，觀應幼年從父學習。咸豐八年（一八五八年），鄭觀應應童子試未中，即奉父命遠遊上海，棄學從商，先受雇於英商寶順洋行任買辦，後於英商經營的公正輪船公司任董事。同治十三年（一八七四年），鄭觀應任英商太古洋行買辦、太古輪船公司總理，並開設恆古錢莊。

鄭觀應與李鴻章、張之洞等洋務派大員私交甚篤，曾受聘擔任李鴻章籌辦的上海機器織布局、上海電報局總辦，輪船招商局幫辦總辦。

光緒六年（一八八〇年），鄭觀應編定刊行反映他改良主義思想的《易言》一書，提出一系列發展經濟的內政改革措施，並提出設立議院的主張。

⊙越南抗戰

光緒十年（一八八四年），中法戰爭爆發，鄭觀應前往廣東，總辦湘軍營務處事宜。受粵東防務大臣彭玉麟的派遣，鄭觀應潛入越南西貢、暹羅（今泰國）等地偵察敵情，積極貢獻於抗法戰爭。

回到廣州後不久，法國艦隊進攻臺灣，鄭觀應受委任辦理援臺事宜，立即前往香港租船，向臺灣運送軍隊和糧草彈藥。

⊙歸鄉著書

後來，鄭觀應受牽涉進曾任職的上海機器織布局和太古輪船公司虧欠事件，案子了結後已是心力交瘁，便

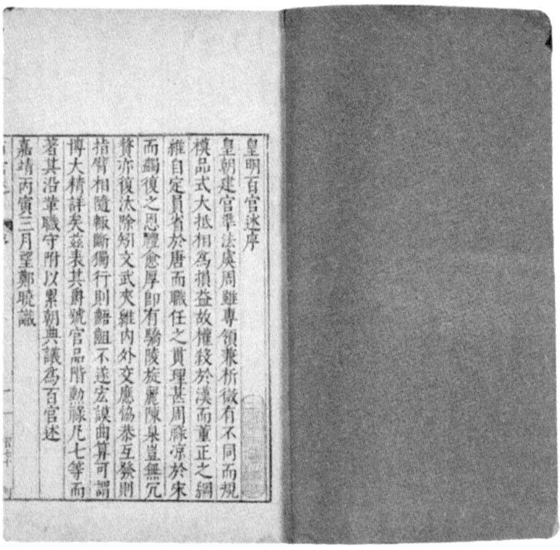

有萬年紅紙插頁的古書　清

這種橘紅色的插頁，表面塗一層鉛丹，起殺蟲驅蟲作用，這種紙也稱為萬年紅，對保存古書有很重要的作用。

龍紋建鼓　清

架座高二百六十三公分，鼓亭為正方形，邊長一百四十一公分。鼓面繪有五彩雲龍紋，鼓亭四角垂龍首。

退隱澳門，寄情山水，將全部精力用於著書。光緒二十年（一八九四年），《盛世危言》著作完成。

《盛世危言》出版時，中國剛在甲午戰爭中敗給日本，全國沉浸在一片沮喪和迷茫中。主旨為「富強救國」的《盛世危言》像一劑良藥，讓國人看到一線光亮。《盛世危言》對政治、經濟、軍事、外交、文化諸方面改革都提出了切實可行的方案，洋務派張之洞讀後評點：「論時務之書雖多，究不及此書之統籌全局、擇精語詳。」

在政治方面，《盛世危言》提出實行議院制，「君民共治，上下一心」。同時提出一系列與之配套的內政改革措施，主張廣辦報紙，以使下隱可以上達，並對大小官員有輿論監督作用。建議改變科舉考試和學校教育的內容，鼓勵士人學習西學，掌握西方的科學技術。認為要國強必須重視科學技術，注意培養新式人才，科舉考試只考儒家學說和八股文是有問題的，應該增加電子、醫學等新科目。這些思想後來成為康有為等維新派人物的主要觀點。

在經濟方面，鄭觀應提出了著名的「商戰」主張，認為西方列強武力侵略的目的，是要把中國變成他們的原料產地和產品銷售市場，武力侵略只是手段，而商戰比兵戰的手法更為隱祕，危害更大。清政府不僅應在戰場上，也應在商場上戰勝敵人，因此要重視發展近代機器工業。

《盛世危言》出版後，各界人士紛紛爭閱，一時洛陽紙貴。禮部尚書孫家鼐將此書推薦給光緒皇帝，光緒帝讀後大為讚歎，詔命各大臣閱讀。這本書對維新派領袖康有為、民主革命領袖孫中山等近現代著名人物均有深刻影響。

【張之洞與漢陽鐵廠】

●時間：西元一八三七～一九〇九年
●人物：張之洞

張之洞是洋務運動後期崛起的洋務派重要代表人物，是中國近代史上舉辦近代企業最多最持久的洋務人物，有「洋務殿軍」之稱。

⊙從學官到兩廣總督

張之洞（一八三七～一九〇九年），字孝達，又字香濤，號壺公，晚年自號抱冰老人，直隸南皮（今屬河北）人。張之洞是晚清洋務運動重要首領之一，也是近代重工業的創始人。

道光十七年八月三日（一八三七年九月二日），張之洞出生於貴州，父張鍈時任貴州興義知府。張之洞自幼接受了良好的教育，同治二年（一八六三年）中一甲第三名進士（即探花），授翰林院編修，步入官場。同治六年（一八六七年）起，張之洞先後任浙江副考官，湖北、四川學政等職，並在任地倡導興建書院，培育人才。十年學官生涯，使他與教育結下了不解之緣。

張之洞像

光緒十年（一八八四年），張之洞任兩廣總督。當時法國正在侵略越南，並窺伺中國西南邊疆。中法戰爭期間，張之洞積極在廣西邊境守備，支持福建、雲南及臺灣省的抗法戰爭，並奏請起用老將馮子材募兵赴前線抗敵。次年三月，馮子材率軍取得鎮南關大捷，一舉扭轉中國在戰爭中的被動局面。

清政府不敢與法國抗爭到底，堅持和談，愛國軍民浴血奮戰取得的勝利，轉眼被一紙和約斷送了。

晚清進口的美製加特林機槍

⊙興建漢陽鐵廠

光緒十五年（一八八九年），張之洞奏請修築蘆漢鐵路，清政府任為湖廣總督。張之洞在湖北近二十年，大舉興辦洋務，迅速成為洋務運動後期重要首領，武漢則成為中國近代史上的工業中心之一。

洋務運動期間，清政府為了發展近代軍事工業，製槍砲，造戰艦，大量從西方國家進口鋼鐵。同治六年（一八六七年），共進口鋼材十一萬擔（約八千二百五十噸），光緒十七年（一八九一年），增加到一百七十三萬擔（約十三萬噸）。為了擺脫列強對中國鋼鐵的封鎖和控制，張之洞調任湖廣總督後，開始主持興建湖北漢陽鐵廠和大冶鐵礦等重型企業。

光緒十六年（一八九〇年）末，張之洞在武昌設立鐵政局，負責統籌鐵廠建設及開採礦產。任命熟悉洋務的蔡錫勇為總辦，僱用外國礦師白乃富等主持技術工作，並選定在漢陽建廠。

光緒十六年（一八九〇年）十一月，漢陽鐵廠動工。光緒十九年（一八九三年）九月，鍊鐵廠、熟鐵廠、貝色麻爐鋼廠、馬丁爐鋼廠、鋼軌廠、鋼材廠等十個分廠建成。第二年六月投入生產，共有工人三千人，外國技師四十人。

湖北兵工廠廠址

光緒十五年（一八八九年）初建時名為湖北槍砲廠，光緒三十年（一九〇四年）更名為湖北兵工廠，民國三年（一九一四年）更名為漢陽兵工廠。

鍊鐵需要鐵砂和煤等原燃料，張之洞派德國技師在湖北大冶附近勘察，發現鐵礦蘊藏豐富，從而興建起中國第一個用近代技術開採的露天鐵礦——大冶鐵礦。接著，張之洞又開發了江西萍鄉等煤礦。

以鍊鐵廠為中心，兼採鐵、採煤和鍊鋼為一體的中國近代第一個、也是遠東第一座鋼鐵聯合企業——漢陽鐵廠的建成，標誌著中國近代鋼鐵工業的興起，開中國重工業之先河。

雖然聲勢浩大，但由於專制官辦體制的腐敗無能，鐵廠從生產開始就一波三折。首先，由於湖北附近的鐵礦石含磷較多，採用貝色麻爐方法鍊出的鋼脆而易斷，直到改用馬丁爐才解決了這一難題。

加上傳統官辦的各種弊端積重難返，漢陽鐵廠從籌建開始便出現財政虧損，張之洞心力交困，只得於光緒二十二年（一八九六年）「招商承辦」，委託「亦官亦商」的盛宣懷督辦鐵廠，走上「官督商辦」道路。此後，漢陽鐵廠與大冶鐵礦、萍鄉煤礦形成系列，一度頗有生機。

光緒三十四年（一九〇八年），奏准盛宣懷將漢陽鐵廠、大冶鐵礦、萍鄉煤礦合併，改為商辦漢冶萍煤鐵廠礦股份有限公司。至辛亥革命前，公司約年產生鐵八萬噸，鋼近四萬噸，鋼軌兩萬噸。

漢陽鐵廠雖然沒有達到盈利的目的，但是隨著它的興建，在武漢及周邊形成一系列近代工業企業，奠定了日後武漢及長江中游地區近代工業發展的基礎。

此外，張之洞並創建了中國首家系統完備的軍工廠——漢陽兵工廠，「漢陽造」步槍從此聞名全國，在中國近代軍事建設以及國防中有重要作用。

【愛國詩人黃遵憲】

●時間：西元一八四八～一九〇五年
●人物：黃遵憲

清政府在甲午戰爭中戰敗，簽訂《馬關條約》，將臺灣割讓給日本，令中國無數有識之士痛心不已。詩人黃遵憲飽蘸愛國之情寫下一首詩：「寸寸河山寸寸金，侉離分裂力誰任？杜鵑再拜憂天淚，精衛無窮填海心。」

⊙著寫《日本國志》

黃遵憲（一八四八～一九〇五年），字公度，別號人境廬主人，廣東嘉應（今梅州）人。黃遵憲出身於世代經營典當的大商人家庭，父親黃鴻藻，字硯賓，咸豐六年（一八五六年）舉人，曾任戶部主事、廣西知府。

「心舟」款提樑紫砂壺　清

光緒三年（一八七七年），清政府向日本派出近代中國第一個駐日外交使團，出任公使的何如璋推薦黃遵憲為參贊，隨團赴日。

黃遵憲任駐日參贊四年間，與日本朝野人士廣泛接觸，對日本的風俗民情、歷史與現實等進行了全面系統的考察。經過八九年的時間潛心創作，光緒十三年（一八八七年），黃遵憲終於完成共四十卷、五十餘萬字的《日本國志》。

《日本國志》是中國第一部全面系統研究日本歷史，特別是明治維新以來歷史的專著。光緒皇帝在百日維新中所頒布的各種制度上諭中，不少重要改革措施都來自該書中所議。黃遵憲在寫作中傾注了大量心血與熱情，試圖藉此書把日本的明治維新介紹到中國，希望借日本的經驗，指導國內的社會變革，實現中國富強之夢。

《日本國志》寫成後，黃遵憲送給李鴻章、張之洞等人，得到高度讚賞，認為是中國駐日外交官和旅日人士必讀之書。

大臣袁昶閱讀該書後說：「此書早布可省銀二億兩。」意思是：如果我們早一點讀這本書，瞭解日本，就不會在甲午戰爭中戰敗，也就不會白白賠銀二億兩，臺灣也不會割讓給日本了。

在日本四年間，黃遵憲並寫下了近二百首記敘當地人情風俗和政治動態的《日本雜事詩》。這些作品與《日本國志》一起，構成近代中國最全面系統研究和瞭解日本的著作。

⊙投身變法

光緒二十年（一八九四年）底，中日戰爭爆發，黃遵憲由新加坡回國，協助兩江總督張之洞等籌辦軍務。

《馬關條約》簽定後，黃遵憲積極投身變法維新運動，參加上海「強學會」，與梁啟超、汪康年一起創辦《時務報》。

在湖南推行新政期間，黃遵憲提倡「分官權於民」、「地方自治」等，主張改革官制，傳播民權思想，嘗試禁女子纏足，倡議設學校、籌水利、興實業，力謀中國之富強。

戊戌變法失敗後，黃遵憲被革職，回到故鄉修建書齋，取名「人境廬」。與梁啟超等常有書信來往，繼續堅持和宣傳「奉主權以開民智，分官權以保民生」的政治綱領。黃遵憲在人境廬設學，請外籍醫生講解生理學、解剖學，編寫教科書。

光緒三十年（一九〇四年），黃遵憲邀集地方人士，自獻資金，在東山書院創辦了嘉應首間、中國最早的師範學校之一——東山初級師範學堂（今東山中學前身）。他制訂的辦學措施得到各縣熱烈響應，僅梅縣就辦起數百所小學、十餘所中學。

憑欄賞荷圖　清　任頤

此圖為任頤三十三歲時的畫作，所繪人物姓名未詳，從形貌看，應是一文人。他身軀魁偉，臉龐豐滿，手執紈扇，倚靠斑竹欄杆，若有所思。頭部和雙手描繪細緻，依結構用淡墨、淡赭色進行多次渲染，使之極為傳神。

⊙「我手寫我口」

在詩歌創作上，黃遵憲提出「我手寫我口」，力倡詩歌形式應「不名一格，不專一體，要不失為我之詩」。他繼承中國現實主義文學傳統，選取關係國家民族命運的重大政治題材，熔鑄為歷史的詩章，突出表現反對侵略、反對投降的思想。

黃遵憲的詩反映了整整一個時代的民族災難和風雲變幻，有「詩史」之稱。〈香港感懷〉〈悲平壤〉〈東溝行〉〈哀旅順〉〈哭威海〉〈馬關紀事〉及〈臺灣行〉等詩篇，形象呈現出心憂祖國危亡的愛國情懷。其詩形象感強烈，語言典雅而通俗淺顯，特別是歌行體的作品，詩情激越，形式多變，為古典詩歌開拓了一片新天地，梁啟超譽為「詩界革命」的一面旗幟。

中日甲午戰爭

●時間：西元一八九四年
●人物：左寶貴　丁汝昌　鄧世昌

自十九世紀中葉日本明治維新以後，國勢日強，開始走上了對外擴張的道路。光緒二十年至二十一年（一八九四～一八九五年），日本挑起了侵略中國的戰爭，因光緒二十年（一八九四年）按中國干支紀年為甲午年，史稱「甲午戰爭」。

光緒二十年（一八九四年）春，朝鮮爆發東學黨事件，朝鮮政府請求清政府派兵協助平亂。日本一方面誘引中國出兵，另外成立大本營，準備挑起戰爭。

陽曆六月八日，直隸提督葉志超等率部抵朝。日本迅速出兵占領朝鮮皇宮，強迫朝鮮簽訂《日韓同盟》，並以朝鮮政府的名義要求中國撤兵。清政府要求日本同時撤兵，但日本決意挑起戰爭，繼續向朝鮮增派軍隊。

七月二十五日，日本在豐島附近海域對中國運兵船及護航艦隻發動突襲，同時進攻駐牙山的清軍。

八月一日，清政府被迫對日宣戰，日本隨即正式向中國宣戰，甲午戰爭開始。

⊙平壤之戰和黃海海戰

八月上旬，總兵衛汝貴、左寶貴等率四部援朝清軍萬餘人抵達平壤。九月十五日，日軍分三路進攻平壤，戰鬥在大同江南岸、玄武門外、城西南三處展開。日軍主攻玄武門，登城指揮的總兵左寶貴中砲犧牲，玄武門失守。當晚，葉志超等棄城而逃。到二十六日，清軍全部退至鴨綠江以北中國境內，日軍占領朝鮮全境。

在陸軍爭奪朝鮮半島的同時，日本海軍也出動至黃海西部。九月上旬，清廷援兵由海路開赴平壤，北洋艦隊護航。

十七日，完成護航任務後，準備由大東溝口外返航的北洋艦隊與日艦遭遇，黃海海戰爆發。北洋艦隊參加戰鬥的軍艦為十艘，日本海軍為十二艘。開戰後，北洋艦隊重創日軍多艘軍艦，但艦隊中「致遠」號亦受重傷，管帶鄧世昌為保護旗艦，下令向敵先鋒艦「吉野」號猛衝，以求同歸於盡，不幸中敵魚雷，二百餘人犧牲。

戰鬥歷時五個多小時，雙方傷亡慘重。最後，日艦撤離戰場，北洋艦隊也返回旅順。這一戰，北洋艦隊五艘軍艦沉毀，日軍五艘軍艦受重創（後兩艦沉沒）。

北洋艦隊返回旅順後，李鴻章令水師避於威海港，實行「保艦制敵」的消極防禦方針，等於把黃海制海權拱手讓人。

⊙金旅之戰

清軍潰退回中國境內後，清政府

任命四川提督宋慶為諸軍總統，領清軍共八十二營約三萬人駐守鴨綠江北岸。清軍各部之間缺乏協同，不服宋慶調度，士氣不振。

十月二十四日，日軍泅水過江，連夜在虎山附近的江流中架設浮橋渡軍。二十五日晨，日軍向虎山發起進攻。清軍守將馬金敍、聶士成率部奮勇還擊，終因勢單力孤，傷亡重大，被迫撤退，日軍占領虎山。清軍其他各部得知虎山失陷，不戰而逃。二十六日，日軍占領九連城和安東縣（今丹東），鴨綠江防線全線崩潰。

十月二十四日，在軍艦的掩護下，一路約二萬五千人的日軍在旅順後路的花園口登陸。十一月六日，日軍攻占金州（今屬大連）。十七日，日軍開始向旅順口進逼。駐守的一萬四千餘名清軍早已軍心渙散，無力應戰。二十二日，日軍攻陷旅順口，血洗全城。

⊙威海衛之戰

威海衛之戰是北洋艦隊對日的最後一戰。其時，尚有各種艦艇二十六艘的北洋艦隊根據李鴻章的防禦方針，龜縮於威海衛港內。

光緒二十一年（一八九五年）二月三日，日軍占領威海衛城，水師提督丁汝昌坐鎮指揮的劉公島成為孤島。五日凌晨，旗艦「定遠」號中雷擱淺。十日，「定遠」號彈藥告罄，管帶劉步蟾下令將艦炸沉，以免資敵，並自殺與艦共亡。十一日，丁汝昌也自殺殉國。十二日，洋員浩威偽託丁汝昌的名義，向日軍投降。十七日，日軍在劉公島登陸，威海衛海軍基地陷落，北洋艦隊全軍覆沒。

突破清軍鴨綠江防線後，日軍連占鳳凰城、海城等地，清政府調兩江總督劉坤一為欽差大臣，以期挽回頹勢。一月十七日起，清軍先後數次大規模反攻海城，皆遭挫敗。三月上旬，山海關外的牛莊、營口、田莊臺相繼失守。十天之內，清軍六萬餘人從遼東全線潰退。

威海衛失陷後，清廷派李鴻章赴日議和。四月十七日，中日《馬關條約》簽訂，甲午戰爭結束。

「鎮遠」號的主錨

延伸知識

慈禧太后六十壽典

清光緒二十年（一八九四年）十月初十，是慈禧太后的六十大壽。早在清光緒十八年（一八九二年），就開始籌備。慈禧決意仿照乾隆年間成例，自西華門至西直門，兩旁街道鋪面修葺一新，加蓋經壇、戲臺，分段點新設景物。又決定在頤和園內舉行慶祝活動，窮奢極欲，其規模甚至超過乾隆朝。

就在慈禧太后大事鋪張之際，甲午中日戰爭爆發。慈禧擔心戰爭影響六十慶典，極力主和，引起主戰的光緒帝和帝黨官員的不滿。在輿論的壓力下，慈禧取消了頤和園受賀儀式，但宮中慶典照常進行。

十月初十，就在慈禧升殿受賀大宴群臣之際，傳來旅順、大連失陷的消息，慶典草草收場，慈禧太后心懷怨氣，遷怒於他人，聲稱「今日令我不歡者，吾亦將令彼終身不歡」。

清軍在前線一敗塗地，慈禧太后不顧光緒帝的反對，起用李鴻章赴日本議和，不久傳來《馬關條約》簽訂的消息，輿論嘩然，要求廢約再戰的呼聲響徹京師。有人在京師門口貼出一副對聯：「萬壽無疆，普天同慶；三軍敗績，割地求和」，以表達對慈禧太后的憤怒。

《馬關條約》割臺灣

●時間：西元一八九五年
●人物：李鴻章　伊藤博文　劉永福

甲午戰敗後，清政府派往日本廣島求和的使臣被日本推説資格不足予以驅逐出境，並點明要李鴻章赴日談判，正因戰爭失敗而獲責的李鴻章，不得不擔負起與日本停戰議和的任務。

⊙《馬關條約》的簽訂

光緒二十一年（一八九五年）陽曆三月，李鴻章等人乘坐德國輪船，啟程直奔日本馬關。二十日，李鴻章、李經芳、伍廷芳來到馬關，在春帆樓和日本首相伊藤博文、外相陸奧宗光等舉行停戰談判。

二十一日，日方提出停戰條件，要求由日軍占領天津到山海關的一切土地設施，並限三日答覆。日方故意提出苛刻條件，以拖延停戰協議的簽訂，因為當時由十一艘艦船組成的「南方派遣艦隊」正祕密開往臺灣，趕赴澎湖南邊的將軍澳。二十三日，日艦開始攻打臺灣，於二十四日占領澎湖群島。

二十四日，第三次會談進行時，伊藤博文突然向李鴻章宣布，日軍已占領澎湖。談判結束後，在從春帆樓返回驛館的途中，李鴻章受到日本浪人的襲擊，當場昏死。

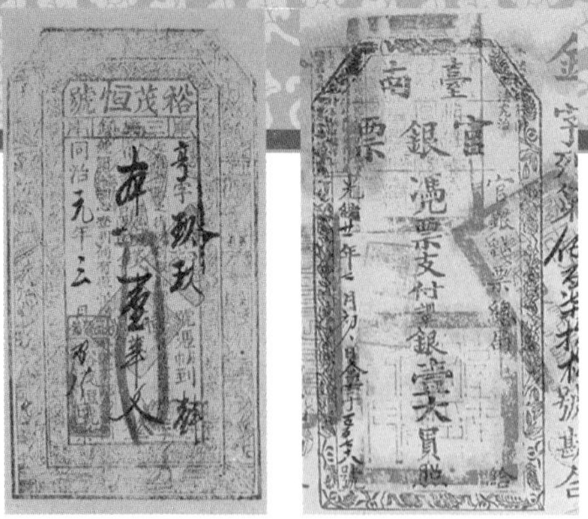

臺南官銀票

光緒二十一年（一八九五年），日本侵占中國臺灣省，清軍愛國將領劉永福率領臺灣人民奮起反抗。抗戰期間，臺南因缺少現銀，軍款奇缺，遂在臺南設立官銀錢總局，發行臺南官銀票。圖即為當時的臺南官銀票，價值與當時臺灣自鑄的銀元相同。

中日雙方簽訂《馬關條約》的繪畫

消息一經傳揚，各國輿論紛紛對中國表示同情。面對強大的國際壓力，日本方面主動提出無條件停戰二十一天，但日本準備占領的臺灣及澎湖不在停戰範圍內，而整個談判條件也並未讓步。

手握原始武器的高山族抗日義士

在清政府的授意下，四月十七日，李鴻章與伊藤博文進行了最後一次談判。雙方爭執數小時，日方絲毫不肯讓步。最後，李鴻章不得不在日方擬定的談判草約上簽字，這便是喪權辱國的《馬關條約》。五月八日，中日兩方在煙臺順德飯店互換條約，《馬關條約》正式生效。

《馬關條約》的主要內容包括：中國承認朝鮮「獨立」（實際上是允許日本控制朝鮮），向日本賠款白銀兩億兩，將遼東半島、臺灣全島及其附屬島嶼、澎湖列島「永遠讓與日本」，允許日本在中國內地設廠，增開通商口岸等。

由於不甘心日本獨占中國東北，俄國聯合法、德兩國向日本施壓，「三國干涉還遼」，清政府得以用三千萬兩白銀將遼東半島「贖」回。

⊙同仇敵愾戰日寇

消息傳來，全臺灣悲憤到了極點。人們鳴鑼罷市，擁入巡撫衙門，高呼「寧戰死失臺，決不拱手而讓臺」，堅決反對割讓臺灣。

協理臺灣軍務的清軍將領劉永福等率軍民反抗日本侵占，堅持近半年，歷經大小百餘次戰鬥，抗擊日軍兩個師團和一支海上艦隊的進攻，殺死擊傷日軍三萬兩千多人，日軍中將和少將各一名在侵臺中斃命。

在深入臺灣的過程中，日軍遭到臺灣民眾成立的抗日義軍的頑強抵抗。抗日義軍在臺北深坑、雲林鐵國山、嘉義臺南之間的番仔山、鳳山附近先後建立起抗日據點，隊伍少則數百人，多則數千人。進攻日寇軍營，襲擊日寇官署，抗擊敵人一次又一次的瘋狂掃蕩。因為力量懸殊，島內人民的反抗終遭失敗。從此，臺灣淪為日本殖民地達五十年之久。

甲午海戰中沉沒的北洋艦隊「威遠」號艦名牌

嚴復和《天演論》

●時間：西元一八五四～一九二一年
●人物：嚴復

嚴復是中國近代著名啓蒙思想家、翻譯家，曾留學英國格林尼次皇家海軍學院，學成回國後擔任過北洋水師學堂總教習、北京大學首任校長。嚴復一生譯著頗豐，其中《天演論》對當時中國思想界產生了巨大影響，也因此被譽為「中國西學第一人」。

⊙留學的收穫

嚴復（一八五四～一九二一年），原名體乾、傳初，後易名復，字幾道，別號尊疑，福建侯官（今福州市）人。

同治六年（一八六七年），嚴復考入了福州馬尾船政學堂，接受了嚴格的自然科學教育。同治十年（一八七一年），嚴復從福州船政學堂畢業，作為該學堂第一屆畢業生，先後在「建威」「揚武」兩艦實習五年。

光緒三年（一八七七年）陽曆三月，嚴復派往英國，學習海軍駕駛術。這是清政府派遣的第二批留學生，目的是培養海軍管帶（艦長）。嚴復先在普利茅斯大學，後又轉到格林尼次皇家海軍學院。留學期間，除了潛心學習必修的自然科學、海軍等課程，嚴復對英國的社會政治學說產生了濃厚興趣，其他留學生在軍艦上實習時，他卻把更多的時間用在考察英國，閱讀西方思想家達爾文、赫胥黎、斯賓塞等人的著作上。

光緒五年（一八七九年）六月，嚴復畢業回國，受聘為福州船政學堂教習。光緒六年（一八八○年），嚴復到天津任北洋水師學堂總教習。

光緒二十一年（一八九五年），甲午戰爭的戰敗深深刺激了嚴復，他以深邃的西學素養，連續發表政論文章，倡新叛舊，尊民貶君，在當時思想界產生了振聾發聵的影響。

從光緒二十一年（一八九五年）起，嚴復開始在天津《直報》發表〈論世變之亟〉〈原強〉〈辟韓〉〈救亡決論〉等文，主張變法維新、武力抗擊外來侵略。

⊙翻譯《天演論》

為尋求救亡強國的道路，嚴復開始有系統引進西學著作，翻譯成中文，以警醒世人。中日甲午戰爭失敗後，嚴復以幾個月的時間翻譯了最著名的譯作——《天演論》，對中國思想界的影響巨大。

《天演論》是英國生物學家赫胥黎（Thomas Henry Huxley，一八二五～一八九五年）的論文集，原名直譯是「進化論與倫理學及其他」，主要闡述生物是進化的，不是不變的，而變的原因是物競天擇。

嚴復在翻譯中加以按語，結合中

敦煌寶藏遭浩劫

光緒二十六年（一九〇〇年），道士王圓籙在甘肅敦煌莫高窟發現了「藏經洞」，洞內儲存有大量的古代寫經、文書和其他文物，據後來推斷共計四萬多件。王道士不斷拿出佛經寫卷和絹畫，送給地方官僚士紳，以換取功德錢。

光緒三十三年（一九〇七年），英籍匈牙利人斯坦因到敦煌考察，以二百兩白銀買取了大量的文物，足足裝了二十九箱。次年，法國人伯希和以五百兩白銀，換取了藏經洞中寶藏的精華部分。

宣統二年（一九一〇年），清政府學部得悉敦煌寶藏流失，急撥六千兩庫平銀，電令地方官購買所有經卷文物，運至北京收藏。款項卻被敦煌官府截留移作他用，只給王道士三百兩香火錢。王道士心懷不滿，就藏起了一部分書法嚴整的寫經卷子。即使如此，運至北京的經卷文獻等文物經編號後仍有一萬多件。

民國元年（一九一二年），日本探險隊員橘瑞超、吉川小一郎從王道士手中買走了數百個寫經卷子。民國三～四年（一九一四～一九一五年），俄國奧登堡考察隊又以五百兩白銀買走五百七十個寫經卷子。民國十二～十三年（一九二三～一九二四年），美國哈佛大學的華爾納來到敦煌，揭取了大量的壁畫，並搬走了一尊佛像。

延伸知識

國急需救亡圖存的現實，有意識對西方思想擇善而用，闡明自己的觀點。他把「物競天擇」的學說從生物引申到人類，並在〈自序〉中強調此與「強國保種之事」有關，直接面向當時民族危機嚴重的現實社會，反響極大。

甲午戰爭中，中國為何竟被「蕞爾小邦」日本擊敗？在嚴復看來，正是由於國家在各個方面已經不適應時代的發展，長此以往，必將被人類歷史「物競天擇」的規律所淘汰。「物競天擇」幾乎成為當時救亡圖存的警示語，進而演化成「優勝劣敗」「適者生存」「天演進化」等口傳箴言。這一理論不僅直接影響了康有為、梁啟超等人，對維新變革思想與實踐的推進甚有貢獻，也一直流傳後世，如陳天華、鄒容、秋瑾、孫中山、魯迅、吳玉章、毛澤東等人，無不受到《天演論》的影響。

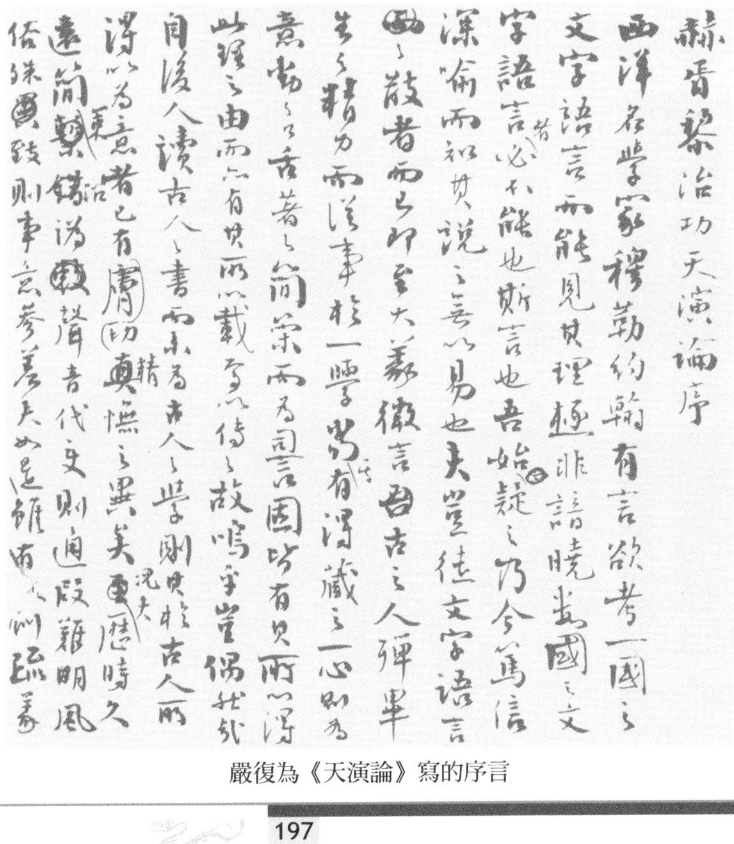

嚴復為《天演論》寫的序言

【公車上書】

●時間：西元一八九五年
●人物：康有為

甲午慘敗，清廷簽訂了喪權辱國的《馬關條約》，在京應試的各省舉人以康有為首聯名上書朝廷，要求拒簽和約，變法圖強。雖然公車上書的目的沒有實現，但是在社會上產生了很大的影響。

⊙倡導變法

光緒二十年（一八九四年），清政府在中日甲午戰爭中慘敗。第二年，清廷被迫簽訂中日《馬關條約》，割讓臺灣和澎湖列島，並賠款白銀兩億兩。甲午戰爭之前，中國人一直視日本為「蠻夷島國」，不足掛齒，沒想到竟被打得落花流水，號稱「亞洲第一」的北洋水師全軍覆沒。日本軍隊在旅順燒殺搶掠，舉國震撼。清政府軟弱無能，割地賠款，群情激憤。

有為之士提出日本之所以能由往日的邦國戰勝中華大國，在於明治維新向西方學習，變法實行君主立憲，中國要想強大，也要走日本的道路，學習西方變法維新。其代表人物首推康有為。

康有為（一八五八～一九二七年），字廣廈，號長素，廣東南海人。康有為在廣東開辦萬木草堂，招收學生，宣傳變法思想，梁啟超慕名投奔門下。

康有為著有《新學偽經考》《孔子改制考》，前者破舊，後者立新，一方面動搖了統治者的意識形態，另一方面樹立了一個「託古改制」、推崇變法的孔子的形象，從而為變法找到了掩護。康有為並改造了儒家的「三世說」，強調三世是由亂而治，逐步演進的發展過程，論證了君主立憲制的合理性。兩書在士大夫中都有較大的影響。

清政府簽訂《馬關條約》時，正逢各省舉人到北京考進士。消息傳來，帝黨官員文廷式等和參加會試的舉人紛紛請求拒簽和約。梁啟超首先聯合廣東舉人一百九十多人上書朝廷，其他各省舉人也聞風而動。兩天

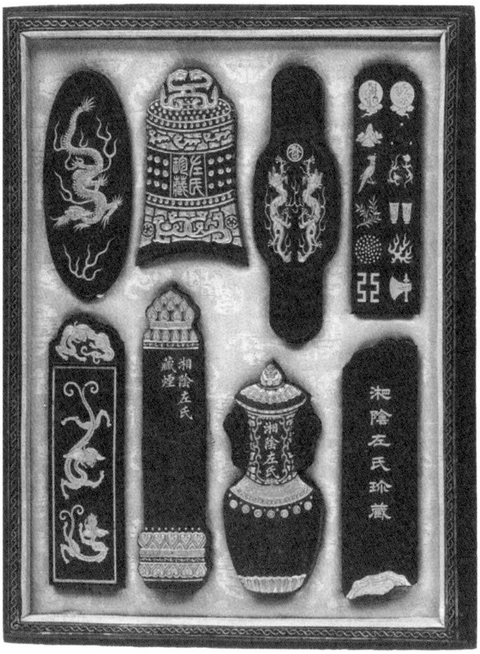

胡開文款龍紋八寶奇珍圖墨　清

後，康有為聯絡各省舉人在宣武門外達智橋松筠庵集會，討論上書請願。

⊙公車上書

松筠庵集會後，舉子推舉康有為起草奏書。熱血沸騰的康有為以一天兩夜寫下《萬言書》（即《上清帝第二書》），提出拒簽和約、遷都抗戰、變法圖強三項主張，詳細論述了富國強兵、養民教民等變法圖強的具體措施，又建議模仿西方議會制度，每十萬戶推舉一名「議郎」，為皇帝提供諮詢，共同商議國家政事。康有為在請願書中公開建議學習日本變法，「日本一小島夷耳，能變舊法，乃敢滅我琉球，侵我大國。前車之轍，可以為鑑」。

梁啟超等人將《萬言書》抄寫後分送各省舉人駐地，共徵集到了一千三百名舉人簽名。

光緒二十一年四月八日（一八九五年五月二日），康有為率各省舉人浩浩蕩蕩向都察院前進，準備將《萬言書》遞交都察院代為稟奏。漢代曾用公家車馬送應舉之人前往京城，後世於是以「公車」作為舉人赴京應試的代稱，因此此舉史稱為「公車上書」。

力主和議的軍機大臣知道此事，立刻前去勸阻，膽怯的舉人在威嚇下退出，都察院也以和約已簽為由拒絕接受《萬言書》。《萬言書》最終沒有能夠遞交給都察院，當然更不可能到達光緒皇帝手中。

雖然公車上書沒有實現，但《萬言書》已在社會上廣為傳抄，產生了極大的影響。康有為名聲遠颺，甚至引起光緒帝老師翁同龢的注意。翁同龢多次會見康有為，商討變法事宜，可以說公車上書正是百日維新的前奏。

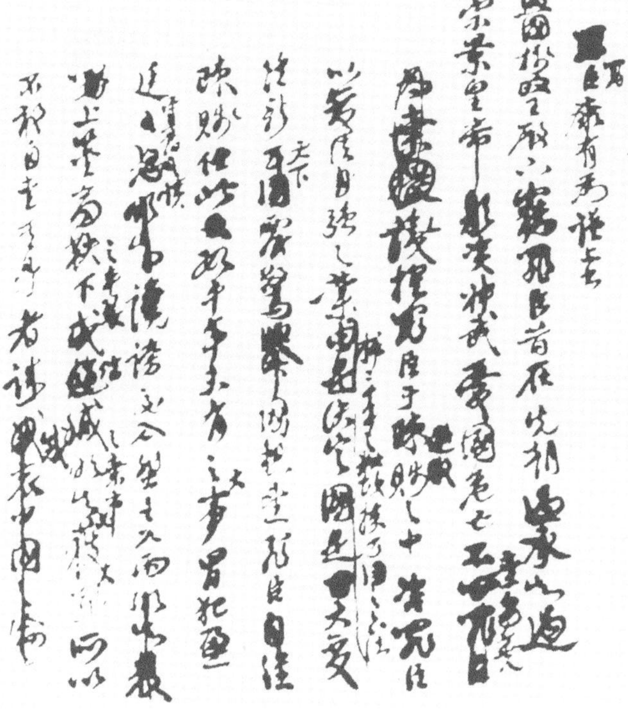

康有為上攝政王書

此文貫穿了康有為以天下為己任的愛國思想。

【百日維新】

●時間：西元一八九八年
●人物：康有為　光緒帝

美國著名漢學家費正清在他的《劍橋晚清史》中說道：「康有為政治綱領的目標是一系列政治改革，這些改革如果付諸實施的話，等於一場『來自上面的根本性革命』——那今日中國早就不是貧弱的樣子了！」

⊙康有為倡導維新變法

「公車上書」後幾年間，維新派一直在為變法準備。康有為在北京出版《中外紀聞》，組織強學會。嚴復在天津主編《國聞報》，宣傳維新變法。譚嗣同、唐才常等人在湖南成立南學會，創辦《湘報》。議論時政、宣揚變法的風氣在國內逐漸形成。

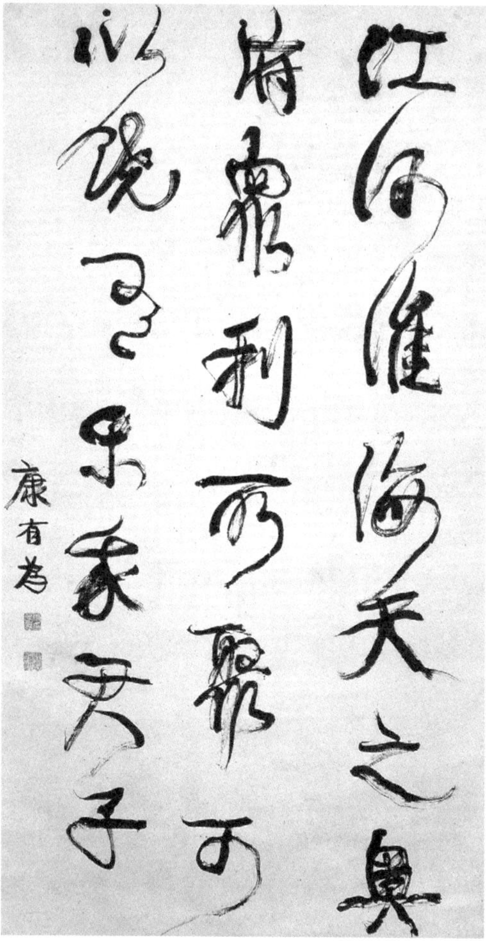

康有為手跡

光緒二十三年（一八九七年）陽曆十一月，德國強占膠州灣，舉國激憤。十二月，見時機成熟的康有為第五次上書光緒帝，分析時勢，指出列強瓜分中國的企圖。

光緒二十四年正月初八（一八九八年一月二十九日），康有為寫下著名的《應詔統籌全局摺》，指出：「變則能全，不變則亡；全變則強，小變仍亡！」籲請光緒帝決行變法。

⊙《定國是詔》頒布

光緒二十四年四月二十三日（一八九八年六月十一日），光緒帝終於接受康有為的建議，頒布上諭《定國是詔》，表示變法決心，一場短暫的改革開始了。

雖然光緒帝表現出自上而下的改革態勢，但「百日維新」其實並沒有觸及到統治的根本。光緒帝根本沒有把康有為的「設立國會」「制定憲法」等主張放在心上，他更關心的是如何通過變法擺脫慈禧太后的控制，壓制朝中作對的大臣，改變多年來受列強欺負的局面。

在一百零三天的變法中，所實施的措施只是「設立農工商、路礦總局，提倡開辦實業，修築鐵路，開採礦藏，組織商會，改革財政。政治上廣開言路，允許士民上書言事。裁汰綠營，編練新軍。廢八股，興西學，創辦京師大學堂，設譯書局，派留學生，獎勵科學著作和發明」。

即使只是這樣一些措施，依舊不被清政府中的守舊派所接受。權貴、官僚對新政陽奉陰違，僅從設立制度局一事就可見一斑：光緒二十四年（一八九八年）初，光緒帝將康有為呈送的設局奏議交總理衙門大臣商議，兩個多月後，慶親王奕劻否定了建議。光緒帝又命軍機大臣會同總理衙門大臣重議，禮親王世鐸又覆奏否定。

⊙變法失敗

反對變法的聲音一直沒有停止，所有行動都在暗中進行著。有記載，慈禧太后在光緒帝宣布變法後的第五天就連下三道旨意，對京津地區的軍政大權進行人事變動，換上親信。由此不難看出，慈禧太后仍然掌握著皇帝的行動，並且已經準備發動政變了。

變法實行不久，開始有奇怪的流言，說慈禧太后準備廢光緒帝，另立新君。陽曆九月中旬，光緒帝幾次召集維新派商議對策。維新派都是年輕書生，既無資歷，又無軍隊，只得建議光緒帝重用袁世凱，用新軍來維護變法。九月十六、十七兩日，光緒帝接連召見袁世凱，特賞候補侍郎。十八日夜，譚嗣同密訪袁世凱，勸說袁世凱舉兵救駕，但隨即被其出賣。

九月二十一日凌晨，慈禧太后突然從頤和園趕回紫禁城，直入皇帝寢宮，將光緒帝囚禁於中南海瀛臺，然後發布訓政詔書，再次臨朝訓政。接著，慈禧太后下令逮捕維新派領袖人物。

九月二十八日，以譚嗣同、楊深秀、林旭、楊銳、劉光第、康廣仁六人為首的維新派人士在北京菜市口被殺害。出逃的康有為、梁啟超等人也遭到通緝。所有新政措施，除京師大學堂外，全部廢止。

從六月十一日到九月二十一日，進行一百零三天的變法維新宣告失敗。

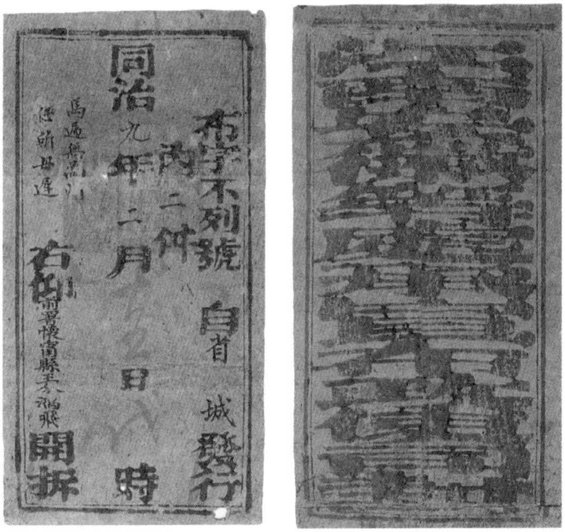

官用封套

清代後期，官方傳遞文書仍用驛傳方式。圖為同治九年（一八七〇年）江南安徽等處承宣布政使司的實寄封。

光緒帝被囚瀛臺

●時間：西元一八九八年
●人物：光緒帝　慈禧太后

光緒帝是中國倒數第二個皇帝，是一個充滿悲劇色彩的皇帝。他雖然在位三十四年，但親政只有十年，其餘時間都由慈禧太后垂簾聽政。而即便在親政時間內，也沒能擁有多少權力。

⊙甲午之敗

光緒帝十九歲開始親政，但朝中大權仍掌握在慈禧太后手中，光緒帝只是一個有名無權的皇帝。

光緒二十年（一八九四年），中日甲午戰爭爆發，光緒帝第一次表現出想法，堅決主張抗擊。清政府海軍實力並不強大，加上大部分軍費被慈禧挪用於修建頤和園，武器裝備很差。開戰後，李鴻章為保全實力，陽奉陰違，調兵極少，甲午海戰最終中國失敗。中國被迫簽訂喪權辱國的《馬關條約》，割讓臺灣和澎湖列島。光緒帝十分憤慨，卻無可奈何。

大清銀幣

⊙維新變法

《馬關條約》的簽訂大大刺激了帝國主義列強，更加變本加厲攫取利益，中國面臨被列強瓜分的危險。有識之士和改良主義者提出，只有通過變法維新，中國才能富強。

具有濃烈民族情感的光緒帝滿懷著使中國富強的理想，毅然舉起維新變法的旗幟。光緒帝沒有實權，雖然想像日本通過變法走上富強之路，但仍然要取得慈禧太后的同意。慈禧太后最後答應，在「不違背祖宗」的前提下，可以實行變法。

光緒二十四年四月二十三日（一八九八年六月十一日），意氣風發的光緒帝頒布《定國是詔》，宣布推行維新變法。這道上諭既是光緒帝決心變法的宣言書，也是實行變法的動員令。為了推行新政，光緒帝允許士民上書言事，極力任用維新人才，裁併機構，改革臃腫的官僚體制。

就在光緒帝大張旗鼓施行改革時，慈禧太后卻認為「鬧得太大」，構成威脅，必須有所行動。

⊙被囚瀛臺

光緒帝意識變故即將發生，處境危險。陽曆九月十五日，光緒帝頒密詔給十天前破例擢升為軍機章京的維新派官員楊銳稱：「朕位且不能保，何況其他？」示意維新派籌商對策。

十七日，維新派軍機章京林旭帶出第二道密詔，令康有為「迅速出外，不可遲延」。康有為、梁啟超、林旭、譚嗣同等維新派核心人物跪誦密詔，痛哭失聲。

十八日，譚嗣同在法華寺夜會袁世凱，希望殺掉太后一派的榮祿，舉兵保護光緒帝。袁世凱假意周旋，慷慨激昂表示：「誅榮祿如殺一狗耳。」其實，袁世凱善觀風向，在知道慈禧太后的地位不可動搖後，已經決定投靠舊黨。

二十日，袁世凱向皇帝請訓，當天乘火車返回天津，向榮祿告密。是夜，榮祿趕到北京告變。

金星玻璃天雞式水盂 清

十九日下午，慈禧太后突然回到宮內。按規定，光緒帝應於二十日去頤和園請安，慈禧突然回宮，光緒帝知道事情有變，驚恐萬分。

二十一日，一切安排妥當後，慈禧太后以光緒帝的名義發出上諭，稱：因自己有病，請慈禧太后再次「訓政」。清晨，慈禧太后臨朝訓政，光緒帝則囚禁於西苑的瀛臺。康有為、梁啟超等逃亡日本，譚嗣同等六君子就義。

慈禧太后本想廢掉光緒帝，但遭到大臣及西方列強的反對。光緒帝雖然沒有被廢，卻從此失去自由。

十年後，即光緒三十四年（一九〇八年）農曆十月二十一日，光緒帝在瀛臺孤獨死去。第二天，慈禧太后也去世了。

光緒帝和慈禧太后先後去世，引起世人廣泛猜測。光緒帝之死是否是慈禧太后臨死前下的毒手？慈禧太后的寵臣是否害怕在慈禧死後遭到報復，害死了光緒帝？這些都已經成為歷史謎案。

慈禧太后陵寢隆恩殿前的陛石

陛石上的圖案中鳳在龍之上，可看作帝后關係錯位的具體表現。

流血請自嗣同始

●時間：西元一八九八年
●人物：譚嗣同

變法失敗，譚嗣同欲用自己的鮮血喚醒中國的民眾、麻木的士大夫階層，以使中國從睡夢中早日醒來。維新失敗了，革命就要到來了。

⊙譚嗣同北上

譚嗣同（一八六五～一八九八年），字復生，號壯飛，湖南省瀏陽縣人，清末維新派政治家、思想家。少年時博覽群書，讀過張載、黃宗羲、王夫之等人著述。青年譚嗣同為父命所迫，六赴南北省試，因不喜科舉時文，屢考不中。期間目睹清王朝統治腐敗，益思奮發有為，立志救國救民，故自名壯飛。

譚嗣同

譚嗣同是慘遭殺害的「六君子」之一，他是中國近代史上傑出的愛國者和進步的思想家。

光緒二十年（一八九四年），清軍在中日甲午戰爭中慘敗，喪權失地，群情憤慨。譚嗣同震撼，決心致力於維新變法。為了追求新思想，學習新知識，光緒二十二年（一八九六年），譚嗣同來到北京游學。遍交維新之士，結識梁啟超，又進一步瞭解康有為的維新思想觀點，和康有為、梁啟超等成為「維新派」的代表人物。

⊙促進維新

光緒二十一年（一八九五年），甲午戰爭戰敗後，國內民族危機空前嚴重。康有為連續上書，反對簽訂《馬關條約》，以「變法圖強」為號召，組織強學會，掀起維新變法運動。康有為、梁啟超、譚嗣同等在各地組織學會，設立學堂和報館，宣傳變法維新，影響及於全國。

中國戰敗受辱，在甲午戰爭中主戰的光緒帝深感切膚之痛。光緒帝曾在戰後發詔，列舉一系列改革事項，後因慈禧太后阻撓，未能實施。

光緒二十三年（一八九七年），德國強占膠州灣，帝國主義瓜分中國的陰謀日益明顯。康有為再次趕赴北京，上書請求變法。

光緒二十四年（一八九八年），光緒帝決定接受變法主張，任用維新人士。陽曆六月十一日，光緒帝頒布《定國是詔》，實行變法，史稱「戊戌變法」。

光緒帝先後頒布一系列詔書，實行改革。譚嗣同任四品軍機章京，參與新政。由於改革措施觸犯了慈禧太后等人的利益，變法遭到極力反對，不斷受到阻撓和破壞。

九月二十一日，慈禧太后和榮祿發動政變，囚禁光緒帝。慈禧太后宣布「訓政」，廢除變法詔令，並搜捕維新派。

康有為、梁啟超聞訊逃往國外。譚嗣同矢志為變法獻身，拒絕出走，毅然表示：「各國變法，無不流血而成，今中國未聞因變法而流血者，此國之所以不昌也。有之，請自嗣同始！」

二十四日，譚嗣同被捕，在獄中賦詩題壁：「我自橫刀向天笑，去留肝膽兩崑崙。」

二十八日，譚嗣同與楊深秀、楊銳、林旭、劉光第、康廣仁六人一起被殺害於菜市口，史稱「戊戌六君子」。

《仁學》書影

⊙譚嗣同與《仁學》

光緒二十三年（一八九七年一月），譚嗣同完成了重要著作《仁學》，系統闡述哲學思想和社會政治思想。

譚嗣同深刻批判專制制度和倫理觀念，痛切揭露維護傳統統治秩序的綱常名教的虛偽性，提出「要衝決君主之羅網」，「衝決倫常之羅網」。激烈抨擊「三綱」中的「君為臣綱」，指出：「兩千年來君臣一倫，尤為黑暗否塞，無復人理，沿及今茲，方愈劇矣！」

其批判矛頭不僅針對中國兩千年來的專制制度，甚至直指清王朝的統治。此外，並表現出追求平等、自由的精神。

《仁學》一書雖然認為唯有變法才能挽救中國危亡，但其思想在一定程度上已超出改良範圍，帶有民主革命色彩。雖然譚嗣同的變法實踐與民主思想表現出某種自我矛盾，但仍然是當時維新派知識群體中最堅定、最激進的變革者。

牙雕鵪鶉盒　清

這件寫實的象牙雕作品，具有明顯的清代雍正至乾隆年間的風格。

梁啟超和新文體

●時間：西元一八九六～一九〇六年
●人物：梁啓超

戊戌變法失敗後，梁啓超與康有為一同流亡日本，政治思想上逐漸走向保守，蛻化為保皇派人物，但是在文學上繼續發展，成為近代文學革命運動的理論倡導者。

⊙詩界革命

梁啟超（一八七三～一九二九年），字卓如，號任公，別號飲冰室主人，廣東新會人。戊戌變法前一兩年，梁啟超與夏曾佑、譚嗣同等人便提出「詩界革命」的口號，但仍只限於在詩中「扯新名詞以表自異」。

戊戌變法失敗後，梁啟超逃亡日本，繼續推廣「詩界革命」。梁啟超認為新派詩「第一要新意境，第二要新語句，而又須以古人之風格入之」，批判僅僅在舊詩中運用新名詞來表達新意的做法，提出「以舊風格含新意境」的進步詩歌理論，影響了中國近代詩歌的發展。在他的理論影響下，出現了黃遵憲等大批新派詩人。

梁啟超在詩歌創作中努力實踐理論，詩作雖留存不多，且多創作於流亡日本時期，但用語通俗自由，詩風流暢，並將新思想、新知識融入其中。

繼「詩界革命」口號後，梁啟超又提出「小說界革命」，並在創作上進行了頗有意義的積極嘗試。

⊙新文體的確立

與詩歌、小說、戲曲相比，梁啟超在散文方面取得的成就最高，以光緒二十二年（一八九六年）《時務報》到光緒三十二年（一九〇六年）《新民叢報》十年內發表的系列散文為標誌，完成了在散文領域的創舉——新文體的確立。

中國傳統散文內容多寄情山水風物，即使發表對現實的看法也大多採用隱喻手法，在語言上則更是使用文言。

梁啟超的散文在內容與形式上都有重大突破。在內容上，或揭露批判黑暗醜惡的現實，或為國家的現狀憂心忡忡，或引進西方先進思想與科技，積極呼籲變法自強，直接面對現實，將散文作為宣傳其變法思想的途徑和工具。在形式上，議論縱橫、氣勢磅礴，筆端常帶感情，極富鼓動性，語言也更易為普通讀者接受。

梁啟超的代表作《少年中國說》針對中國現狀，分析透徹，條理清晰，運用一連串比喻、排比等修辭手法，行文一瀉千里，呈現出大氣磅礡的風格。

故今日之責任，不在他人，而全在我少年。少年智則國智，少年富則國富，少年強則國強，少年獨立則國獨立，少年自由則國自由，少年進步則國進步，少年勝於歐洲，則國勝於歐洲，少年雄於地球，則國雄於地球。紅日初升，其道大光；河出伏流，一瀉汪洋；潛龍騰淵，鱗爪飛揚；乳虎嘯谷，百獸震惶；鷹隼試翼，風塵吸張；奇花初胎，矞矞皇皇；干將發硎，有作其芒；天戴其蒼，地履其黃；縱有千古，橫有八荒；前途似海，來日方長。美哉，我少年中國，與天不老！壯哉，我中國少年，與國無疆！

梁啟超的「新文體」運動大大促進了中國傳統散文的發展，使大批讀者進一步瞭解世界，培養出更具進步思想的人材，繼續進行中國民主革命。

延伸知識

廢除科舉制度

科舉制度是中國王朝的一種選官制度，始創於隋。明清兩代科舉考試內容以八股文為主，題目選自四書五經，號稱「代聖人立言」。讀書人將其一生有限的精力投入科舉考試中，皓首窮經，思想徹底封錮，嚴重脫離現實。

到了清末，科舉制度弊端百出，已不再適應社會需要，有識之士紛紛要求廢科舉。百日維新中八股文一度被廢。戊戌政變發生後，科舉考試又恢復。隨著新式學堂的出現，科舉制度生存的空間急劇縮小。光緒二十六年十二月（一九〇一年一月）清廷頒詔廢除八股文，後來又頒布了各類學堂章程，統一了全國學制。

然而科舉制度嚴重阻礙了新式教育的發展，光緒三十一年（一九〇五年）清廷詔准了袁世凱、張之洞奏請停止科舉、興辦學堂的摺子，下令「立停科舉以廣學校」，在中國歷史上延續一千多年的科舉制度正式廢除了。

北京前門商業區

義和團廊坊大捷

●時間：西元一九〇〇年
●人物：義和團團民
八國聯軍

廊坊大捷既改變不了清政府無能的狀況，也改變不了中國遭受侵略的命運。但廊坊大捷顯示了一種力量和決心，顯示了中國人反抗侵略的不屈精神。

⊙義和團的興起

義和團團民

義和團原稱義和拳，是長期流行於山東、直隸等地的民間祕密組織。清朝末年，政府腐敗無能，西方列強步步進逼，想要在中國攫取更多利益。在這種情況下，義和團改變策略，將「反清復明」的口號改為「扶清滅洋」，吸引大量群眾加入，聲勢不斷壯大。

甲午戰爭後，德國占領膠州灣，強劃山東全省為勢力範圍，外國教會憑藉其軍事強勢，在山東擴展勢力。傳教士和教民橫行鄉里，為非作歹，激起民憤。在教民與其他國人的衝突中，西方教會或政府代表往往出面干預，地方官員出於懼怕，很難做出公正的判決，普通群眾對教會積恨成仇，各地反教會此起彼伏，義和拳成為反對外國侵略勢力的重要組織形式。山東義和拳開展反教會運動後，當地傳教士便要求清政府嚴加鎮壓。

山東巡撫張汝梅建議清政府改義和拳為團練，以便控制，並將「義和拳」改名為「義和團」。義和團勢力在山東、直隸迅速發展。

⊙廊坊大戰

戊戌變法後，慈禧太后有意廢掉光緒帝，另立新君，遭到西方各國反對。慈禧想利用義和團與西方列強抗衡，准許團員大批進入北京城。

光緒二十六年（一九〇〇年）陽曆六月十日，俄、英、美、日、德、法、義、奧等西方列強以「救援北京使館」為名，動員了兩千多人的聯軍，以英國海軍中將西摩為司令，由天津向北京進犯。

京津鐵路沿線各村莊的義和團立即行動，拆毀路軌、橋樑，鋸斷沿途電線桿，使兩地間鐵路和電訊完全斷絕。聯軍加緊搶修鐵路，一邊小心翼翼前進。

十一日晚，八國聯軍來到落垡，立即遭到義和團和清軍的攻擊。聯軍龜縮在車站和車廂裡，憑藉洋槍洋砲抵抗，義和團拉來土砲，猛烈還擊。乘火車從天津到北京本來只需幾小時，但聯軍在義和團的頑強阻擊下窮於應戰，用了四天時間才到達廊坊。十四日清晨，剛到廊坊的聯軍喘息未定，就受到義和團猛烈進攻。激戰兩天多，義和團表現英勇，聯軍寸步難行。

十六日，聯軍司令西摩下令向天津撤退。十八日，義和團在清軍的協助下向撤至楊村車站的敵軍猛攻。清軍開槍射擊，吸引敵人火力，義和團團民趁勢衝殺，與聯軍展開肉搏。聯軍憑藉先進的武器，且戰且退，最後在援軍接應下，用了十天時間才退回天津租界。此戰聯軍方面死傷約三百餘人，損失慘重。

在鴉片戰爭後的歷次戰役中，中國人很少取得勝利，廊坊大捷大大鼓舞了國人士氣。作為中國近代史上撼人心魄的一大戰役，中國人在這次戰鬥中所表現出的勇氣和力量震驚世界。

歷史詞典

晚清體育競技

隨著西方文化的輸入，歐美國家的體育制度、方法以及運動項目也介紹到中國來，經過數十年的發展，逐步取代以武術為中心的傳統體育活動，成為中國體育運動的主流。

自同治元年（一八六二年）起，清政府部分軍隊採取西式編練，改習洋槍、洋砲、洋操。晚清新式學堂中也逐漸開設體育課，擊劍、刺棍、拳擊、跳高、跳遠、跨欄、足球、爬桅、游泳、滑冰、木馬、單槓、雙槓等運動項目成為新式學堂體育活動內容。光緒二十九年（一九〇三年）頒布的癸卯學制規定各級各類學校均開設「體操科」，每週二或三個小時。此後一批體育學校相繼創辦，晚清體育競技近代化步伐加快。

晚清體育競技的發展離不開教會學校和基督教青年會，比較正規的田徑、球類等運動及競賽活動大多是在他們的主持下開展的，宣統二年（一九一〇年）在南京舉行了「全國學校區分隊第一次體育同盟會」，後來追認為第一屆全國運動會，就是由青年會籌辦的。

八國聯軍在英軍司令西摩的帶領下在天津大沽口登陸向北京進發。

八國聯軍進北京

●時間：西元一九〇〇年
●人物：慈禧太后　奕劻

隨著帝國主義列強勢力在中國的不斷擴張，部分西方傳教士更加胡作非為，十九世紀末，山東、直隸的農民開始自發反抗，打著「扶清滅洋」旗號的義和團運動興起。義和團燒教堂，殺死作惡多端的傳教士，一時間許多貧苦農民紛紛加入，義和團運動在整個華北成星火燎原之勢。

⊙八國聯軍進犯京津

隨著義和團運動的迅猛發展，列強多次脅迫清政府鎮壓，並將艦隊聚集在大沽口威脅。

光緒二十六年（一九〇〇年）陽曆五月間，義和團在京津一帶迅速發展，許多清軍士兵加入。清政府感到其鋒芒，將有推翻的危險，因此採取「剿撫兼施」和「先撫後剿」的策略，允許義和團進京。在慈禧太后的招撫和默許下，大批義和團團員進入北京，僅僅幾天，京城幾乎成為義和團的天下。

各國公使眼見清政府無法控制形勢，總理衙門也「無力說服朝廷採取嚴厲的鎮壓措施」，便策劃直接出兵干涉。五月二十八日，英、法、德、奧、義、日、俄、美八國在各國駐華公使會議上正式決定聯合，以「保護使館」的名義調兵入京，鎮壓義和團。

五月三十日至六月二日，八國海軍陸戰隊四百多人陸續由天津乘火車開到北京，進駐東交民巷。隨後，各國繼續增兵，軍艦二十四艘集結大沽口外，聚集在天津租界的侵略軍達兩千餘人。六月六日前後，聯合侵華政策相繼得到八國政府批准，戰爭爆發。

美軍將校在先農壇合影

六月十日，英國海軍中將西摩率領兩千多聯軍，由天津乘火車向北京進犯。聯軍一路受到義和團和清軍的頑強攻擊，最後只得沿北運河退回天津。

⊙棄京西逃

在北京，義和團和清軍先後將挑釁殺人的日本使館書記生杉山彬和德國公使克林德處死。六月十五日到二十日，義和團和清軍又向西什庫的外國教堂及東交民巷的外國使館猛攻，痛擊外國侵略者。

期間，清政府向八國列強「宣戰」。八月四日，八國聯軍一萬八千多人從天津出發，進攻北京。

十三日，聯軍開始進攻北京。十六日，聯軍侵入北京，守衛的清軍潰敗。次日凌晨，聯軍進攻東華門。驚駭至極的慈禧太后急忙帶著光緒皇帝等人，分乘三輛馬車，倉惶離開紫禁城，從西直門出北京，逃往西安。

二十一日，慈禧太后抵達宣化，令慶親王奕劻火速回京，會同李鴻章與各國交涉議和之事。九月，慈禧太后在逃亡途中多次頒布剿滅義和團的上諭。

十月二十六日，慈禧太后到達西安。不斷通過電報與在京的奕劻、李鴻章聯絡，瞭解議和進展。又不斷發布上諭，聲稱此次變亂得罪友邦，絕不是朝廷的意願，對於罪魁禍首（義和團）必定嚴加懲辦，以絕禍根，以此討好列強。

◎《辛丑條約》

光緒二十六年（一九〇〇年）十二月，各列強國（除出兵的八國外，又加上比利時、荷蘭、西班牙三國）向清政府提出《議和大綱》，後又訂立詳細條款。第二年九月七日，各方在北京正式簽字，史稱《辛丑條約》。

《辛丑條約》的主要內容為：懲辦「得罪」列強的官員。派親王、大臣到德國、日本賠罪。清政府明令禁止中國人建立和參加抵抗侵略軍的各種組織。賠款白銀四億五千萬兩，分三十九年付清，本息共計九億八千萬兩。在北京東交民巷一帶設使館區，各國可在區內駐兵，中國人不准在區內居住。平毀大沽砲臺以及北京至天津海口的砲臺。各國可以在北京至山海關鐵路沿線駐兵。

《辛丑條約》簽訂後，中國完全淪為半殖民地國家。

歷史詞典

東交民巷使館區

第二次鴉片戰爭後，法、英、俄、美等國公使在咸豐十一年（一八六一年）、同治元年（一八六二年）先後到達北京，在東交民巷及附近地區設立第一批公使館。光緒二十六年（一九〇〇年）八國聯軍侵占北京後，各帝國主義國家提出議和大綱，要求各國駐兵保護公使館，中國人一律不准在界內居住。光緒二十七年（一九〇一年）九月，帝國主義各國與中國簽訂的《辛丑條約》中明確規定了上述內容。

二十世紀初年，各國根據該約，擴充使館界，在四周建築高牆，牆上有槍眼砲位。各國在使館區內建立了一整套獨立於中國政府的行政、司法、經濟、文化管理機構，再加上東西兩端的鐵門由外國軍警日夜把守，這裡成了侵略者的兵營，成了地道的「國中之國」，中國官員、百姓不能隨意進入。

民國三十八年（一九四九年）後，中國政府收回使館區內各國兵營，徵用地面上一切建築，東交民巷的使館界就此結束。

慈禧太后像

清代金銀器

清代金銀器工藝空前發展。其金工技術更加成熟，模鑄、焊接、錘打、鏤雕、鎏金、鏨花、累絲、鑲嵌珠玉等多種技術綜合運用，尤其還出現了在金銀器上點燒透明琺琅或以金掐絲填燒琺琅的新工藝，堪稱一絕。

清代金銀器的產品小到金銀首飾，大到佛塔供器，品種繁多，豐富多采。宮廷用金銀器更是遍及典章、祭祀、冠服、生活、鞍具、陳設和佛事各個方面。

清代金銀器主要產於北京、南京、杭州、蘇州、揚州和廣州等地，這些地方的金銀器有著悠久的歷史和非凡的技藝。此時，蒙古、西藏、維吾爾等少數民族的金銀器工藝也很發達。

▲金嵌松石鈴形佛塔

◀金「大威德」壇城

圓形壇城與城基外側雕鏨纏枝蓮花，並嵌以綠松石。邊沿外圈為累絲八大屍林，中圈為火焰，內圈為護法杵。正中為經殿，殿上傘幢林立。殿四面有門，殿內坐大威德及眾賢。壇城小巧玲瓏，製作精細，採用錘、鏨、累、堆、填等多種手法，技藝精湛，是不可多得的藝術珍品。壇城梵語稱曼陀羅，意為聖賢集會修法處。

▼金鎮花嵌松石奔巴壺

此件金奔巴壺原在皇帝居住的紫禁城養心殿佛樓供奉。凡皇帝住的地方多設有佛樓、佛堂等，以祈永福。此壺做工精細，造型奇特，是西藏法器中的精品。

◀銀提樑壺

銀壺為圓形，撇口圓蓋，細頸闊腹，底有圈足。頸部裝有一對獸狀小紐，通過活環提樑與壺蓋相連。腹部有一突出的仰首龍頭，口銜曲柱式流。與流相對，另有一圓環形柄。銀壺造型典雅，鏨花細膩，是乾隆時期銀質酒具中的精品。

▲金編鐘

康熙年間製品。金編鐘由純金製成，也稱金鐘，是皇帝舉行大典時使用的一種樂器。編鐘一套十六個，外形大小基本相同，中空，只是鐘壁厚薄不同，用槌敲擊，能發出不同音調。此件為金鐘之首——黃鐘。

▲銀盆金鐵樹盆景

銀盆為六角形，每面鏨刻仙人祝壽圖景。人物雖僅寸許，然細緻入微，神情俱現，足見金屬工藝師的卓越技巧。盆內為金質鐵樹，挺拔的樹幹鏨以鱗紋，羽狀樹葉集生於頂端。樹頂中心伸出五個螺旋金絲，金絲上焊有小巧玲瓏的蝙蝠。盆景製作精細，造型優美，展現出無限生機和高雅情趣。鐵樹表示長壽，上飾蝙蝠，意為「五福捧壽」，是祝壽時用的陳設品。

▲金桂月掛屏

此屏以金錘打出奇秀的山石和高聳的桂樹，盛開的桂花掛滿枝頭。空中高懸一輪明月，朵朵白雲飄然而過，描繪了一派金秋美景。左上角嵌金字楷書「御製詠桂」詩一首。四周鑲以夔龍紋紫檀邊框。金掛屏精美典雅，製作精良，為錘鑿工藝的代表作。

狀元張謇實業救國

●時間：西元一八九五～一九二六年
●人物：張謇

張謇是中國近代著名的實業家、教育家，他的「父實業、母教育」的主張和實踐具有深刻的歷史意義。一生創辦了二十多個企業，三百七十多所學校，致力於中國近代民族工業的興起，教育事業的發展。

⊙張謇其人

張謇，字季直，號嗇庵。咸豐三年（一八五三年），張謇出生於通州（今江蘇南通）常樂鎮。同治七年（一八六八年）考中秀才，光緒十一年（一八八五年）順天府鄉試考中舉人。光緒二十年（一八九四年），清廷為慈禧太后六十大壽設恩科會試，四十一歲的張謇考中狀元，授翰林院修撰。光緒三十年（一九〇四年），授三品官銜。宣統三年（一九一一年），任中央教育會長，江蘇議會臨時議長，江蘇兩淮鹽政總理。

民國元年（一九一二年），南京臨時政府成立，張謇任實業總長，隨後升任北洋政府農政商總長兼全國水利局總裁。

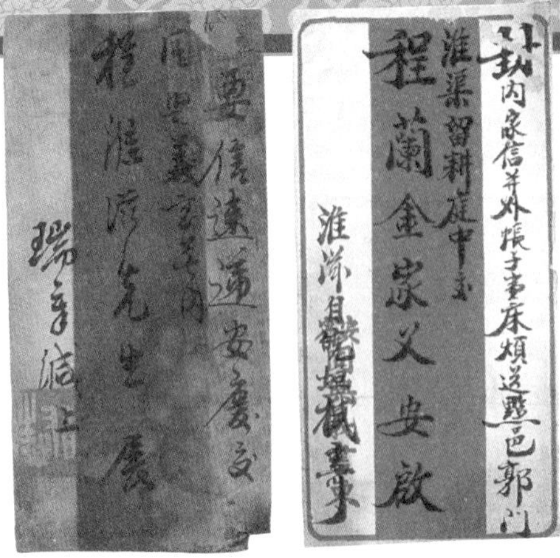

水路郵政

圖為光緒二十六年（一九〇〇年）蕪湖全泰盛輪船信局實寄封和安徽黃尚志信局的實寄封。

⊙實業救國

甲午戰爭失敗後，列強入侵，國事日非。為了實現「救貧」「塞漏」的抱負，狀元張謇毅然棄官回鄉，走上實業教育救國之路。

在兩江總督張之洞的支持下，張謇在通州開始「實業救國」的實施。光緒二十一年（一八九五年），張謇集資白銀五十萬兩，在通州唐閘鎮創辦通州第一個近代工廠——大生紗廠（後改名大生一廠）。隨後陸續在崇明外沙（今啓東）久隆鎮創辦大生二廠，在海門創辦大生三廠，在城南創辦大生副廠，並在呂四、海門交界處圍墾沿海荒灘，建成紗廠的原棉基地——擁有十多萬畝耕地的通海墾牧公司。

隨著資本的不斷積累，張謇又在唐閘創辦廣生油廠、復新麵粉廠、資生冶廠等，唐閘鎮工業區逐漸形成。

同時，為了便於器材、機器和貨物的運輸，張謇在唐閘西面沿江興建天生港，在周圍興建發電廠，開通城鎮之間、鎮鎮之間的公路，使天生港逐步成為當時通州的主要長江港口。通州因此成為中國早期民族資本工業基地之一。

⊙興辦教育

在振興實業的同時，張謇按照「父實業，母教育」的思想，在通州興辦一系列文化教育事業。

光緒二十八年（一九〇二年），創辦中國最早的師範學校——通州師範學校。光緒三十一年（一九〇五年），創建中國第一座民辦博物苑。光緒三十三年（一九〇七年），創辦農業學校和女子師範學校。宣統元年（一九〇九年），倡建通海五屬公立中學。民國元年（一九一二年），創辦醫學專門學校和紡織專門學校。後來，農、醫、紡三所學校合併，成為南通學院。

張謇又興辦了各種中、初級職業學校、短期講習班和特殊教育事業，如商業學校、銀行專修科、測繪專修科、工商補習學校、鍍鎳傳習所、蠶桑講習所、女工傳習所、伶工學社、盲啞學校等。

通州成為長江下游重要商埠及蘇北經濟、文化、政治中心，從封閉落後的城鎮向現代城市過渡。

白地套藍玻璃雙耳瓶

瓶以涅白色玻璃作胎，紋飾及雙耳均為藍色玻璃。瓶作圓形，口向外撇，頸部較細，腹部較闊，足矮，底平。雙耳作夔鳳形，單獨成形後加熱黏於瓶體之上。頸部飾蕉葉紋，腹部飾夔龍紋及纏枝蓮紋，龍首相向。近足處飾蓮瓣紋兩周。底部鐫「乾隆年製」款。清內務府養心殿造辦處玻璃廠燒造。

⊙近代第一城

張謇抱著「實業救國」的理想，回到家鄉通州興實業，辦教育，在此基礎上創造性開展城市建設，構建了「一城三鎮，城鄉相間」的獨特城市格局，包容了世界近代城市物質文明、精神文明的諸多要素，被譽為「中國一個理想的文化城市」。

至今，南通仍遺留諸多「第一城」的見證：中國第一所師範學校、第一所紡織高校、第一所戲曲學校、第一座公共博物館、第一個農業氣象臺、第一所刺繡學校、第一條民建公路、第一條現代理念的商業街……

張謇十分重視城市建設與區域發展的協調，從宏觀高度謀求城鎮、鄉村共同發展，形成一城多鎮、城鄉相間、佈局合理的多層次城鎮格局。學者指出：張謇是「中國城市建設道路的探求者，張謇經營的南通堪稱中國近代第一城」。

詹天佑和京張鐵路

●時間：西元一八六一～一九一九年
●人物：詹天佑

在北京青龍橋車站上，豎立著詹天佑的全身銅像，在八達嶺長城腳下，建有一座詹天佑的紀念館。宣統元年（一九〇九年），詹天佑任總工程師，主持修建京（北京）張（張家口）鐵路。京張鐵路是中國自建的第一條鐵路。詹天佑對中國鐵路事業的巨大貢獻，受到了後人永遠的懷念。

⊙留美生的挑戰

詹天佑（一八六一～一九一九年），字眷誠，原籍安徽婺源（今屬江西）。咸豐十一年三月十七日（一八六一年四月二十六日），詹天佑出生於廣東南海一個沒落的茶商家庭。同治十一年六月三日（一八七二年七月八日），年僅十二歲的詹天佑作為中國第一批官辦留學生赴美留學。

光緒七年（一八八一年），詹天佑以優異的成績畢業於耶魯大學土木工程系，成為中國留美學生中僅有的兩個獲得學士學位的人，其畢業論文題為《碼頭起重機的研究》。

就在這一年，清廷撤回全部留學生，詹天佑也回到國內。詹天佑分配到福州船政學堂學習駕駛，學成後派往福建水師旗艦「揚武」號任砲手，參加了馬尾海戰，戰後調入黃埔水師學堂任教習。直到光緒十四年（一八八八年），才有機會從事鐵路建設事業。

光緒三十年（一九〇四年），清政府開始考慮興建京（北京）張（張家口）鐵路。消息傳出，英、俄兩國分別脅迫清政府，要求擔任總工程師。雙方相持不下，清政府不敢得罪英、俄，只好與兩國達成協議：不用任何一國工程師，使用京奉鐵路的餘利，由中國人獨自建築和監理京張鐵路。

光緒三十一年（一九〇五年），督辦鐵路大臣袁世凱呈請朝廷批准，成立京張鐵路總局和工程局，任命陳昭常為總辦，詹天佑為總工程師兼會辦。由於沿線地形複雜，外國工程師都不相信中國人有能力設計、建設京張鐵路。

⊙獨立修建

光緒三十一年九月四日（一九〇五年十月二日），世人矚目的重大工

中國自修鐵路圖

程——京張鐵路正式開工。

詹天佑顯示出超人的智慧和旺盛的精力，不僅要監督施工品質，解決施工中的疑難問題，還要為撥款、徵地等事項奔走。為了隨時瞭解工程進度，及時解決施工難題，詹天佑將總工程師辦事處移至南口，全力以赴修築京張鐵路的關鍵之處——南口至岔道城路段。

在這一階段施工中，詹天佑採用中距離鑿井四面對挖法，高品質開鑿了長達一千一百四十五公尺、當年聞名世界的八達嶺隧道。採用折返線的方法，在青龍橋鋪設人字形軌道，減小坡度。採用兩臺機車前拉後推的方法，使列車安全順利通過八達嶺天險。又從美國引進先進的自動掛鉤，提高列車安全運行的保險係數。這些發明創造的靈活結合，不僅是當時鐵路建築史上的一大奇蹟，也給後人留下許多啟迪。

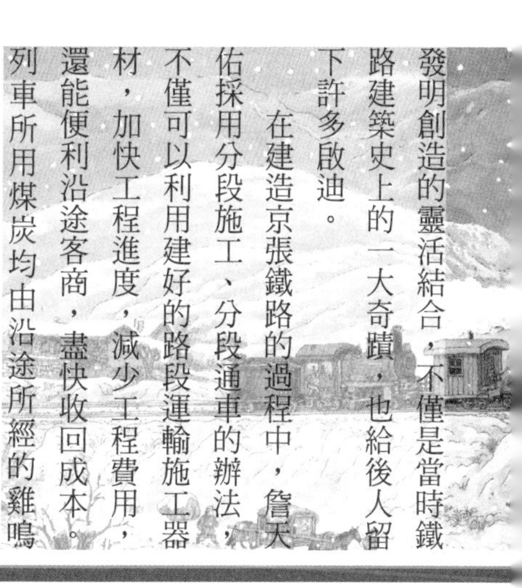

在建造京張鐵路的過程中，詹天佑採用分段施工、分段通車的辦法，不僅可以利用建好的路段運輸施工器材，加快工程進度，減少工程費用，還能便利沿途客商，盡快收回成本。列車所用煤炭均由沿途所經的雞鳴山、新保安山兩礦供應，節省了許多運費。

宣統元年八月十二日（一九〇九年九月二十五日），京張鐵路在一萬多名中國鐵路工人的共同努力下建成通車。陽曆十月二日，在南口火車站舉行了隆重的通車大典。不相信中國可以自行興建京張鐵路的外國工程師在事實面前，都佩服而豎起了大拇指。

京張鐵路全長二百七十三公里，沿途設十六站。在詹天佑的主持下，全部工程歷時四年，比原計畫提前兩年建成通車，在中國和世界鐵路史上留下了光輝的一頁。

歷史詞典

容閎與清末幼童留美教育

容閎（一八二八～一九一二年），廣東香山人，是中國第一個留美學生，也是中國近代留學教育的開拓者。容閎少時入澳門馬禮遜學校，道光二十七年（一八四七年）隨同該校第一任校長美國牧師布朗赴美。道光三十年（一八五〇年）考入耶魯大學，四年後以優異的成績畢業，獲學士學位。

懷著報效朝廷的滿腔熱情，容閎於咸豐五年（一八五五年）回國，在廣州美國公使館等處任職，多次更換職業，但壯志未酬。同治二年（一八六三年），容閎入曾國藩幕府，為籌建江南製造局，受命赴美採購機器。同治十一年到光緒元年（一八七二～一八七五年），容閎任留美學生監督，主持選派幼童赴美留學事宜，兼任清朝駐美副公使，長期駐美。

同治十一年（一八七二年），一批年齡在九歲到十五歲的中國首批留美幼童從上海登船，前往舊金山。到光緒元年（一八七五年），清王朝共往美國派出四批共一百二十名官費留學生，中國鐵路開拓者詹天佑、中華民國第一任總理唐紹儀等人便在其中。

光緒六年（一八八〇年）十二月，監察御史上奏指責洋局廢弛，留學生出國後「流為異教」，請飭嚴加整頓，於是清廷於次年召回留學生。這個經容閎努力了十年之久，在李鴻章的支持下建立的選派幼童赴美留學計畫，原本長達十五年，卻在進行到第十年時，因保守勢力的強烈反對而半途夭折。

後來，容閎曾參與戊戌變法，支持辛亥革命。民國元年（一九一二年），容閎在美國病故。

《蘇報》案

●時間：西元一九〇三年
●人物：章太炎　鄒容　陳範

一份政治色彩不強的普通小報變成激烈鼓吹革命的著名報紙，導致了清朝的皇帝在外國人的法庭上控告自己的人民。蘇報案的發生呈現了清政府在鉗制人民言論上的失敗，革命的烽火正出現燎原之勢。

⊙小報紙引來大官司

光緒二十二年五月（一八九六年六月），《蘇報》誕生在上海公共租界，創辦者是清末著名畫家胡璋。《蘇報》起初只是一份格調低下的小報，甚至常以黃色新聞招徠讀者。

光緒二十四年（一八九八年）冬，胡璋因經營不善，將《蘇報》轉手賣給陳範。陳範原是江西知縣，因在任上改除弊俗，革官罷職，閒居上海。當時距離百日維新失敗僅有數月，陳範接手《蘇報》後，不懼艱險，繼續在報紙上鼓吹變法維新。靠著這樣的衝勁，陳範把《蘇報》辦成了上海五大中文日報之一。

《蘇報》以犀利的筆鋒、大膽的言論贏得大批讀者，吸引了一批著名的民主人士如章太炎、蔡元培等為其撰稿。

光緒二十九年（一九〇三年）陽曆五月，鄒容宣揚民主革命思想的著作《革命軍》在上海出版。《蘇報》隨即發表章太炎文章，稱《革命軍》是震撼社會的雷霆之聲。

六月二十九日，《蘇報》又在頭版顯著位置刊出節選自章太炎《駁康有為論革命書》的〈康有為與覺羅君之關係〉，文章極力讚揚革命，竟然直呼光緒之名「載湉小丑，未辨菽麥」，一時全城轟動。清朝皇室得知後，憤恨不已，認為《蘇報》的行為等同大逆，必須嚴懲。

《蘇報》最初以創辦者胡璋的日籍妻子生駒悅名義註冊，使用「日商」牌子，報館地址更在租界這個「國中之國」內。清廷一時間無可奈何。

江蘇巡撫恩壽發文命令上海道袁樹勳照會各國領事，要求逮捕蔡元培、陳範、章太炎、吳稚暉等人，租界當局拒絕。恩壽又勾結美國領事館，最後清廷和各國領事達成協議：「所拘之人，須在租界由中外官員會審。如果有罪，亦在租界之內懲辦。」

六月三十日章太炎等被拘捕，七月一日鄒容主動投案。清政府委託律師指控《蘇報》和章太炎、鄒容等

木雕三賢圖天花　清

天花是宅院花廳、正房等建築頂部裝飾。此件中部雕刻三位官吏形象，長幼有別，似是表達對世代簪纓的讚歎與嚮往。

「故意污蔑今上，誹訕政府，大逆不道」。當時滿城風雨，章太炎、鄒容被馬車送到巡捕房時，很多上海市民前來圍觀。章太炎見此情形，輕鬆作詩一首：「風吹枷鎖滿城香，街市爭看員外郎。」

⊙案件的審理與結局

《蘇報》案發後，多次開庭。七月二十一日第二次庭審時，被告律師博易對原告的身分提出異議：「現在原告究竟是甚麼人？政府？還是江蘇巡撫？上海道臺？本律師無從知悉。」原告只好承認是奉旨辦理，博易嘲笑道：「以堂堂中國政府，把自己的臣民告上低級法庭，這真是可笑之極！屬下的法院怎麼能夠來判決政府呢？」原告羞愧難當，無言以對。

審訊過程中，清政府一直想把犯案人員引渡到租界以外，自行重審，但都被租界當局拒絕。之後，清廷不惜以出賣滬寧路權為交換條件，只求把章、鄒等人引渡，以殺一儆百。在這樣的誘惑下，法、俄、德、美等國公使終於鬆口，表示贊成引渡。

就在這個關鍵時刻，七月三十一日，記者沈克誠因披露《中俄祕約》在北京被害，事件報導後，舉世震驚。八月五日，英國首相向英國駐華公使直接發出「現在《蘇報》案涉案之人，不能交與中方審判」的訓令。九月十日，清廷最終放棄引渡人犯的努力。

光緒二十九年（一九〇三年十二月初），《蘇報》案在租界繼續開庭審理，涉案人員程吉甫、錢寶仁、陳仲彝、龍積之陸續無罪釋放。由於清政府的堅持，次年五月二十一日，法庭終於宣判監禁章太炎三年、鄒容二年，「期滿驅逐出境，不准逗留租界」。一年後，鄒容在獄中不堪折磨，因病去世，年僅二十歲。

章太炎於光緒三十二年五月八日（一九〇六年六月二十九日）刑滿出獄。當天，便登上了開往日本的客輪。

清末新政氣象——學堂書報館

孫中山成立同盟會

●時間：西元一九〇五年
●人物：孫中山　黃興　宋教仁

武昌起義爆發後，各省紛紛宣布獨立，這個導致清朝帝制覆滅的全國性革命浪潮，史稱辛亥革命。辛亥革命並不是突然發生的，其中有一個醞釀、形成的過程。

⊙晚清形勢

光緒二十四年（一八九八年）戊戌變法失敗，維新派受到重大挫折，維新救國之路基本已經堵死。光緒二十六年（一九〇〇年），轟轟烈烈的義和團運動遭到鎮壓，中國重新回到萬馬齊喑的局面。實際上，暫時的沉悶中孕育著一股更大的力量，「山雨欲來風滿樓」，一場新的革命風暴即將來臨。

義和團運動後，清政府推行所謂的「新政」，興辦學堂和鼓勵留學是主要內容。新式學堂出身或留學歸來的學生接受「西學」「新學」的薰陶，世界觀發生了很大改變，成為新的革命力量。

孫中山像

⊙興中會成立

光緒二十年（一八九四年），孫中山在美國檀香山成立革命組織興中會，以「驅除韃虜，恢復中華，創立合眾政府」為誓詞，旨在推翻清政府。作為中國第一個現代意義的政黨組織，興中會可說是中國「立黨之始」。第二年，孫中山準備在廣州起義，事洩失敗，被迫逃亡海外。清廷視為重要國事犯，到處懸重賞通緝。

光緒二十二年（一八九六年），孫中山在倫敦被清政府駐英公使館誘捕，後經營救獲釋。此後兩三年，孫中山考察歐洲各國，與進步人士接觸，並思考中國革命前景，確立了三民主義主張。

光緒二十六年（一九〇〇年），孫中山組織、領導惠州起義不幸失敗，再度逃亡國外。隨後數年，來往於日本、越南、檀香山、美洲等地，宣傳

晚清電話機
高二十五公分，底邊長二十公分，這是中國最早使用的電話機。

清末剪辮之風

剃髮蓄辮是漢人臣服於清皇朝的標誌。中日甲午戰爭清政府戰敗後，海外流亡的革命者、維新人士及留學生，領風氣之先，紛紛剪除髮辮。光緒二十一年（一八九五年），孫中山、陳少白等革命黨人以反滿為宗旨，率先在日本剪除髮辮。海外華僑也開始剪辮，二十四年（一八九八年），新加坡年輕華人率先剪除髮辮。三十二年（一九〇六年），在華僑最為集中的舊金山，剪辮一時形成風氣。眾多留學生回國後，開啓了國內剪辮之風，官方也不加以嚴禁。

清政府自實施新政以來，蓄辮之不便及其與一些新規矩的衝突日益顯著，清廷內部的開明派不再堅持蓄辮。光緒三十一年（一九〇五年），新編陸軍和新練警察改服制，新軍官兵、警察紛紛剪去髮辮，清政府雖下令禁止，而軍中剪辮之風日熾，並擴及學堂。三十三年（一九〇七年）三月，鑑於學界和軍界剪辮成風，經學部奏准，嚴禁學生和軍人剪辮，剪辮之風稍殺。慈禧太后死後，滿族青年親貴當政，傾向剪髮易服以振奮全國精神。宣統二年（一九一〇年）秋，京師禁衛軍的官兵剪辮。九月一日資政院通過「剪髮易服」的議案，民間聞訊，大受鼓舞，廣東、京津地區、東三省、上海、香港等地「剪辮者一時風起雲湧，大有不可遏制之勢」。

武昌起義後，清政府不敢再違逆民心輿論，下令民間自由剪辮。而獨立的各省也把辮子作為革命的目標，剪辮浪潮從革命中心地區向周邊擴散，甚至深入中小城鎮和農村。南京臨時政府成立後，孫中山頒布大總統令，通令全國剪辮。此後民間剪辮，蔚然成風。

延伸知識

革命，發展興中會組織。

⊙革命團體紛紛成立

當時除興中會外，規模和影響較大的革命團體還有湖南的華興會、湖北的科學補習所和浙江的光復會。

光緒二十九年十二月三十日（一九〇四年二月十五日），華興會在長沙正式成立，公推黃興為會長，宋教仁、劉揆一為副會長。華興會的創建者黃興是當時最有威望的革命領導者，在他和其他成員的努力下，華興會發展迅速，其會員絕大多數是從日本留學歸來和在國內學堂畢業的知識分子。

華興會部分成員合影（攝於日本）
前排左起，左一為黃興，左四為宋教仁。後排左起，左四為劉揆一。

華興會成立後，宋教仁來到武昌，與其他同仁積極籌備成立科學補習所，影響湖北革命運動甚巨。陽曆七月三日，武漢軍、學兩界三十餘人集會，正式成立科學補習所，呂大森任所長，胡瑛任總幹事，宋教仁任文書。

科學補習所是湖北最早的主要革命團體，活動重點一開始就放在新軍方面，並作為經驗保留下來，形成二十世紀初湖北地區革命運動的傳統。這也是後來辛亥革命首先在武昌爆發的原因之一。

就在兩湖地區革命組織相繼創建並大力開展活動的同時，江浙地區的革命黨人也積極聯絡會黨，策劃革命。光緒三十年（一九〇四年）冬，光復會在上海成立，蔡元培任會長，勢力迅速擴張到浙江等省。

國內各地陸續成立了其他具有革命傾向的團體和組織，如上海的旅滬福建學生會、對俄同志會、上海青年學社，陳獨秀等在安徽組織的勵志學社，朱執信等在廣東組建的群智社等。革命團體的大量湧現，預示著中國民主革命的高潮即將來臨。

⊙成立同盟會

各地湧現的革命團體儘管數量眾多，卻難有足以推翻清政府統治的大規模集中統一行動。隨著形勢的發展，需要有一位最孚眾望的領袖出面，聯合各地分散力量，建立全國性的統一組織，將革命運動大力向前推進。

由於首倡民主革命並積極實踐，且在國內外革命青年中享有極高威望，一致認為孫中山足以團結各方革命力量，成為眾望所歸的共同領袖。

光緒三十一年六月十七日（一九〇五年七月十九日），孫中山到達日本橫濱。隨後轉往留學生集中的東京，與在學生中威望很高的黃興商討成立統一組織。陽曆七月二十八日，孫中山與華興會宋教仁、陳天華等會談。次日，黃興、宋教仁、陳天華、劉揆一等共同商議了華興會會員參加同盟會一事，經過激烈討論，大部分在東京的會員決定加入同盟會。

七月三十日，孫中山和黃興分頭邀請各省傾向革命的留學生，在東京舉行建立同盟會的籌備會，商討組建統一的革命組織。來自十七個省的七十多位留學生到會，孫中山、黃興等先後發表演講，分析當時形勢，闡明進行革命的方法和組建統一革命組織的必要性。經反覆協商，最後確定組織名稱為「中國革命同盟會」，簡稱「同盟會」，以「驅除韃虜，恢復中華，創立民國，平均地權」為政治綱領。至此，同盟會的籌建工作大體就緒。

八月十三日，由黃興、宋教仁等人發起，中國留學生和華僑在東京麥

粉彩纏枝花卉玉壺春瓶　清

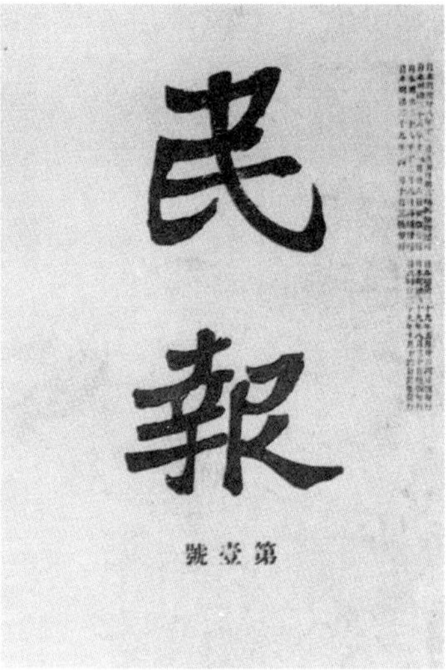

民報

《民報》於光緒三十一年（一九〇五年）陽曆十一月在東京創刊，作為同盟會機關刊物，宣傳革命思想。孫中山在《民報》發刊詞中正式提出民族、民權、民生三大主義。圖為《民報》創刊號的封面。

孫中山手書「天下為公」

町區的富士見樓舉行歡迎孫中山的集會。孫中山向到會的一千三百多位中國留學生發表演講，對革命形勢的迅速發展作了熱情洋溢的展望，並分析近代中國落後於西方的原因。孫中山充滿民族自豪感預言，擁有五千年悠久歷史的中國將要出現一個大的飛躍，並迅速發展。批評君主立憲主義和無所作為的悲觀論調，號召人們下定決心，鼓足勇氣，為中國的明天努力奮鬥，不惜以流血為代價，以謀求真正的獨立，建立人民的共和國。其慷慨激昂的語言，深深感染著到會群眾。

八月二十日，中國革命同盟會正式在東京舉行成立大會，到會共一百多人。大會修改並通過了由黃興、陳天華、宋教仁等負責起草的章程草案，規定同盟會本部暫設東京，機構遵循三權分立原則，在總理之下設執行、評議、司法三部。確認了同盟會的政治綱領，規定凡其他革命團體宗旨相同而又願意聯合為一體的，概認為同盟會會員。推舉孫中山為總理，選出黃興任執行部庶務科庶務，協助總理籌劃一切，主持本部工作。

同盟會以最初的十六字誓詞作為政治綱領：「驅除韃虜，恢復中華，創立民國，平均地權」。光緒三十一年十月三十日（一九〇五年十一月二十六日），孫中山在同盟會機關報《民報》的發刊詞中，將其明確闡釋為民族、民權、民生三大主義。將政治與社會革命，畢其功於一役，並提出「中華民國」國號作為革命建國的目標。

以孫中山為領袖的中國革命同盟會是近代中國第一個全國性的革命政黨，其誕生預示著中國進入了一個新的歷史時期，成為民主革命運動高漲的新起點。

鑿胎琺琅犧尊　清

民主革命家黃興

●時間：西元一八七四～一九一六年
●人物：黃興

辛亥革命時期，孫中山與黃興並稱為「孫黃」，並肩作戰，為推翻帝制、建立民主共和國立下了不朽的功績，黃興也與孫中山一起被譽為中華民國開國二傑。

⊙建立華興會

黃興（一八七四～一九一六年），原名軫，字廑午，號杞園，後改名興，字克強，湖南善化（今長沙）人。光緒十九年（一八九三年）入城南書院讀書。光緒二十四年（一八九八年）入武昌兩湖書院，開始接觸西方政治學說。

光緒二十八年（一九〇二年），黃興被湖廣總督張之洞選派到日本留學，就讀於東京弘文學院師範科。到日本不久，黃興便和楊篤生等人創辦《湖南游學譯編》，並組織「湖南編譯社」，介紹西方科學文化。黃興喜好軍事，課餘曾請日本軍官授課，每天清晨必練習騎馬射擊，為日後革命扎根。次年中黃興畢業回國，在任教於長沙明德學堂的同時，暗中積極進行革命活動。

光緒二十九年九月十六日（一九〇三年十一月四日），黃興邀集陳天華、宋教仁、劉揆一、章士釗等二十餘人集會，商定創立革命團體華興會。次年，華興會正式成立，推黃興為會長。

黃興等人認為會黨是武力起義的重要力量，在華興會外，另行創立「同仇會」，專門聯絡會黨。光緒三十年（一九〇四年）春初，黃興由劉揆一陪同，與湖南著名的哥老會首領馬福益會晤，共商起義大計。三人決定於陽曆十一月慈禧太后七十大壽時，在長沙起義，推黃興為主帥，劉揆一、馬福益任正副總指揮。為籌集經費，黃興賣掉長沙東鄉涼塘的祖遺田產，並派楊篤生、宋教仁、陳天華等分赴上海、武昌、江西，聯絡革命黨人和新軍、巡防營策應起義。

十月下旬，起義事機不慎洩漏，華興會多處機關被破壞，長沙府縣衙大肆搜捕革命黨人，並懸賞緝捕黃興、劉揆一、宋教仁等。黃興被迫逃亡日本。

⊙黃花崗起義

再次東渡日本後，黃興遇到孫中山，兩位革命先驅為了共同的理想，開始精誠合作。黃興大力支持孫中山籌組全國革命團體。光緒三十一年（一九〇五年），八十位進步人士聚集一堂，籌劃成立中國革命同盟會，黃興被選為執行部庶務科庶務，成為會中僅次於孫中山的重要領袖。此後，黃興將主力放在發展革命事業上。

光緒三十四年（一九〇八年），黃興來到越南河內，先後參與指揮欽州、防城起義及鎮南關起義，但多遭失敗。宣統元年（一九〇九年），黃興受孫中山委託，策劃在廣州新軍中發動起義，次年春，起義再次失敗。

同盟會決定召開會議，重新分析革命形勢，這就是拉開辛亥革命序幕的檳榔嶼（在今馬來西亞）會議。黃興撰寫《開國大謀》，詳細闡述推翻滿清、建立共和的全新革命計畫，遞交給孫中山。黃興計畫的第一步，就是發動三．二九廣州起義。

宣統三年（一九一一年）初，同盟會在香港成立總機關統籌部領導起義，黃興任部長。三月二十九日（陽曆四月二十七日），廣州起義。原計畫召集一千多人，兵分十路，但當天卻只剩下黃興帶領的一百七十多人。起義軍在黃興率領下攻入兩廣總督衙門，總督張鳴岐逃跑。離開衙門後，起義軍和清軍遭遇，與十倍的清軍展開殊死戰鬥，起義勇士大部分遇難。事後收殮殉難者遺體七十二具，埋葬在廣州黃花崗，史稱「黃花崗七十二烈士」。黃興持雙槍左右射擊，擊斃清軍多人，最後右手負傷，斷兩指，化裝逃至香港。

⊙辛亥革命

宣統三年（一九一一年）閏六月，黃興領導的同盟會中部總會在上海成立，首要目標就是策劃兩湖起義。八月十九日（陽曆十月十日），武昌起義，迅速攻占湖廣總督署，清朝官吏倉皇逃逸。按照黃興「一省發難，各省紛起」的方針，鄰省的湖南、江西迅速響應，建立軍政府。

宣統三年九月七日（一九一一年十月二十八日）下午，黃興抵達武昌，任革命軍戰時總司令。清政府調集朝廷三分之二的兵力進攻武漢，漢口失守，漢陽告急。黃興親赴前線指揮，將漢口從清軍手中奪回。袁世凱的北洋軍統帥馮國璋竟然放火焚燒漢口，死傷居民達十萬人之多。黃興率領的兩湖革命軍雖然損失慘重，但堅持牽制清軍主力，為全國各地風起雲湧的起義爭取到寶貴時間。

革命迅速發展，不到兩個月，全國就形成了洶湧澎湃的洪流。宣統三年（一九一一年）陽曆十二月，南京光復後，上海同盟會提議在南京成立中華民國臨時政府，各省紛紛響應。

民國元年（一九一二年）一月一日，中華民國臨時政府在南京成立，孫中山任臨時大總統，黃興任陸軍總長兼參謀總長。

不久，民主政權被袁世凱竊取。八月二十五日，同盟會改組為國民黨，推黃興為理事。民國二年（一九一三年）三月，袁世凱派人暗殺國民黨代理事長宋教仁。孫中山隨即決定興師討袁，興起二次革命。「二次革命」失敗後，孫中山、黃興等國民黨員再次流亡日本。民國三年（一九一四年），黃興離日旅居美國。民國五年（一九一六年）七月，再次回到國內。十月，因病在上海逝世。

鑑湖女俠秋瑾

●時間：西元一八七五～一九〇七年
●人物：秋瑾

秋瑾是中國近代史上著名的女革命家，雖然領導的起義失敗了，但她的行為喚起了更多原本被束縛在傳統禮教之中的中國婦女勇敢打破枷鎖，走上了婦女解放和革命的道路。

⊙離家東渡

秋瑾（一八七五～一九〇七年），字璿卿，號競雄，別號鑑湖女俠，浙江山陰（今浙江紹興）人，清末傑出女性革命家。自幼和其他女孩子不同，喜歡讀書，並愛好騎馬擊劍。光緒二十二年（一八九六年），秋瑾在湖南依父命嫁給湘潭富紳之子王廷鈞。

光緒二十九年（一九〇三年），王廷鈞捐得戶部主事職位，帶著秋瑾來到北京。當時正是八國聯軍入侵後不久，秋瑾目睹民族危機的深重和清政府的腐敗，決心獻身救國事業。

光緒三十年（一九〇四年）夏，秋瑾衝破傳統家庭束縛，東渡日本留學。在東京，秋瑾加入中國留學生會館所設的日語講習所補習日文。經常參加留學生大會和浙江、湖南同鄉會集會，登臺演說革命救國和男女平權的道理。期間，秋瑾與陳擷芬發起開展婦女運動的「實行共愛會」，開展婦女運動。和劉道一、王時澤等十人結為祕密會，以反抗清廷、恢復中華為宗旨。創辦《白話報》，署名「鑑湖女俠秋瑾」，發表〈致告中國二萬萬女同胞〉〈警告我同胞〉等文章。

光緒三十一年（一九〇五年）初，秋瑾在日語講習所畢業後，轉入東京青山實踐女校附設的清國女子速成師範專修科。在回國籌措留學費用期間，分別在上海、紹興會晤蔡元培、

牙雕《月曼清遊》 清

歷史詞典

中國第一位飛機設計師

馮如（一八八三～一九一二年）號鼎三，廣東恩平人。是近代中國第一位飛機設計師和傑出的飛行家。馮如自幼就表現出很高的機械天賦，十二歲時到了美國，邊工作邊學習，逐漸掌握了機械學、電學等基礎理論和機械製造技術。

在萊特兄弟發明飛機後不久，馮如就堅定了要依靠中國人自己的力量來研製飛機的決心。從光緒三十三年（一九〇七年）開始研製飛機，屢遭失敗，卻從未喪失信心。

宣統二年（一九一〇年），在旅美華僑的資助下，馮如終於製成了具有世界先進水準的飛機。同年，國際飛行協會舉行比賽，馮如駕駛自製的飛機參賽，獲得第一名，創造了航程二十英里，高度七百多英尺的世界紀錄。馮如並獲得了美國國際航空學會頒發的甲等飛行員證書。

宣統三年（一九一一年），馮如謝絕了美國的高薪聘請，攜飛機回到了中國。武昌起義後，馮如參加了革命，任陸軍飛行長。第二年，馮如不幸死於飛行表演中，年僅二十九歲。

金剛杵　清
金剛杵為古印度的一種兵器，佛教密宗用做斷煩惱，伏惡魔的法器。

徐錫麟，並由徐介紹參加了光復會。七月，秋瑾回到日本。不久，進入青山實踐女校學習。中國革命同盟會成立後，秋瑾由馮自由介紹入會，被推為評議部評議員和浙江主盟人。

留學期間，秋瑾寫下了許多充滿愛國思想和革命熱情的詩篇，慷慨激昂表示：「危局如斯敢惜身？願將生命作犧牲」，「拚將十萬頭顱血，須把乾坤力挽回」。

⊙起義失敗

光緒三十二年（一九〇六年）初，日本文部省頒布限制中國留學生的「取締規則」，在群起反對的運動聲中，秋瑾憤而歸國。三月，秋瑾前往浙江湖州南潯鎮潯溪女校任教，在工作中引入學校主持教務的徐自華及學生徐雙韻等加入同盟會。

光緒三十三年（一九〇七年）起，秋瑾先後到諸暨、義烏、金華、蘭溪等地聯絡會黨。在得知兩年前由徐錫麟、陶成章創辦的大通學堂無人負責後，秋瑾應邀以董事名義主持校務，並以學堂為據點，繼續聯絡浙省各處同志準備起義。她祕密編制光復軍制，並起草檄文、告示。

起義計畫七月六日（後改為十九日）在金華開始，處州響應，將駐守杭州的清軍誘出城外，然後主力部隊由紹興渡江，襲擊杭州，與在安慶起義的徐錫麟相呼應。七月六日，徐錫麟在安慶起義失敗，弟徐偉被捕後將秋瑾供出。得到消息的革命同志勸秋瑾離開紹興，被她拒絕，表示「革命要流血才會成功」。

七月十四日下午，清軍包圍大通學堂，秋瑾被捕。在清軍的刑訊逼供下，秋瑾一言不發，只是寫下「秋風秋雨愁煞人」的詩句。七月十五日凌晨，秋瑾在紹興軒亭口就義。

五大臣出洋

●時間：西元一九○五年
●人物：戴鴻慈　端方　載澤　紹英

清朝光緒末年，清政府計畫學習日、美和其他重要歐洲國家的憲法、政治制度，以挽救將頹的政權。委派五大臣出洋考察憲政這一事件，是中國憲政史和中外交流史上濃墨重彩的一筆。

⊙首次啟程遭遇暗殺

腐敗落後的清政府之所以派大臣出洋考察，很大原因是在光緒三十年十一月二十六日（一九○五年一月二日）結束的日俄戰爭。日本以一個君主立憲小國，竟然戰勝了龐大的專制國家俄國。清政府受到很大震動，天真認為只要改變政體，中國也會成為一個強大的國家。日本曾經在明治十五年（清光緒八年，一八八二年）派人到歐洲考察憲政，因此清政府也想仿效。

皇族內閣總理大臣慶親王奕劻

光緒三十一年（一九○五年）六月十四日，清政府發出諭旨：「輔國公載澤、兵部侍郎徐世昌、戶部侍郎戴鴻慈、湖南巡撫端方、商部右丞紹英分赴東西洋各國考察政治。」

一時之間，媒體爭相傳頌，認為是清政府難得的善舉。不過革命者看穿了清政府只是想憑藉「立憲」外衣來延續統治的真實用心，在五大臣啟程時，發生了一次震動中外的暗殺事件。

五大臣計畫於光緒三十一年八月二十六日（一九○五年九月二十四日）十點出發，開往天津的專車一共五節，前面兩節供考察團隨員乘坐，第三節是五大臣的專用車廂，第四節乘坐雜役僕從，最後一節裝行李。

出發前一天，吳樾從間隙同志楊篤生處得知了詳細的出行計畫。當天吳樾來到車站，被攔在站外，急切中買了一套僕役的衣服，混在僕役中進入車站。

吳樾登上第四節車廂後，便試圖進入五大臣的包廂。吳樾的南方口音引起衛士懷疑，糾纏間衝進包廂，引爆身上的炸藥，吳樾死難，徐世昌、戴鴻慈、載澤等有僕人攔擋，僅受輕傷，只有紹英受傷較重。

有人譏諷紹英，其實傷得不重，只是害怕坐船才裝病。紹英聽聞，憤然道：「如果我死了，而憲法確立，則雖死猶生。死我何惜，各國立憲，莫不流血，然後才有和平。」看來，五大臣所抱持的理念也不盡相同。

⊙終成無功之舉

當時普遍認為五大臣出洋考察是為立憲預備，關係到中國的前途，社會輿論紛紛譴責暗殺行動。不久，考察團重組成員，分期啟程，為了防止再生不測，沿途都由頗具實力的袁世凱進行周密佈置。

光緒三十一年十一月十一日（一九〇五年十二月七日），憲政考察團的第一路成員由北京正陽門車站出發，戶部侍郎戴鴻慈、湖南巡撫端方任正副團長，率正式團員三十三人。考察團從秦皇島乘坐「海圻」號兵艦，到達上海港。十一月十三日（十二月十九日）下午二時，轉乘美國太平洋郵船公司的巨型郵輪「西伯利亞」號正式出發，向日本駛去。

接著，由載澤、尚其亨、李盛鐸率領的考察團也於光緒三十一年十二月二十日（一九〇六年一月十四日）乘法國輪船公司的「克利刀連」號啟程出訪。

考察團不斷把日、美、英、德、法、義、俄等十幾個國家的政治情形回報朝廷，各國元首也對這些中國官員介紹了各自國家的憲改歷史和經驗。五大臣回國不久，在袁世凱等擁護立憲人士的要求下，清廷又組織了第二次專門針對義、日、德、英四個君主立憲國家的考察。

五大臣歸國後，密陳立憲有「皇位永固」「外患漸輕」「內亂可弭」三大好處，主張仿行立憲。

光緒三十二年（一九〇六年），慈禧太后終於頒布上諭，宣布「預備仿行憲政」。兩年後，清政府宣布立憲以九年為期，並頒布《欽定憲法大綱》，以保障皇權為核心，卻表明清政府並無立憲誠意。

宣統三年（一九一一年），清政府裁撤軍機處，成立以慶親王奕劻為總理的內閣，人稱「皇族內閣」或「親貴內閣」，其假意立憲的嘴臉暴露無疑。

北京故宮養心殿正殿

武昌起義

●時間：西元一九一一年
●人物：熊秉坤　吳兆麟

武昌起義的一聲槍響，標誌著辛亥革命的全面爆發，引起了帝國主義和清王朝的極大震動。

⊙醞釀起義

光緒三十一年（一九〇五年），第一個全國性的革命政黨「中國革命同盟會」在日本東京成立。同盟會積極聯絡海外愛國華僑和國內會黨，以武力起義為主要方式，積極開展活動，旨在推翻腐朽的清政府。

同盟會會員大多是接受新式教育的精英，在許多新式學校、會社都安插了成員，以發展更多的人入會。在清政府的新軍軍官訓練學校——雲南陸軍講武堂，全部四十七名教職員中，同盟會會員就達十七人之多，直接為革命培養了大批力量。

同盟會並聯絡湖北的科學補習所、日知會、共進會等革命社團，深入新軍宣傳革命。到武昌起義前夕，湖北新軍中已有三分之一的士兵參加了革命組織，成為起義的主力軍。

宣統三年（一九一一年），廣州黃花崗起義失敗後，宋教仁提議「組織中部同盟會以謀長江革命」，主張在長江中下游各省同時並舉，建立革命政權，然後北伐。陽曆七月三十一日，同盟會中部總會在上海正式成立。在同盟會中部總會的努力下，湖北地區的革命組織大聯合。

十八星旗（複製）
長二百八十公分，寬一百六十五公分。武昌起義成功後湖北軍政府曾經懸掛這種旗幟。

⊙楚望臺的槍聲

宣統三年五月二十一日（一九一一年六月十七日），四川保路運動爆發，大部分武漢新軍奉調入川，同盟會認為武昌起義的條件已經成熟。

陽曆九月二十四日，革命團體文學社、共進會在武昌召開聯席會議，決定於十月九日起義，推舉文學社社長蔣翊武為臨時總司令，共進會領導人孫武為參謀長，制定相應的起義計畫。

湖北軍政府頒發的武昌起義紀念章和光復紀念章

十月九日上午，孫武在漢口俄租界趕製炸彈時不慎爆炸，沙俄巡捕聞聲趕來，起義相關文件被全數抄獲。湖廣總督瑞澂接到消息，四處搜捕革命黨人，機關遭到破壞，形勢十分嚴重。

緊急關頭，新軍中的革命黨人自發行動。十月十日晚七時許，工程第八營革命黨總代表班長熊秉坤領導該營首先行動。十多名士兵直奔楚望臺軍械庫，守庫的本營左隊士兵嗚槍配合，順利占領楚望臺，工程營連長吳兆麟被推為臨時總指揮。十一時左右，革命軍以工程營為主力，分三路向督署猛攻，湖廣總督瑞澂棄城逃跑。十一日凌晨二時，革命軍攻下總督府，武昌起義勝利。

接著，革命軍先後占領漢陽、漢口、武漢三鎮，迅速成立湖北軍政府。由於原來的起義領袖或被捕或被殺，革命軍群龍無首，便擁戴在新軍中有一定聲望的第二十一混成協統領黎元洪為軍政府都督，推舉湖北咨議局議長立憲派首領湯化龍為總參議。黎元洪最初認為革命不會成功，裝病不肯上任，直到五天後才不情願地宣誓就職。

黎元洪上臺後立即改組軍政府，形成以他為首的舊官僚、立憲黨人控制湖北軍政府的局面。

⊙星火燎原

十月十二日，清政府派陸軍大臣蔭昌率北洋新軍兩鎮南下，進攻革命軍。十一月一日，漢口失陷。三日，由上海趕到武昌的同盟會領袖黃興臨危受命，就任戰時總司令。十六日，黃興率部偷渡漢水，反攻漢口失敗，次日退守漢陽。二十一日，清軍進攻漢陽，黃興率革命軍奮勇抵抗，終因寡不敵眾，二十七日漢陽又告陷落，革命軍維持與清軍隔江對峙的局面。

京師公報

報紙登載的清帝退位詔書

溥儀於宣統三年（一九一一年）十二月頒詔退位，清朝滅亡。

雖然在軍事上遭到敗績，但革命在政治上卻取得了輝煌成果。湖北軍政府成立後，立即宣布廢除清朝「宣統」年號，改國號為中華民國，公布《中華民國鄂州約法》。全國各地相繼響應，不到兩個月，便有十四個省宣布獨立，清政府統治土崩瓦解。

十二月二十九日，革命黨人在南京舉行十七省代表會議，選舉孫中山為臨時大總統。一九一二年元旦，中華民國臨時政府在南京成立，設立臨時參議院，通過《中華民國臨時約法》。

二月十二日，清帝被迫宣布退位，清朝從順治帝建都北京開始，長達二百六十八年的專制統治宣告結束。

晚清不平等條約

條約名稱	簽訂時間	主要內容
中英《南京條約》	道光二十二年（一八四二年）八月二十九日	強占香港。勒索巨款：中國賠償英國鴉片煙價六百萬元、商欠三百萬元、軍費一千二百萬元，共二千一百萬元（廣州「贖城費」六百萬元不包括在內），分四年付清。開放廣州、福州、廈門、寧波、上海為通商口岸，英國在五口有權駐領事等官員，商人可以自由通商，不受只准清政府指定的「行商」進行貿易的限制。控制關稅。領事裁判權。
《五口通商章程》	道光二十三年（一八四三年）七月二十二日	《五口通商章程》規定，凡是英國人與中國人發生「交涉詞訟」，或在中國領土上犯罪，其如何定罪，「由英國議定章程、法律，發給管事官（即領事官）照辦」，中國官員無權依據中國法律進行判處。片面最惠國待遇。最惠國待遇應該是締約國雙方的對等權利。但在中英不平等條約裡，卻只規定了締約外國能夠片面享受最惠國待遇。
《虎門條約》	道光二十三年（一八四三年）十月八日	《虎門條約》規定：中國將來如「有新恩施及各國，亦應准英人一體均霑」。
中美《望廈條約》	道光二十四年（一八四四年）七月三日	美國人可以到廣州、福州、廈門、寧波、上海五個港口貿易或居住，並准許美國兵艦進入中國海港。美國貨進出口，中國海關收稅必須和美國領事商議。美國人在華犯法，「中國官員不得過問」。容許美國人在五口「自行建樓，並設立醫院、禮拜堂及殯葬之處」。
中法《黃埔條約》	道光二十四年（一八四四年）十月二十四日	除取得與英《南京條約》、美《望廈條約》相同之利益。
中俄《璦琿條約》	咸豐八年（一八五八年）五月二十八日	中、俄兩國以黑龍江及額爾古納河為界，以北屬俄國，以南屬中國。黑龍江下游以南、烏蘇里江以東直至鄂霍次克海沿岸之地，由原屬中國所有改為中、俄兩國共管。俄國船隻在黑龍江及烏蘇里江上擁有通航權。

中英法俄《天津條約》	咸豐八年（一八五八年）六月二十六日（法二十七日）	外國公使駐北京。開牛莊（後改營口）、登州（後改煙臺）、臺南、淡水、潮州（後改汕頭）、瓊州、漢口、九江、江寧（南京）、鎮江為通商口岸。中國海關僱用外人。外國人可在中國傳教、遊歷通商。外國人往內地遊歷通商，外國商船可在長江各口來往。中國向英國賠款白銀四百萬兩，法國二百萬兩。
中英法俄《北京條約》	咸豐十年（一八六〇年）十月二十四日（法二十五日）	開天津為商埠。准許華工出國。割讓九龍司地方給英國。發還天主教資產。對英、法賠款增加到八百萬兩。
中英《煙臺條約》	光緒二年（一八七六年）九月十三日	英國人得到進入中國西南邊境「遊歷、探路」的權力。他們如果由中國內陸經西藏前往印度，清政府需通知駐藏大臣協助通行。
中俄伊犁條約	光緒七年（一八八一年）二月二十四日	中國要「償還」俄國占領伊犁的「費用」五百萬盧布。中國要將伊犁以南的特克斯河流域平原地帶「割」與俄國。修訂同治二年（一八六三年）《塔爾巴哈台界約》所規定齋桑湖方面的中俄國界及通商事務，以利於俄方。
中法新約	光緒十一年（一八八五年）六月九日	中國放棄對越南之宗主國地位，承認越南為法國「保護國」。中國在中越邊界附近擇二地為對法「通市」的商埠。法國在中國西南各省擁有興建鐵路的特權。
中英《煙臺條約續增專條》	光緒十一年（一八八五年）七月十八日	鴉片入口，每箱（百斤）向海關一併繳納稅釐一百一十兩（正稅三十兩、釐金八十兩）後，由華商持憑單。
中日《馬關條約》	光緒二十一年（一八九五年）四月十七日	中國賠款日本軍費白銀二億兩。中國完全放棄對朝鮮的宗主權。中國割讓遼東半島、臺灣、澎湖列島給日本。中國開放江南的蘇州、杭州，以至長江中上游的重慶、沙市，對日通商，日本並享有通至此等口岸的內河航行權。中國允許日本在各通商口岸有設廠權，並享最惠國待遇。
中德《膠澳租借條約》	光緒二十二年（一八九六年）三月六日	租借山東半島南部的膠州灣及其鐵路權給德國。

中俄《旅大租地條約》	光緒二十四年（一八九八年）三月二十七日	旅順「租借」給俄國作為軍港，大連「租借」給俄國作為商港，均以二十五年為期，但「可以延長」。在「租借期」內，中國軍隊不得駐在旅大地區。俄國再取得由旅大至哈爾濱之鐵路修築權（包括後來之所謂「南滿鐵路」），以及鐵路沿線之利益獨占權。
中英《展拓香港界址專條》	光緒二十四年（一八九八年）六月九日	租借「新界」予英國，共九十九年。
與十一國簽訂《辛丑條約》	光緒二十七年（一九〇一年）九月七日	懲辦端郡王戴漪等排外大臣。兩年內禁止軍火輸華。中國向十一國「賠款」白銀四億五千萬兩，分三十九年還清，年利四釐，本息共計九億八千萬兩。作為償付賠款的抵押，中國海關所收之關稅、鹽稅，均為外國控制。各國自管北京使館區。大沽口至北京之間的全部砲臺，全部拆毀。清廷改「總理各國事務衙門」為「外務部」，班列六部之前。
中日《滿洲善後協約》	光緒三十一年（一九〇五年）十二月二十二日	日、俄分別於中國東北撤軍後，清廷開東北三省之十六處城鎮作為商埠對外開放（盛京省之鳳凰城、遼陽、新民屯、鐵嶺、通江子、法庫門，吉林省之長春、吉林、哈爾濱、寧古塔、琿春、三姓，黑龍江省之齊齊哈爾、海拉爾、璦琿、滿洲里）。日本取得東北南部之安奉鐵路之管理經營權。在東北的奉天（今沈陽）、營口、安東（今丹東）等城市，劃定日本「租界」等等。

清朝

西元一六四四～一九一一年

廟號	帝王原名	年號	西元
太祖	努爾哈赤	天命（十一年）	一六一六～一六二六年
太宗	皇太極	天聰（十年）	一六二七～一六三六年
		崇德（八年）	一六三六～一六四三年
世祖	福臨	順治（十八年）	一六四四～一六六一年
聖祖	玄燁	康熙（六十一年）	一六六二～一七二二年
世宗	胤禛	雍正（十三年）	一七二三～一七三五年
高宗	弘曆	乾隆（六十年）	一七三六～一七九五年
仁宗	顒琰	嘉慶（二十五年）	一七九六～一八二〇年
宣宗	旻寧	道光（三十年）	一八二一～一八五〇年
文宗	奕詝	咸豐（十一年）	一八五一～一八六一年
穆宗	載淳	同治（十三年）	一八六二～一八七四年
德宗	載湉	光緒（三十四年）	一八七五～一九〇八年
	溥儀	宣統（三年）	一九〇九～一九一一年

世祖	順治元年	一六四四年	多爾袞率兵入山海關。清定都北京。南明福王朱由崧於南京即位，改元弘光。李自成敗退關中。張獻忠占成都，建國號大西。
世祖	順治二年	一六四五年	清兵屠揚州城，史可法殉難。福王政權亡。李自成死於湖北九宮山。南明唐王朱聿鍵於福州稱帝，年號隆武。南明魯王朱以海監國紹興。清兵屠嘉定。江陰人民反對剃髮，積極對抗，遭到屠殺。
世祖	順治三年	一六四六年	南明桂王朱由榔於肇慶稱帝，建元永曆。
世祖	順治六年	一六四九年	清封孔有德、尚可喜、耿仲明為定南、靖南、平南王，命孔有德駐廣西，耿仲明、尚可喜駐廣東。
世祖	順治八年	一六五一年	順治帝親政。
世祖	順治九年	一六五二年	達賴喇嘛至北京朝覲。
世祖	順治十四年	一六五七年	丁酉科場案。
世祖	順治十六年	一六五九年	鄭成功攻南京失利。
世祖	順治十八年	一六六一年	順治帝卒，玄燁繼位，即康熙帝。江南奏銷案。鄭成功從荷蘭殖民者手中收復臺灣。蘇州發生哭廟案，金聖歎被殺。
聖祖	康熙元年	一六六二年	平西王吳三桂殺南明永曆帝，南明政權徹底覆亡。
聖祖	康熙二年	一六六三年	莊廷鑨《明史案》。
聖祖	康熙三年	一六六四年	施琅進攻臺灣。
聖祖	康熙八年	一六六九年	南懷仁掌管欽天監。逮治輔政大臣鰲拜。
聖祖	康熙十二～二十年	一六七三～一六八一年	三藩之亂。
聖祖	康熙十二年	一六七三年	京師揚起隆起兵反清，事洩逃走。
聖祖	康熙十六年	一六七七年	始設南書房。

聖祖	康熙二十二年	一六八三年	收復臺灣。
聖祖	康熙二十三年	一六八四年	康熙帝第一次南巡。
聖祖	康熙二十四年	一六八五年	雅克薩之戰。
聖祖	康熙二十八年	一六八九年	中俄《尼布楚條約》簽訂。
聖祖	康熙二十九年	一六九〇年	康熙帝第一次親征噶爾丹，在烏蘭布通將噶爾丹擊敗。
聖祖	康熙三十五年	一六九六年	康熙帝第二次親征噶爾丹，在昭莫多將其擊敗。
聖祖	康熙三十六年	一六九七年	康熙帝第三次親征噶爾丹，迫其自盡。
聖祖	康熙三十八年	一六九九年	順天考官受賄事發。
聖祖	康熙五十年	一七一一年	戴名世因《南山集》獲罪被殺。
聖祖	康熙五十二年	一七一三年	清廷封班禪呼圖克圖為「班禪額爾德尼」。
聖祖	康熙五十五年	一七一六年	《康熙字典》修成。
聖祖	康熙六十年	一七二一年	臺灣朱一貴事件。
聖祖	康熙六十一年	一七二二年	康熙帝卒，胤禛繼位，以明年為雍正元年。
世宗	雍正元年	一七二三年	除山、陝樂戶籍，削除紹興惰民籍。
世宗	雍正二年	一七二四年	攤丁入地。定耗羨歸公和養廉銀制。
世宗	雍正三年	一七二五年	年羹堯、隆科多獲罪。《古今圖書集成》修成。
世宗	雍正四年	一七二六年	開始於雲貴五省改土歸流。
世宗	雍正七年	一七二九年	呂留良案，頒《大義覺迷錄》。
世宗	雍正九年	一七三一年	於內廷設軍機房，後發展為軍機處。
世宗	雍正十三年	一七三五年	雍正帝卒，弘曆繼位，以明年為乾隆元年。

高宗	乾隆六年	一七四一年	初舉木蘭秋獮。
高宗	乾隆十二年	一七四七年	第一次金川之役開始。
高宗	乾隆十六年	一七五一年	乾隆帝第一次南巡。
高宗	乾隆二十四年	一七五九年	平大小和卓木叛亂。
高宗	乾隆三十六年	一七七一年	渥巴錫率土爾扈特部回歸。第二次金川之役開始。
高宗	乾隆三十八年	一七七三年	始修《四庫全書》，於乾隆四十七年（一七八二年）修成。
高宗	乾隆四十六年	一七八一年	甘肅通省官員折捐冒賑案發。
高宗	乾隆五十五年	一七九〇年	四大徽班進京。
高宗	乾隆五十七年	一七九二年	金瓶掣籤制度制定。
高宗	乾隆五十八年	一七九三年	頒布《欽定藏內善後章程》。定西藏與廓爾喀疆界。英使馬戛爾尼來華。
高宗	乾隆五十九年	一七九四年	造廣東水師戰船。
高宗	乾隆六十年	一七九五年	乾隆帝禪位於十五子顒琰，改明年為嘉慶元年。
仁宗	嘉慶元年～九年	一七九六～一八〇四年	白蓮教事件。
仁宗	嘉慶四年	一七九九年	太上皇乾隆卒，嘉慶帝親政，賜令和珅自盡。
仁宗	嘉慶十年	一八〇五年	試辦海運。
仁宗	嘉慶十八年	一八一三年	天理教李文成起兵，林清等攻入紫禁城。
仁宗	嘉慶二十年	一八一五年	定查封鴉片章程。
仁宗	嘉慶二十五年	一八二〇年	顒琰卒，次子旻寧繼位，次年改元道光。英輸入鴉片增至五千餘箱。
宣宗	道光十九年	一八三九年	林則徐虎門銷煙。
宣宗	道光二十年	一八四〇年	鴉片戰爭爆發。
宣宗	道光二十二年	一八四二年	中英《南京條約》簽訂。
宣宗	道光三十年	一八五〇年	太平天國之亂爆發。宣宗旻寧卒，奕詝即位，以明年為咸豐元年。

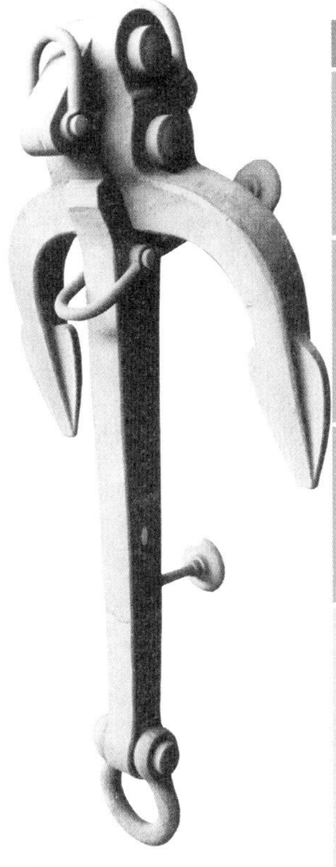

「鎮遠」號的主錨

日軍攻陷劉公島後，北洋艦隊殘存的艦船悉數被日軍擄去。「鎮遠」號鐵甲艦上的這枚主錨被日軍作為「戰利品」陳列在東京的公園內，直到抗戰勝利後，才歸還中國。

文宗	咸豐六年	一八五六年	天京事變。第二次鴉片戰爭爆發。
文宗	咸豐十年	一八六〇年	英法聯軍侵入北京，火燒圓明園。《北京條約》簽訂。
文宗	咸豐十一年	一八六一年	咸豐帝奕詝卒，載淳即位，以明年為同治元年。贊襄政務王大臣肅順等人被殺，兩宮皇太后垂簾聽政。
穆宗	同治三年	一八六四年	天京陷落，太平天國失敗。
穆宗	同治十三年	一八七四年	同治帝載淳卒，慈禧太后立載湉為帝，以明年為光緒元年。
德宗	光緒十年	一八八四年	中法戰爭。
德宗	光緒十一年	一八八五年	鎮南關大捷。臺灣改為行省，劉銘傳任首任臺灣巡撫。清政府設海軍衙門。
德宗	光緒二十年	一八九四年	中日甲午戰爭爆發。孫中山成立興中會。
德宗	光緒二十一年	一八九五年	《馬關條約》簽訂。康有為發動公車上書。
德宗	光緒二十四年	一八九八年	維新變法失敗，六君子就義，光緒帝被囚禁。
德宗	光緒二十六年	一九〇〇年	義和團進入京津。八國聯軍侵占北京。
德宗	光緒二十七年	一九〇一年	《辛丑條約》簽訂。
德宗	光緒三十一年	一九〇五年	中國同盟會成立。
德宗	光緒三十四年	一九〇八年	光緒帝、慈禧太后死，溥儀即位，以明年為宣統元年。
溥儀	宣統三年	一九一一年	武昌起義。
民國	元年	一九一二年	溥儀下詔退位，清亡。

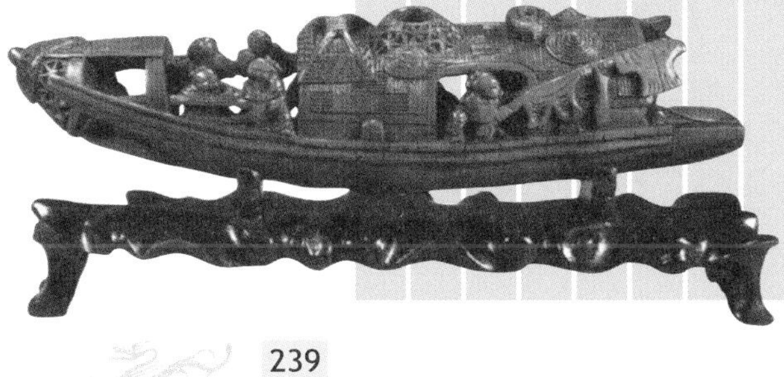

圖說中國 ⑩

清

主　編　龔書鐸　劉德麟
封面設計　陳朗思
出　版　智能教育出版社
香港北角英皇道四九九號北角工業大廈二十樓
INTELLIGENCE PRESS
20/F., North Point Industrial Building,
499 King's Road, North Point, Hong Kong
香港發行　香港聯合書刊物流有限公司
香港新界荃灣德士古道二二〇至二四八號十六樓
版　次　二〇一四年一月香港第一版第一次印刷
二〇二二年七月香港第二版第一次印刷
規　格　十六開（170 × 230 mm）二四〇面
國際書號　ISBN 978-962-8904-60-0